ワークスタディ

刑法各論

島岡 まな 編

不磨書房

〔執筆者紹介〕

		執筆分担〈Lesson〉
島岡 まな	（亜細亜大学助教授）	序章, 8, 13, 16, 17, 25, 27, 28, 29
津田 重憲	（明治大学助教授）	1～6
大野 正博	（朝日大学助教授）	7
萩原 滋	（愛知大学教授）	9, 32
関 哲夫	（国士舘大学教授）	10
清水 真	（東亜大学助教授）	11, 40, 41
石井 徹哉	（奈良産業大学助教授）	12, 23, 37
末道 康之	（清和大学助教授）	14, 21, 22
近藤 佐保子	（明治大学講師）	15
平澤 修	（中央学院大学専任講師）	18, 19
小名木 明宏	（熊本大学助教授）	20, 38, 39
北川 佳世子	（海上保安大学校助教授）	24, 26
對馬 直紀	（宮崎産業経営大学専任講師）	30, 31
内山 良雄	（九州国際大学助教授）	33, 34
松原 芳博	（早稲田大学助教授）	35
勝亦 藤彦	（海上保安大学校助教授）	36

〔執筆順〕

はしがき

　高校生や社会一般の人々が推理小説やドラマ，新聞記事をにぎわす犯罪報道からイメージする刑法と，大学の講義で初めて接する刑法とのギャップに苦しむ学生から，「刑法は難しい」，「よくわからない」という声をよくきく。講義の最初から出てくる刑法独特の用語（構成要件，不真正不作為犯，結果無価値と行為無価値，原因において自由な行為，期待可能性など）や概念の難解さ，それらをめぐって錯綜する学説の対立などを前に，とまどう学生が多い。また，教授から指示される基本書と呼ばれるものも難解で，読み進めず途中で投げ出してしまい，ますますわからなくなるという悪循環に陥る学生も多いように思う。

　一方で，「刑法はおもしろい」，「他の法律分野では見られない（解釈によって有罪，無罪が分かれるなどの）ドラマティックな展開がある」と感じる学生もいる。そのような学生は，自力で刑法の難解さというハードルを飛び越えて刑法のおもしろさを味わう境地に達した学生だが，残念ながら大多数の大学で，そのような学生が多数派とはいえないように思われる。そこで，刑法をおもしろいと感じる学生の数を少しでも増やすために，「つまらない，難しい」と感じる多数派学生のハードルを少しでも低くする必要がある。ハードルのひとつが難解な教科書にあるのなら，やさしくわかりやすい教科書を提供するのもひとつの方法であろう。

　また，従来行われてきた英語検定試験などの語学検定と同様に，全国統一レベルで各法律の基本的知識を問う「法学検定試験」も平成12年（2000年）から始まった。司法試験受験までは考えないが，法学部の学生として学んだ証が欲しいと考える学生や，学生の客観的レベルが知りたい就職先の人事担当者などにとっても，今後有用な目安になるのではないかと思う。この試験（初年度は4級と3級のみであった）は決して難しいものではないが，問題形式に慣れることも必要であろう。

『ワークスタディ刑法各論』は，『ワークスタディ刑法総論』と同様，上記二つの目的のために企画された教科書である。すなわち，大学で刑法を学ぶ学生や，法学検定試験で刑法を受けてみようという社会人を対象に，刑法各論の内容を，できるだけ平易に解説した入門書である。ただし，読みやすくするために説明や学説・判例の引用は必要最小限にとどめており，学生の場合は講義で教授による補足説明を聴くことによって，社会人の場合は必要があれば参考書を使用して，知識を補充して欲しい。ひとつの単元が終わる毎に法学検定試験類似の演習問題を解くことによって，問題形式に慣れるとともに，知識および問題解決能力（論理力）収得の有無を確認できるよう配慮した。

　もとより，上記二つの目的は大きく欲張ったものであり，その何分の一が達成できるかは，今後の結果を待つほかはない。しかし，編者の企画の趣旨に賛同し，限られた時間内で執筆を快諾してくださった執筆者は，それぞれの担当部分を得意とする研究者の方々で，講義で十分活用し，さらに本書の実効性を高めていただけるものと信じている。

　執筆者の方々，出版にあたって大変御世話になった不磨書房の稲葉文彦氏，編集工房INABAの稲葉文子氏，そして本書を買ってくれた人々に，心から感謝したい。

　　　2002年3月

　　　　　　　　　　　　　　　　　　　　　　　　　　　　島岡　まな

目 次

はしがき

序　章　刑法各論の学習範囲 …………………………………………3

第1編　個人的法益に対する罪

第1章　生命・身体に対する罪 …………………………………6

Lesson 1　殺人罪 ………………………………………………6
　　1　人の始期 ……………………………………………………6
　　2　人の終期，脳死について …………………………………7
　　3　殺人罪 ………………………………………………………7
　　4　自殺関与・同意殺人罪 ……………………………………8

Lesson 2　傷害罪 ………………………………………………10
　　1　総　説 ………………………………………………………10
　　2　傷害罪 ………………………………………………………10

Lesson 3　過失致死傷罪 ………………………………………14
　　1　総　説 ………………………………………………………14
　　2　過失傷害罪 …………………………………………………15
　　3　過失致死罪 …………………………………………………15
　　4　業務上過失致死傷罪 ………………………………………15
　　5　重過失致死傷罪 ……………………………………………16
　　6　危険運転致死傷罪 …………………………………………17

Lesson 4　堕胎罪 ………………………………………………19
　　1　総　説 ………………………………………………………19
　　2　自己堕胎罪 …………………………………………………20
　　3　同意堕胎・同致死傷罪 ……………………………………20

		4	業務上堕胎・同致死傷罪 …………………………………20
		5	不同意堕胎・同未遂罪 ……………………………………21
		6	不同意堕胎致死傷罪 ………………………………………21

Lesson 5　遺棄罪 …………………………………………………22
　　1　総　説 ………………………………………………………22
　　2　単純遺棄罪 …………………………………………………23
　　3　保護責任者遺棄罪 …………………………………………24

Lesson 6　暴行罪 …………………………………………………26
　　1　総　説 ………………………………………………………26
　　2　暴行の概念 …………………………………………………26
　　3　有形力の行使とは …………………………………………27
　　4　凶器準備集合・結集罪 ……………………………………28

第2章　自由に対する罪 …………………………………………30

Lesson 7　身体的自由に対する罪 ………………………………30
　　1　逮捕・監禁罪 ………………………………………………30
　　2　脅迫の罪 ……………………………………………………32
　　3　脅迫罪 ………………………………………………………33
　　4　強要罪 ………………………………………………………35

Lesson 8　略取・誘拐罪 …………………………………………37
　　1　総　説 ………………………………………………………37
　　2　未成年者略取・誘拐罪 ……………………………………38
　　3　営利目的等略取・誘拐罪 …………………………………38
　　4　身代金目的略取・誘拐罪 …………………………………39
　　5　国外移送目的略取・誘拐罪 ………………………………41
　　6　被拐取者収受罪 ……………………………………………41
　　7　解放軽減等・親告罪 ………………………………………42

Lesson 9　性的自由に対する罪 …………………………………44
　　1　強制わいせつ罪 ……………………………………………44
　　2　強姦罪 ………………………………………………………45

3　準強制わいせつ罪・準強姦罪 …………………………46
　　　4　実行の着手時期 ……………………………………………47
　　　5　親告罪 ………………………………………………………48
　　　6　強制わいせつ・強姦致死傷罪 ……………………………48
　Lesson 10　住居を侵す罪，秘密を侵す罪 ………………………50
　　　1　住居を侵す罪 ………………………………………………50
　　　2　秘密を侵す罪 ………………………………………………54

第3章　名誉，信用に対する罪 ……………………………………59
　Lesson 11　名誉に対する罪 ………………………………………59
　　　1　名誉毀損罪の構成要件 ……………………………………59
　　　2　侮辱罪の構成要件 …………………………………………65
　　　3　親告罪規定 …………………………………………………67
　Lesson 12　信用・業務に対する罪 ………………………………69
　　　1　罪　質 ………………………………………………………69
　　　2　業務の内容 …………………………………………………70
　　　3　行為態様 ……………………………………………………72
　　　4　電子計算機損壊等業務妨害罪 ……………………………73

第4章　財産に対する罪 ……………………………………………76
　Lesson 13　財産犯総論 ……………………………………………76
　　　1　財産犯の分類 ………………………………………………76
　　　2　財産犯の保護法益 …………………………………………77
　　　3　財産犯の客体 ………………………………………………78
　　　4　不法領得の意思 ……………………………………………80
　Lesson 14　窃盗罪 …………………………………………………83
　　　1　総　説 ………………………………………………………83
　　　2　窃盗罪 ………………………………………………………83
　　　3　不動産侵奪罪 ………………………………………………87
　　　4　親族相盗例 …………………………………………………88

- **Lesson 15 強盗罪** ……………………………………… 91
  - 1 財物強盗 ……………………………………………… 91
  - 2 利益強盗 ……………………………………………… 95
  - 3 準強盗罪 ……………………………………………… 97
- **Lesson 16 詐欺罪** ……………………………………… 101
  - 1 総 説 ………………………………………………… 101
  - 2 欺く行為（欺罔）と錯誤 …………………………… 102
  - 3 交付行為 ……………………………………………… 102
  - 4 クレジットカードの不正使用 ……………………… 104
  - 5 財産的損害 …………………………………………… 104
  - 6 準詐欺罪 ……………………………………………… 105
  - 7 電子計算機使用詐欺罪 ……………………………… 105
- **Lesson 17 恐喝罪** ……………………………………… 107
  - 1 総 説 ………………………………………………… 107
  - 2 恐喝行為 ……………………………………………… 107
  - 3 権利行使と恐喝罪 …………………………………… 108
- **Lesson 18 背任罪** ……………………………………… 109
  - 1 総 説 ………………………………………………… 109
  - 2 背任罪 ………………………………………………… 110
- **Lesson 19 横領罪** ……………………………………… 115
  - 1 総 説 ………………………………………………… 115
  - 2 （単純）横領罪 ……………………………………… 115
  - 3 業務上横領罪 ………………………………………… 121
  - 4 占有離脱物（遺失物等）横領罪 …………………… 121
  - 5 横領と背任の区別 …………………………………… 122
- **Lesson 20 盗品等に関する罪** ………………………… 126
  - 1 総 説 ………………………………………………… 126
  - 2 本 質 ………………………………………………… 126
  - 3 構成要件 ……………………………………………… 127
  - 4 親族等の間の犯罪に関する特例 …………………… 129

Lesson 21 毀棄および隠匿の罪 ……………………………………………131
 1 総　説 …………………………………………………………131
 2 公用文書毀棄罪・私用文書毀棄罪 ………………………………132
 3 建造物損壊罪・建造物損壊致死傷罪 ……………………………133
 4 器物損壊罪 ……………………………………………………134
 5 境界損壊罪 ……………………………………………………134
 6 信書隠匿罪 ……………………………………………………135

第2編　社会的法益に対する罪

第1章　公共の安全に対する罪 …………………………………138

Lesson 22 騒乱罪 …………………………………………………………138
 1 総　説 …………………………………………………………138
 2 騒乱罪 …………………………………………………………138
 3 多衆不解散罪 …………………………………………………141

Lesson 23 放火罪 …………………………………………………………142
 1 総　説 …………………………………………………………142
 2 現住建造物放火罪 ……………………………………………144
 3 非現住建造物放火罪 …………………………………………146
 4 非建造物放火罪 ………………………………………………147

Lesson 24 出水および水利に関する罪 …………………………………149
 1 総　説 …………………………………………………………149
 2 現住建造物等浸害罪 …………………………………………149
 3 非現住建造物等浸害罪 ………………………………………149
 4 水防妨害罪 ……………………………………………………151
 5 過失建造物等浸害罪 …………………………………………152
 6 出水危険罪 ……………………………………………………152
 7 水利妨害罪 ……………………………………………………152

Lesson 25 往来を妨害する罪 ……………………………………………154
 1 総　説 …………………………………………………………154
 2 往来妨害罪・同致死傷罪 ……………………………………154

3　往来危険罪 ……………………………………………………………155
　　　4　汽車転覆等の罪・同致死罪 ……………………………………………156
　　　5　往来危険による汽車転覆等の罪 ………………………………………157
　　　6　過失往来危険罪 …………………………………………………………158
　Lesson 26　公衆の健康に関する罪 ……………………………………………159
　　　1　総　説 ……………………………………………………………………159
　　　2　あへん煙に関する罪 ……………………………………………………159
　　　3　飲料水に関する罪 ………………………………………………………161
　　　4　水道損壊罪 ………………………………………………………………163

第 2 章　公共の信用に関する罪 ……………………………………………………165
　Lesson 27　通貨偽造罪 …………………………………………………………165
　　　1　総　説 ……………………………………………………………………165
　　　2　通貨偽造罪，偽造通貨行使罪 …………………………………………166
　　　3　外国通貨偽造罪，偽造外国通貨行使罪 ………………………………166
　　　4　偽造通貨収得罪，収得後知情行使罪 …………………………………167
　　　5　通貨偽造準備罪 …………………………………………………………167
　Lesson 28　有価証券偽造罪 ……………………………………………………169
　　　1　総　説 ……………………………………………………………………169
　　　2　有価証券偽造罪 …………………………………………………………169
　　　3　偽造有価証券行使罪 ……………………………………………………172
　Lesson 29　支払用カード電磁的記録に関する罪 ……………………………173
　　　1　総　説 ……………………………………………………………………173
　　　2　支払用カード電磁的記録不正作出罪・同供用・同交付罪 …………174
　　　3　不正電磁的記録カード所持罪 …………………………………………176
　　　4　支払用カード電磁的記録不正作出準備罪 ……………………………177
　Lesson 30　文書偽造の罪 ………………………………………………………179
　　　1　総　説 ……………………………………………………………………179
　　　2　詔書等偽造罪 ……………………………………………………………184
　　　3　公文書偽造罪 ……………………………………………………………184

4　虚偽公文書作成罪……………………………185
　　　5　公正証書原本不実記載罪…………………186
　　　6　偽造公文書行使罪…………………………187
　　　7　私文書偽造罪………………………………188
　　　8　虚偽診断書等作成罪………………………189
　　　9　偽造私文書等行使罪………………………190
　　　10　電磁的記録不正作出罪……………………191
　　　11　不正作出電磁的記録供用罪………………192
　Lesson 31　印章偽造の罪 ……………………………194
　　　1　総　説………………………………………194
　　　2　御璽等偽造・不正使用罪…………………196
　　　3　公印等偽造・不正使用罪…………………196
　　　4　公記号偽造・不正使用罪…………………197
　　　5　私印等偽造・不正使用罪…………………197

第3章　風俗に対する罪 ……………………………………199
　Lesson 32　わいせつ罪…………………………………199
　　　1　公然わいせつ罪……………………………199
　　　2　わいせつ物頒布罪…………………………200
　　　3　淫行勧誘・重婚罪…………………………202
　Lesson 33　賭博および富くじに関する罪 ……………205
　　　1　総　説………………………………………205
　　　2　単純賭博罪…………………………………205
　　　3　常習賭博罪…………………………………206
　　　4　賭博場開帳図利罪・博徒結合図利罪……206
　　　5　富くじに関する罪…………………………207
　Lesson 34　礼拝所および墳墓に関する罪 ……………209
　　　1　総　説………………………………………209
　　　2　礼拝所不敬罪………………………………209
　　　3　説教等妨害罪………………………………210

4　墳墓発掘罪……………………………………………………210
　　　5　死体損壊等の罪………………………………………………211
　　　6　墳墓発掘死体損壊等の罪……………………………………212
　　　7　変死者密葬罪…………………………………………………212

第3編　国家的法益に対する罪

第1章　国家の存立および国交に対する罪……………………216
Lesson 35　内乱罪・外患罪・国交に関する罪………………………216
　　　1　総　説…………………………………………………………216
　　　2　内乱の罪………………………………………………………216
　　　3　外患の罪………………………………………………………218
　　　4　国交に関する罪………………………………………………219

第2章　国家の作用に対する罪………………………………………222
Lesson 36　公務の執行を妨害する罪…………………………………222
　　　1　総　説…………………………………………………………222
　　　2　公務執行妨害罪（狭義）……………………………………222
　　　3　職務強要罪……………………………………………………227
　　　4　封印等破棄罪…………………………………………………229
　　　5　強制執行妨害罪………………………………………………230
　　　6　競売入札妨害罪・談合罪……………………………………231
Lesson 37　汚職の罪……………………………………………………233
　　　1　職権濫用罪……………………………………………………233
　　　2　賄賂罪の保護法益……………………………………………235
　　　3　賄賂罪の成立要件……………………………………………237
Lesson 38　逃走罪………………………………………………………241
　　　1　総　説…………………………………………………………241
　　　2　単純逃走罪……………………………………………………242
　　　3　加重逃走罪……………………………………………………242
　　　4　被拘禁者奪取罪………………………………………………243

	5	逃走援助罪	243
	6	看守等逃走援助罪	244

Lesson 39　犯人蔵匿・証拠隠滅罪 …………246
1　総　説 …………246
2　犯人蔵匿 …………246
3　証拠隠滅 …………248
4　親族による犯罪の特例 …………249
5　証人等威迫 …………251

Lesson 40　偽証罪 …………253
1　総　説 …………253
2　偽証罪 …………253
3　虚偽鑑定・通訳・翻訳罪 …………257
4　議院証言法上の偽証罪 …………258
5　自白による刑の減免規定 …………258

Lesson 41　虚偽告訴罪 …………260
1　意義・保護法益 …………260
2　刑事処分・懲戒処分 …………260
3　客　体 …………261
4　目　的 …………261
5　虚偽概念 …………263
6　告訴・告発・申告内容の具体性 …………263
7　既遂時期 …………264
8　罪　数 …………264
9　自白による刑の減免 …………264

解答と解説 …………267

事項索引 …………285

〔参考文献〕

植松　正・刑法概論Ⅱ（勁草書房　1976年）
内田文昭・刑法各論（第3版・青林書院　1996年）
大塚　仁・刑法概説〔各論〕（第3版・有斐閣　1996年）
大塚　仁・刑法各論上巻〔改訂版〕，下巻（青林書院　1984年，1968年）
大谷　實・刑法各論（成文堂　2001年）
大谷　實・刑法講義各論（新版・成文堂　2000年）
岡野光雄・刑法要説各論（全訂版・成文堂　1997年）
小野清一郎・刑法概説〔各論〕（改訂増補版・有斐閣　1995年）
香川達夫・刑法講義〔各論〕（第3版・成文堂　1996年）
川崎一夫・刑法各論（青林書院　2000年）
川端　博・刑法各論概要（第2版・成文堂　1996年）
吉川経夫・刑法各論（法律文化社　1982年）
木村光江・刑法（東京大学出版会　1997年）
齊藤信宰・刑法講義〔各論〕（第3版・成文堂　2000年）
佐伯千仭・刑法講義〔各論〕（有斐閣　1995年）
佐久間修・刑法講義〔各論〕（成文堂　1990年）
曽根威彦・刑法各論（第3版　弘文堂　2001年）
立石雅彦＝須之内克彦＝元家範文＝垣口克彦・刑法各論（高文堂出版社　1994年）
団藤重光・刑法綱要各論（第3版　創文社　1990年）
土本武司・現代刑法の論点（刑事訴訟法論）（東京大学出版会　1995年）
中森喜彦・刑法各論（第2版・有斐閣　1996年）
中山研一・刑法各論（成文堂，1984年）
中山研一・刑法概説Ⅱ（第2版・成文堂　2000年）
西田典之・刑法各論（弘文堂　1999年）
西原春夫・犯罪各論（訂補準備版・成文堂　1991年）
林　幹人・刑法各論（東京大学出版会　1999年）
平川宗信・刑法各論（新版増補・有斐閣　1996年）
平野龍一・刑法概説（東京大学出版会　1977年）
藤木英雄・刑法各論（有斐閣　1972年）
藤木英雄・刑法講義各論（弘文堂　1976年）
福田　平・全訂刑法各論（有斐閣　1996年）

前田雅英・刑法各論講義（第3版・東京大学出版会　1999年）
町野　朔・犯罪各論の現在（有斐閣　1996年）
三原憲三編著・ゼミナール刑法〔各論〕（成文堂　1999年）
三原憲三・刑法各論講義（第3版・成文堂　2000年）
福田　平＝大塚仁編・刑法の基礎知識(2)（新版・有斐閣　1996年）
浅田和茂ほか著・刑法各論（青林書院　1996年）
斉藤誠二編著・刑法各論（八千代出版　1986年）

〔判例集略語〕

刑　　録	大審院刑事判決録
刑　　集	大審院刑事判例集→最高裁判所刑事判例集
新　　聞	法律新聞
評　　論	法律評論全集
下 刑 集	下級裁判所刑事裁判例集
刑　　月	刑事裁判月報
高 刑 特	高等裁判所刑事裁判特報
高 刑 集	高等裁判所刑事判例集
東 高 刑 特	東京高等裁判所判決特報（刑事）
東高刑時報	東京高等裁判所判決時報（昭26〜昭28）
東 高 時 報	東京高等裁判所判決時報（昭28〜）
判　　特	高等裁判所刑事判決時報
判　　時	判例時報
判　　タ	判例タイムズ

ワークスタディ

刑法各論

序　章　刑法各論の学習範囲

　『刑法各論』では，刑法典第2編「罪」の中の各条文に規定されている個々の犯罪成立要件について学習する。たとえば，刑法199条の殺人罪は，「人を殺した者は，死刑又は無期若しくは3年以上の懲役に処する」と規定するが，客体である「人」は，いつから始まり（人の始期），いつ終わるのか（人の終期）を解釈で確定しなければならない。また，235条の窃盗罪は，「他人の財物を窃取した者は，窃盗の罪とし，10年以下の懲役に処する」と規定するが，客体である「財物」とは何か，それが「他人の」財物であるとどうやって判断されるのか，「窃取」とは何かなどということを解釈する必要がある。

　しかし，殺人罪も，「殺す」という行為は，作為だけでなく不作為も含むとか，因果関係はどうかとか，まだ生きていると思えた死体に切りつけた場合は，殺人罪なのか死体損壊罪（不能犯）なのか，などという刑法総論で学習した知識を使って解釈する必要が出てくる。窃盗罪における実行の着手（未遂犯）や不法領得の意思（主観的違法要素）なども同様である。したがって，刑法各論をきちんと学習するためには，刑法総論の知識が不可欠であり，もし分からない点があれば，総論の教科書も同時に参照しつつ，学習を進めてもらいたい。その上で，刑法各論とは，各犯罪構成要件の意義を，その保護法益や他の条文との関連を考慮しつつ，解釈で明らかにする学問といえよう。

　刑法各論は，主として明治40年に制定，同41年施行の刑法典各則（73条から264条）を対象とする。その他，現実社会には，刑法典各則に規定されている犯罪だけでなく，暴力行為等処罰ニ関スル法律，航空機の強取等の処罰に関する法律，軽犯罪法，道路交通法等のさまざまな特別刑法，行政刑法上の犯罪も存在する。しかし，大学の刑法各論の講義では，まず第一に刑法典各則の罪を理解することに主眼が置かれるため，本書の対象も刑法典各則の罪に限られている。

　本書において，各犯罪類型は，その保護法益の種類ごとに，個人的法益に対

する罪，社会的法益に対する罪，国家的法益に対する罪に分類されている。明治40年に制定，同41年に施行された現行刑法典の各則は，当時の天皇主権国家観を基礎として，内乱に関する罪などの国家的法益に対する罪から始まり，社会的法益に対する罪，個人的法益に対する罪という順序で規定されている。しかし，第二次世界大戦後の新憲法における国民主権，個人の基本的人権の尊重を重視する価値観の下では，叙述の順序も個人的法益に対する罪から始められるべきである。刑法典から皇室に対する罪が削除されたのも同様の価値観に基づくものといえよう。

（担当：島岡まな）

第1編 個人的法益に対する罪

第1章　生命・身体に対する罪

Lesson 1　殺　人　罪

> 第199条（殺人）　人を殺した者は，死刑又は無期若しくは3年以上の懲役に処する。
> 第202条（自殺関与及び同意殺人）　人を教唆し若しくは幇助して自殺させ，又は人をその嘱託を受け若しくはその承諾を得て殺した者は，6月以上7年以下の懲役又は禁錮に処する。

1　人の始期

人の範囲　生命・身体に対する罪は，人の生命・身体を侵害または危険な状態におく行為を内容とし，刑法は，人の生命・身体を保護している。この中で，殺人罪は，人の生命を保護法益とするため，人の生命を侵害すれば，それは殺人罪および過失致死罪（210条）で罰せられる。そうなると，殺人罪や過失致死罪の客体となる「人」というのは何であるかということが問題となる。「人」とは，生命・身体を有する自然人をいい，この意味で「法人」は除外される。しかし，自然人であっても，出生前，死亡後は，もはや刑法でいう「人」ではない。胎児または死体として，堕胎罪（212条以下）または死体損壊罪（190条）の客体となるにすぎない。ただ，現に生存しているかぎり，生まれたばかりの未熟児であろうと，死期が間近に迫った重病人であろうと，「人」として保護される。

そこで，刑法上「人」となる始期が問題となる。「人」として認められれば，

殺人罪の対象になるが，そうでなければ堕胎罪や死体損壊罪の対象となり，量刑（刑の重さ）に大きな差が出てくるため，この判断は重要である。刑法上，出生の時期をめぐっては，学説上争いがあり，①**陣痛説**（分娩に伴う規則的陣痛を開始したとき），②**一部露出説**（胎児の一部が母体から一部露出したとき），③**全部露出説**（胎児が母体から全部露出したとき），④**独立呼吸説**（胎児が母体から切り離され，独立して呼吸を開始したとき）――が唱えられている。わが国では，②の一部露出説が通説・判例である。すなわち胎児の一部が母体から出た段階で，直接にその生命・身体を侵害（攻撃）しうる状態になるからである（大判大8・12・13刑集1巻705頁）。この意味で，刑法上「人」として評価する場合，①の陣痛説は早すぎるし，③と④は遅すぎるのである。

2　人の終期，脳死について

刑法上の「人」から，単なる死体に変わる時期，すなわち，人の終期の判断についても，学説上，4つの対立がある。①**脈拍停止説**（心臓の鼓動が永久的に停止したときに死と認める），②**呼吸終止説**（呼吸が止まったときに死と認める），③**総合判断説**（①と②に加え，瞳孔反応の消失などを総合的に判断して死と認め，**三徴候説**ともいわれる），④**脳死説**（脳幹を含む脳機能の不可逆的停止をもって人の死と認める）――である。この中で，通説は③の総合判断説（三徴候説）である。ただ，現在は，医療技術の発達に伴い，臓器移植の目的で，生命維持装置の利用などによって「死」の判定基準をめぐって「脳死説」に関する論議が活発に展開されている。現に，1998（平成9）年に施行された「臓器の移植に関する法律」（法律104号）は，「脳死」でも「死」と判定できる旨を定めるが，学説の多くは，脳機能の停止も含めた種々の兆候を総合的に判断・決定する立場に傾きつつある。これを**「新しい総合判断説」**という（たとえば，斉藤誠二，中山研一，佐久間修など）。いずれにしても，刑法では，まだ「脳死説」は採られていない。

3　殺　人　罪

刑法199条は，「人を殺した者は……」と規定する。その客体は，行為者以外の「人」でなければならず，自然人であれば誰でもよい。将来，成長の可能性

のない嬰児であろうと（大判明43・5・12刑録16輯857頁），また，死期が切迫した病人あるいは死刑囚であっても「人」である。なお尊属殺人罪（200条）は，1995（平成7）年に刑法改正で削除されたため，この場合は，199条によって処罰される。行為は，「人を殺す」こと，すなわち，殺人の故意（殺意）に基づいて，自然の死期に先立ち人の生命を断絶させることである。客観的にみて，当該行為が生命を断つようなものであればよく，その手段・方法は問わない。積極的な作為による場合だけでなく，不作為による殺人も「殺した」ということになる。たとえば，乳児に故意に食物を与えないで死亡させたり，心臓病を患っている被害者に故意に衝撃を与えてショック死をさせたり，詐言を用いて自殺させたり（最決昭27・2・21刑集6巻2号275頁，最判昭33・11・21刑集12巻25号19頁）した場合も，殺人の実行行為に該当する。もちろん，こうした場合には，殺人の実行行為性が認められ，しかも行為と結果との間に因果関係がなければならない。殺人の実行行為（実行の着手）はなされたが，死亡という結果が発生しなかった場合は，殺人未遂罪（203条）となる。なお，殺人罪では，その予備的な段階である殺人予備罪（201条）も処罰される。たとえば，人を殺す目的で凶器や毒薬を入手したりすることである。

4　自殺関与・同意殺人罪

　自分で自ら命を断つ自殺は，刑法上罰せられない。しかし，他人の自殺に関与する行為あるいは被殺者の意思や嘱託に基づいて，これを殺す行為は処罰される。客体は「人」あるいは「被殺者」である。行為者以外の自然人であることに加え，「自殺」もしくは「死ぬ」ということの意味を理解し，かつ自由に意思決定を行いうる能力のある者でなければならない。したがって，自由意思の欠ける幼児（大判昭9・8・27刑集13巻1086頁）や，心神喪失者などは202条の客体とはなりえない（最決昭27・2・21刑集6巻2号275頁）。これらの者を自殺させたり，あるいはその嘱託・承諾を得て殺したときは199条の殺人罪となる。
　本条前段の行為は，「人を教唆もしくは幇助して自殺させる」ことである。教唆して自殺させるとは，相手方に自殺の決意を生じさせて，現に自殺を遂行させることをいう。教唆の手段・方法には制限がない。「幇助して」自殺させるとは，すでに自殺の決意をした者に対して，たとえば，自殺の仕方を指示，

もしくは器具を供与したりする行為などである。心中で生き残った者が，死亡した者に対し自殺教唆・幇助に該当する行為をしたのであれば，本罪が成立する（団藤重光，大塚仁，大谷實，大判大4・4・20刑録21輯487頁）。さらに，202条後段の「人をその嘱託を受け若しくはその承諾を得て」殺した者とは，すなわち，殺害を依頼され，またはその同意を得て殺すことである。この場合，有効な嘱託・承諾があったことが必要であるが，そのためには，①被殺者によってなされたこと，②通常の判断能力を備えた被殺者の自由かつ真意に基づくものであること，③殺害行為の開始時に明示的な嘱託が存在していなければならない（被害者の承諾）――という要件が必要である。したがって，被殺者以外の者の承諾あるいは強制，冗談に基づく嘱託は無効であり，これによって殺害すれば，殺人罪となり本罪ではない（最判昭33・11・21刑集12巻15号3519頁）。なお，追死の意思がないにもかかわらず，これを装って被害者に自殺させた場合（偽装心中），追死の有無が，具体的にみて被害者の自殺の決意にとって最も重要な要素であったならば，追死に関する欺罔は，被害者の自由意思を奪ったとはいえ，被害者を利用した殺人罪の間接正犯が成立することになる（最判昭33・11・21刑集12巻15号3519頁）。学説も殺人罪に該当し，本罪には該当しないとしている（団藤重光，大塚仁，藤木英雄など）。

ワーク 1 演習問題

【問】 Aは，両親にBとの結婚を反対され，これを苦にして自殺することをBに話したところ，Bは同意しAが持っていた睡眠薬を飲んでBは死亡したが，Aは命をとりとめた。Aの罪責はどうなるか。

【法学検定試験3級程度】

(1) 殺人罪
(2) 承諾殺人罪
(3) 嘱託殺人罪
(4) 自殺教唆罪
(5) 無罪

(担当：津田重憲)

Lesson 2　傷　害　罪

> 第204条（傷害）　人の身体を傷害した者は，10年以下の懲役又は30万円以下の罰金若しくは科料に処する。

1　総　説

　保護法益　人の生命ではなく，もっぱら人の身体の安全を保護法益とするのが傷害罪である。傷害とは，故意に他人の身体を侵害・毀損する行為であり，刑法は，これらの行為をすべて204条に包括させている。ただし，侵害の行為によって致死の結果を惹起した場合には，傷害致死罪（205条）の規定を置き，生命をも保護法益としているが，傷害するに至らなかった場合には暴行罪（208条）が規定されている。また，傷害する際に特殊例外的に共犯形態として，傷害現場助勢罪（206条）と同時傷害の特例（207条）を規定しており，さらに，その準備的行為として，凶器準備集合および結集罪（208条の3）を設けている。

2　傷害罪
(1)　客　体

　傷害罪の客体は，他人（自然人）の身体である。傷害罪においては，行為者が自己の身体を毀損しても不可罰であり，これを教唆・幇助しても犯罪にはならない。この点で，生命に対する場合は，殺人罪や自殺関与・同意殺人罪として処罰されるため，傷害罪とは異なる。

(2)　行　為

　「傷害した」という行為は，有形的方法であろうと無形的方法であろうと問わず，およそ人の身体を傷害することをいう。しかし，傷害という概念につい

ては暴行罪との違いを明確に区別しなければならず，その範囲をめぐっては，学説上3つの立場の争いがある。

①人の生理的機能に障害を生じさせることとする見解（**生理機能障害説**）（平野龍一，香川達夫ほか。大判明45・6・20刑録18輯896頁，大判大3・7・4刑録20輯1403頁，最決昭32・4・23刑集11巻4号1393頁），②これに加え，広く身体の完全性を害する場合とする見解（**完全性傷害説**または**完全性毀損説**）（団藤重光，小野清一郎，小暮得雄など），それに，③生理機能の障害および身体の外貌に重大な変化を与えることとする見解（**折衷説**）（木村亀二，大塚仁など）——である。

①の生理機能障害説によれば，「傷害」という語感が皮膚または筋肉でおおわれた部分の毀損を指すべきこと，傷害罪と暴行罪との刑罰を較量するとき，犯情の軽い身体傷害については暴行罪の刑で十分まかないうること，などをその論拠とする。

②の完全性傷害説（完全性毀損説）は，被害者側からみて，生理機能の傷害と同程度に評価されるべき身体の外貌（外観）の毀損が傷害の概念から除外されるのは妥当ではないとする。この説によれば，たとえば，毛髪の剃去，裁断など単に身体の外貌を毀損するに止まり，別段，生理機能の障害を伴わない行為を傷害とすべきか否か問題もある。

③の**折衷説**は，②の完全性毀損説の適用に制限を加え，生理機能に障害を与える場合のほか，身体の外貌に著しい変更を及ぼす場合をもって傷害とするため，たとえば，少量の毛髪や爪を切り取る行為は傷害とはならないことになる。通説は，①の生理機能障害説の立場をとる。

一方，判例も，おおむね生理機能障害説を採用している。たとえば，「傷害は暴行によりて他人の生活機能を毀損すること」（大判明44・3・13刑録17輯345頁）としたり，「あまねく健康状態を不良に変更した場合」（最決昭32・4・23刑集11巻4号1393頁）など，傷害罪の成立を認めているが，「頭髪を根元から切り取った場合」（大判明45・6・20刑録18輯896頁）で「約30分間人事不省に陥らせた場合」（大決大15・7・20評論25巻288頁）には傷害罪の成立を否定していたものも存在し，結局はその時々の状況によって判断していることになろう。

(3) **傷害罪の故意**

傷害罪は，暴行またはその他の身体傷害行為によって，人の身体に傷害の結

果を生ぜしめることを内容とする犯罪であり，結果犯であるため，行為よりも結果に重点が置かれるが，暴行を手段とする場合も，異常な経路をたどって発生した傷害についてまで責任を及ぼすべきではない。その場合，暴行と傷害との間には相当因果関係が存在しなければならない。

そこで学説は，傷害罪の故意が，①傷害の結果についても認識のあることを必要と解する**故意犯説**，②単に暴行の認識だけで足りると解する**結果的加重犯説**，③暴行のみならずその他の侵害傷害行為について認識あることを必要と解する**折衷説**——の３つに分かれて争っている。①の故意犯説は，傷害をもって故意犯と解し，傷害の故意を必要とするが，この説によれば，(ⅰ)結果的加重犯説は責任主義に反する，(ⅱ)204条は一般の故意犯と同じであり，これを結果的加重犯と解するのは，38条１項に反する，(ⅲ)世界各国も傷害罪を故意犯としている，(ⅳ)大部分の暴行は傷害の未必の故意を有する，(ⅴ)傷害の結果の予見がなくて傷害の結果を生じた場合は，暴行罪と過失傷害罪との観念的競合を認めれば，刑の権衡を失することにならないため，傷害の点については，その認識を必要とする，と主張する。これに対して，②の結果的加重犯説は，傷害罪は暴行の結果的加重犯と解し傷害の故意は必要でなく，単に暴行の認識があれば足りるとする。その根拠として，(ⅰ)暴行罪の規定からみると，単に暴行の意思で暴行を加えた場合でも，その結果，人に傷害を与えれば，当然に傷害罪の規定を考慮しなければならない，(ⅱ)209条の過失傷害罪は30万円以下の罰金または科料なのに対し，208条の暴行罪は２年以下の懲役もしくは30万円以下の罰金または拘留もしくは科料であるため，過失傷害罪の方が暴行罪よりも軽く，これは刑の権衡を失する，とする。③の折衷説は，傷害罪は結果的加重犯の場合と故意犯の場合を含むとする。すなわち，208条は，原則としては，傷害の故意をもって他人を傷害した場合を予定しているが，暴行の意思で暴行を加えた結果，人を傷害させた場合も，208条の文理上，傷害罪の適用を考えねばならず，傷害罪は例外的に暴行罪の結果的加重犯として成立する場合もあるとする。現在の学説は，この折衷説が有力ではあるが，通説・判例は，結果的加重犯説を採る。すなわち，傷害は，暴行その他を原因として単に結果的に生ずる場合が多いため，傷害罪の成立については，犯人（行為者）の意思よりも傷害の結果に重きを置くべきであり，結果責任を認めるべきであるとしている。判例も，

傷害罪における意思責任は，暴行その他の傷害原因を認識することで足りるとしており，結果的加重犯説を採用している（最判昭25・11・9刑集4巻11号2239頁）。

ワーク 2　演習問題

【問】　以下の設問の中で傷害罪が成立するものはどれか。

【法学検定試験3級程度】

(1) 数人の学生（A, B, C）が一人の学生Dを押さえ込み，その額にペンキで「バカ者」と書き込んだ。
(2) Aは，Bの髪の毛を5～6本抜き取ってしまった。
(3) AはBの耳元で鐘を連打し，一時失神させたが，Bはそのことが原因となって聴覚障害になった。
(4) A, B, Cの3名はDを脅かすために，ナイフを見せながらDを脅かした。
(5) AはBの鼻先に異臭のする物体を無理にかがせてしまった。

(担当：津田重憲)

Lesson 3　過失致死傷罪

> 第209条（過失傷害）①　過失により人を傷害した者は，30万円以下の罰金又は科料に処する。
> ②　前項の罪は，告訴がなければ公訴を提起することができない。
> 第210条（過失致死）　過失により人を死亡させた者は，50万円以下の罰金に処する。
> 第211条（業務上過失致死傷等）①　業務上必要な注意を怠り，よって人を死傷させた者は，5年以下の懲役若しくは禁錮又は50万円以下の罰金に処する。重大な過失により人を死傷させた者も，同様とする。
> ②　自動車を運転して前項前段の罪を犯した者は，傷害が軽いときは，情状により，その刑を免除することができる。（新設）

1　総　　説

　過失致死傷の罪は，過失行為によって他人の生命，身体を侵害する罪であり，その保護法益は人の生命・身体の安全である。現代の科学技術の飛躍的な発展に伴い，過失致死傷に関する犯罪は増加の一途をたどっているため，過失犯論も，過失犯そのものの構造を始め，予見可能性，監督過失，信頼の原則などさまざまな理論が唱えられ，その再構成が試みられている。

　本罪は，過失傷害罪（209条），過失致死罪（210条），業務上過失致死傷罪（211条前段），および重過失致死傷罪（211条後段）に分かれている。この中でも，業務上過失致死傷罪に関して，自動車事故による量刑の軽さ（211条における懲役・禁固5年以下，罰金50万円以下）が問題視され，「**危険運転致死傷罪**」の規定を新設することにより，交通事故に対処することになった（なお，過失論については，『ワークスタディ刑法総論』Lesson 14　過失　参照）。

2　過失傷害罪

「**過失により人を傷害する**」とは，過失に基づいて他人の身体を傷害することである（大判昭9・5・15新聞3719号5頁）。過失は，法律上の注意義務に違反してなされたものでなければならない。被害者を傷害した結果が暴行または傷害の故意に基づくときは，暴行罪または傷害罪が成立し，本罪には該当しない。本罪は，暴行についての認識・認容を欠いて行為した場合に成立する。なお，行為者の過失と人の傷害の結果との間に因果関係が存在しなければならない（通説・判例）。

3　過失致死罪

本罪は，死の結果に故意が存在せず，かつ被害者に対する傷害・暴行の故意も認定されなかった場合にのみ成立する。本罪も，過失傷害罪と同様に，結果（死亡）の発生と行為との間の因果関係が必要であり，前条（209条）の行為の結果的加重犯である。行為は作為，不作為を問わないが，不作為による過失致死罪の判例としては，たとえば，母親が添寝中の乳児を窒息死させた場合（大判昭2・10・16刑集6巻413頁）がある。

4　業務上過失致死傷罪

(1)　**本罪の性格**

本罪は，「**業務者**」という身分に基づく加重罰規定である。刑法犯の中で，かなりの数のケースが本罪に関係しており，とくに交通事犯がその大部分を占める。交通事犯の増加，悪質化に伴い，1968（昭和43）年の改正で，5年以下の懲役刑が加重され，過失犯で唯一懲役刑が設けられた（もっとも，過失犯ではないが，危険運転致死罪が2001年12月に新設された。この点は後述する）。本罪は致死のほかに致傷まで含むが，これは，行為自体が危険なものが多く，致傷の場合では，責任性が重いことがその理由である（通説）。

(2)　「**業務**」の意義

判例によれば，「**業務**」とは「人の社会生活上の地位に基づき，反復・継続して行う事務で，また，その性質上，人の生命・身体に対する危険を包含するもの」（最判昭33・4・18刑集12巻6号1090頁）とされており，行為者の目的がこれ

によって収入を得るかどうかは問わないとしている。したがって，いかなる地位・階層にある人でも，自然的に共通する生活現象（たとえば，睡眠，飲食，散歩など）は，これをいかに反復継続しても業務とはいえない。しかし，継続的に従事する目的で開始された仕事は，たといただ1回だけしか行わなかった場合でも業務となる。また，業務は公務に限らず「職業」「営業」であることを必要とするものではない。さらに，業務は，適法なものであるか否かも問わない。無免許運転，無免許の医業であっても業務である。また，当該行為が本来の業務であるか，本業の補助的作業であるか，また，単なる便宜，娯楽のためであるかも問わないが，業務はそれ自体社会的重要性を持つため，その性質上，生命・身体に対する危険を包含するものでなければならない（通説）。

(3) 刑罰加重の理由

本罪が通常の過失犯に比べて刑が加重される理由として，学説は，当初は業務者に重点を置いていた。たとえば，①業務者の注意能力に着目し，業務者はその仕事を反復継続してなすため，通常よりも知識経験にすぐれ，それだけ広い範囲にわたり結果を認識・予見しうべき能力を有することから，通常人よりも重い注意義務が課せられている（荘子邦雄，植松正）とか，②被害法益が比較的重大である危険業務に従事する者は，絶えず危険に接近してその業務に馴れ，注意を怠りがちになるため，刑事政策的観点から業務者に結果発生を未然に防止させるために刑罰を加重している（前田雅英）——とする。しかし，最近では，①社会生活上の地位に基づくものであること，②反復継続性があること，③個人の生命・身体への危険を含むものであること——の3要件を充足すれば「業務」性を認め，ここに刑罰加重の理由があるとしている。なお，本罪の第2項が刑法の一部改正で新設されたが，これは，自動車運転に際して，業務上過失致傷でも，傷害が軽微であれば，その刑を情状により免除することにしたものである（刑の任意的免除理由）。

5 重過失致死傷罪

本罪における**重大な過失**とは，注意義務違反の程度が著しい場合，すなわち，一般的に人の死傷を発生させる可能性が相当高い事態において，行為者が注意義務に違反した場合を指す（大阪地判昭61・10・3判タ630号228頁）。判例は，

「無免許者が飲酒酩酊の上，自動車を無謀運転して人の雑踏する場所に乗り入れて人身事故を起こした場合」（最決昭29・4・1裁集49巻49頁），「狩猟者が鳥の形のようなものを認めそれが人間でないことを確認せずに，直ちに猟銃を発射した場合」（東京高判昭35・7・27東時2巻7号205頁）に重過失を認めている。なお，無免許運転罪と重過失致死傷罪は，併合罪となる。

6 危険運転致死傷罪

211条2項は，業務上過失致死傷罪（211条）の量刑に関して，あまりにもその刑が軽すぎるという社会的な批判を受け，とくに，自動車運転による致死傷事件について，その刑を大幅に引き上げ，2001（平成13）年に新設されたものである。

> 第208条の2（危険運転致死傷）　① アルコール又は薬物の影響により正常な運転が困難な状態で四輪以上の自動車を走行させ，よって，人を負傷させた者は10年以下の懲役に処し，人を死亡させた者は1年以上の有期懲役に処する。その進行を制御することが困難な高速度で，又はその進行を制御する技能を有しないで四輪以上の自動車を走行させ，よって人を死傷させた者も，同様とする。
> ② 人又は車の通行を妨害する目的で，走行中の自動車の直前に進入し，その他通行中の人又は車に著しく接近し，かつ，重大な交通の危険を生じさせる速度で四輪以上の自動車を運転し，よって人を死傷させた者も，前項と同様とする。赤信号又はこれに相当する信号を殊更に無視し，かつ，重大な交通の危険を生じさせる速度で四輪以上の自動車を運転し，よって人を死傷させた者も，同様とする。

本罪の1項・2項は，飲酒・薬物を使用して正常な運転が不可能な状態にもかかわらず四輪以上の自動車を運転し，または，制限速度以上のスピード運転をした結果，人を致死傷に至らしめた場合，あるいは，悪質な交通妨害行為，信号無視，暴走行為によって，人を致死傷に至らしめた場合において，致傷の場合は懲役10年以下，致死の場合は1年以上の懲役に処する旨を定めたものであり，最高刑は15年となる。四輪以上の自動車が対象であるため，二輪車

（オートバイ）は除外されていることに注意を要する。本罪は211条の業務上過失致死傷罪における量刑の軽さが批判されたことから，新たに危険運転致死傷罪として新設されたものである。この点に関して，211条においても，今回の刑法の一部改正により，その第2項を設け，自動車の運転にかぎり，業務上必要な注意を怠り，傷害に至らしめた場合，その傷害が軽いときは，情状によりその刑を免除することができると規定し，任意的免除事由を置いた。なお，今後の交通事犯は，とくに飲酒，薬物使用あるいは，信号無視や暴走行為を原因とする自動車運転によって人を致死傷に至らしめた場合には，211条の業務上過失致死傷罪よりも，本条（208条の2）によって処罰されることになる。また，本条は，飲酒，薬物使用，信号無視，暴走行為を原因として致死傷を発生させたことが構成要件となっているため，行為者の故意・過失を問わないものである。

ワーク 3　演習問題

【問】 以下の設問の中で，業務上過失致死傷罪に該当するものはどれか。

【法学検定試験3級程度】

(1) 医師が盲腸（急性虫垂炎）と診断し，切開手術を施したが，すでに手遅れで，役に立たなかった。
(2) 学生がレジャーを楽しむため，ドライブをしていたが，誤って人に衝突し，大怪我を与えてしまった。
(3) 母親が不注意で腐った食材を用いて食事を作ったため，家族の者が食中毒を起こしてしまった。
(4) 中華料理店の店員が自転車で出前に行く途中，誤って通行人に衝突し，負傷をさせてしまった。
(5) レストランの調理人が，調理中に誤って自分の指を包丁でケガを負ってしまった。

(担当：津田重憲)

Lesson 4　堕　胎　罪

> 第212条（堕胎）　妊娠中の女子が薬物を用い，又はその他の方法により，堕胎したときは，1年以上の懲役に処する。
> 第213条（同意堕胎及び同致死傷）　女子の嘱託を受け，又はその承諾を得て堕胎させた者は，2年以下の懲役に処する。よって女子を死傷させた者は，3月以上5年以下の懲役に処する。
> 第214条（業務上堕胎及び同致死傷）　医師，助産婦，薬剤師又は医薬品販売業者が女子の嘱託を受け，又はその承諾を得て堕胎させたときは，3月以上5年以下の懲役に処する。よって女子を死傷させたときは，6月以上7年以下の懲役に処する。
> 第215条（不同意堕胎）　①　女子の嘱託を受けないで，又はその承諾を得ないで堕胎させた者は，6月以上7年以下の懲役に処する。
> ②　前項の未遂は，罰する。
> 第216条（不同意堕胎致死傷）　前条の罪を犯し，よって女子を死傷させた者は，障害の罪と比較して，重い刑により処断する。

1　総　説

　堕胎罪の保護法益は，かつては国家の健全な人口構成といった国家的法益や性風俗の維持といった社会的法益として捉えられていたが，現在では，胎児や母体の生命・身体の保護といった個人的法益として理解されている。
　「堕胎」とは，「自然の分娩期に先立って胎児を母体外に排出すること」をいい（大判明42・10・19刑録15輯1420頁），胎児が死ぬことは要件とされていない。ただ，母体内ですでに死亡している胎児を母体外に排出する行為は本罪には該当しない（大判昭2・6・17刑集6巻208頁）。刑法では，212条以下において堕胎罪

を網羅的に規定するが，現実的には，「母体保護法」によって，違法性が阻却され，犯罪不成立となる場合が多い。それは，①優生学的にみて，胎児が遺伝により重大な精神的・身体的疾患を有することが明らかなとき，②医学的にみて母親の生命・身体が自然の分娩に耐えられないとき，一定の方法・手続により人工妊娠中絶が許される。③社会・経済的見地から，妊娠の継続・胎児の出生が母親・家族の経済的状況が窮迫し，母体の健康を著しく害するおそれがあるとき，④倫理的な見地から，強姦など抵抗できない状況下で姦淫され受胎したとき，人工妊娠中絶が認められている。しかし，現状は，社会・経済的理由によって堕胎が広くなされており，堕胎罪による処罰はほとんどないといってよい（大塚仁・各論52頁，福田平・各論158頁）。

2 自己堕胎罪

本罪は，妊婦自身による行為を処罰するものであり，身分犯の一種である。母親の生命・身体の安全については，自ら行為をなすものであるため問題にはならず（自傷行為），もっぱら胎児の生命・身体の安全がその保護法益である。客体は胎児であり，受胎後の期間・発育の程度のいかんを問わず（大判昭2・6・17刑集6巻208頁），また，妊娠した原因も関係がない。行為は「薬物を用い，またはその他の方法によって」堕胎することであるが，現に排出された胎児が死亡したか否かは問わず（大判明44・12・8刑録17輯2182頁），胎児を母体内で殺害することも堕胎に入る。堕胎の方法には制限がなく，薬物，器具のほか，いかなる手段・方法でもよい。なお，本罪には未遂犯の規定がないため，胎児が母体外に排出され，または母体内で死亡したときに初めて処罰される（通説）。

3 同意堕胎・同致死傷罪

本罪は，女子（妊婦）の嘱託，承諾のもとに行われる堕胎罪であり，行為者（嘱託，承諾を受けた者）が自ら堕胎を妊婦に対してなす場合をいう。

4 業務上堕胎・同致死傷罪

本罪は，同意堕胎罪の加重類型であり，不真正身分犯の一種である。医師による人工的な早産（帝王切開など）も形式的にみると本罪に該当するが，むし

ろ，妊婦，胎児にとって自然の分娩に伴う危険性を減少させるものであるかぎり，罪とはならないものである（佐久間・各論34頁）。

5 不同意堕胎・同未遂罪

妊婦の嘱託，承諾を得ないで堕胎させることであり，主体に制限はない。したがって，医師による場合にも本罪を構成する。妊婦の意思に反して行われるため，犯情はきわめて重く，未遂の場合も処罰される。

6 不同意堕胎致死傷罪

本罪は，未遂罪をも含めて，不同意堕胎罪の結果的加重犯である。致傷の場合は，不同意堕胎罪と傷害罪（204条）の法定刑を，致死の場合は，不同意堕胎罪と傷害致死罪（205条）の法定刑を比較して，上限，下限ともそれぞれ重い方に従い，その範囲内で処罰することになる。

ワーク 4　演習問題

【問】 以下の中から，自己堕胎罪が成立するものはどれか。

【法学検定試験3級程度】

(1) 妊娠中の女子が堕胎の意思で薬物を飲んだが，失敗してしまった。
(2) 母体内ですでに死亡している胎児に対し，堕胎行為を行った。
(3) 妊婦が，胎児を出生以前に母体内で殺害してしまった。
(4) 妊婦が過失によって胎児を堕胎してしまった。
(5) 妊娠していない女子が妊娠しているものと誤信し，薬物を用いて堕胎行為を行った。

（担当：津田重憲）

Lesson 5　遺　棄　罪

第217条（遺棄）　老年，幼年，身体障害又は疾病のために扶助を必要とする者を遺棄した者は，1年以下の懲役に処する。
第218条（保護責任者遺棄等）　老年者，幼年者，身体障害者又は病者を保護する責任のある者がこれらの者を遺棄し，又はその生存に必要な保護をしなかったときは，3月以上5年以下の懲役に処する。

1　総　説

保護法益　遺棄とは，狭義においては，被遺棄者をその従来の場所から生命・身体に危険な他の場所に移転せしめることをいい，広義では，狭義の遺棄のほかに，行為者と被遺棄者との間に場所的隔離を生ぜしめ，もって被遺棄者の生命・身体に対して危険を生ぜしめる置き去りを含む。遺棄罪の保護法益は，遺棄行為が社会的風俗を害するため，社会的法益に対する罪としての性格をも具備するとする見解（大塚仁）もあるが，個人的法益に対する罪と解するのが通説である。ただ，個人的法益に対する罪として解する説も，①生命・身体に対する危険犯と解する説（多数説）と，②生命に対する危険犯と解する説（平野龍一，大谷實など）の対立がある。①は，身体を害する危険があれば生命に対する危険がなくても遺棄罪が成立することになり，保護の対象を広く捉える考え方になる。一方，②の立場は，単に身体に対する危険があるだけでは遺棄罪は成立しないことになる。また，「扶助を必要とする」という217条の要件は，218条の客体にも共通する要件であるとするのが通説であるが，遺棄の概念について，217条と218条とで統一的に捉えるか否かが問題となっている。多数説は，217条の遺棄は「作為」による場合にかぎられるとしているのに対

し，218条の遺棄は，不作為による場合も含むものとしている。

ところで，遺棄にとって必要な危険の程度については，抽象的危険で足りるか，すなわち，遺棄したということだけで足り，具体的に危険が発生する可能性を必要としない「**抽象的危険説**」（通説）と，遺棄したうえに具体的な危険の可能性を必要とする「**具体的危険説**」（団藤重光，佐伯千仭など）の対立がある。たとえば，身体障害者または幼児を養護施設の門前に捨てた上で，もしも誰も救助しないのであれば，遺棄者自身が保護するつもりで見ていた場合，抽象的危険説では遺棄罪が成立するが，具体的危険説では，具体的危険が生じていないので遺棄罪は不成立となる。被遺棄者の生命・身体の安全を十分に保護する上では抽象的危険説が妥当といえるが，純然たる抽象的危険だけでは，一般に遺棄とはいえない行為も含まれることになるため，ある程度の故意的・具体的な危険が必要である（平野龍一，中山研一，大谷實）。

2　単純遺棄罪
(1)　客　体

老年，幼年者，身体障害者または病者が客体である。いずれも，自ら日常生活を営むのに必要な動作を行いえない者，もしくはそれが著しく困難である者をいう。判例は，高齢のため起居不能な老人（大判大4・5・21刑録21輯670頁），嬰児，幼児，盲人，精神病者（大判昭3・4・6刑集7巻291頁），負傷者（最判昭34・7・24刑集13巻8号1163頁），泥酔者（最決昭43・11・7判時541号83頁）が対象となるとしている。

(2)　行　為

「**遺棄した**」とは，217条の単純遺棄罪においては狭義の遺棄，すなわち，置き去りのように扶助を要すべき者を危険な場所に残して立ち去るだけでは足りず，積極的にその者を危険な場所に移転（移置）させることが必要である，とされている。というのも，単純遺棄罪は，保護責任のない者によって犯される以上，とくに作為犯の場合にのみ処罰すべきであり，218条の保護責任者遺棄罪が置き去りなどの不作為による遺棄を含むのとは異なるからである（通説）。要するに，217条の単純遺棄罪における「**遺棄**」は，保護責任のない者に作為義務が生じない以上，もっぱら作為による移置あるいは置き去りを意味すると

されている（大判明45・7・16刑録18輯1083頁）。

3　保護責任者遺棄罪
(1) 主　体

　老年者，幼年者，身体障害者または病者を保護する責任のある者である。法律上，このような保護責任を負う者にかぎられ，一種の身分犯である（不真正身分犯）。すなわち，これら要扶助者の生命・身体の安全を保護すべき義務のある者が，その履行を怠ったときにのみ処罰される。そこで，保護義務の発生する根拠が問題となるが，それは，大別して，(a)法令，(b)契約，(c)事務管理，(d)慣習・条理——に分けられる。

　(a)　**法令**に基づく保護義務では，民法による親権者の監督義務（民法820条），親族の扶養義務(民法877条以下)，警職法3条による警察署の保護義務などがある。

　(b)　**契約**による保護義務は，幼児を一定期間預かることを義務とする者などがこれに該当する。養子として幼児を引き取った者は，たとい法律上正式な手続を経なくても保護責任が生じる（大判大5・2・12刑録22輯134頁）。また，雇主が同居の雇い人の病気の面倒をみなかった場合も保護義務がある（大判大8・8・30刑録25輯963頁）。

　(c)　**事務管理**に基づく保護義務とは，法律上保護する責任はないが，いったんこれを引き受ける旨の行為をなしたときには保護義務が生じる（大判大15・9・28刑集5巻387頁）。たとえば，デパート内で，見知らぬ母親からトイレに行くために，一時，幼児を預かったような場合である。

　(d)　**慣習・条理**に基づく保護義務とは，「善良の風俗」（大判明45・7・16刑録18輯1083頁），「一般慣習」（大判大8・8・30刑録21輯936頁）など，具体的状況において社会通念から導かれる場合をいう。たとえば，登山のパーティー内の一人が，途中で事故にあったときは，同行者はこれを保護する責任があるが，単なる山小屋の同宿者には保護義務は生じない。

(2) 客　体

　老年者，幼年者，身体障害者または病者であり，これは217条と同じである。ただ，217条には「扶助を必要とする」とあり，218条には，この文言がないが，218条も，遺棄によってその生命・身体に危険が生じうべきものである以上，

要保護者であることが当然の前提となっている（通説）。

(3) 218条の行為は二つのことが含まれている。第1は「遺棄」、第2は「その生存に必要な保護をしなかった」という行為である。第1の「遺棄」は、広義の遺棄であり、置き去りも含まれる。被遺棄者が任意に立ち去るのにまかせておく場合も、ここでいう遺棄に該当する。およそ遺棄者と被遺棄者との間に場所的隔離を生じさせる行為のすべてが構成要件的行為となる。作為のみならず不作為をも含まれる点で、単純遺棄罪とは異なる。第2の「生存に必要な保護をしなかった」とは、要保護者との間に場所的隔離は生じないが、保護責任を懈怠(けたい)することによってその生存を脅かす行為をいう。この場合は、もっぱら作為義務を尽くさない点（不作為）が保護責任者にとって処罰根拠となっており、真正不作為犯である。判例は、「2歳の幼児に対し満足な食事も与えず、屋外の土間で犬と寝させるなどして、著しく栄養障害を生じさせた場合」（大判大5・2・12刑録22輯134頁）、「疾病のため起居不能な老母を他家の物置に放置するなど、相当な看護をしなかった場合」（大判大8・8・7刑録25輯913頁）、「粗末な小屋に押し込み適当な食事を投与しないまま放置した場合」（大判大14・12・8刑集4巻739頁）などに、218条の保護責任者遺棄罪の成立を認めている。

ワーク 5　演習問題

【問】 以下の設問の中で単純遺棄罪に該当するものはどれか。

【法学検定試験3級程度】

(1) 雇主が、同居の雇い人が病気になって寝込んでいるのに、看病など治療行為をまったく施さなかった。
(2) 夫が妻のもとに幼児を置いたまま失踪してしまった。
(3) 街中で見かけた幼児をつれ回したあげく、山中に置き去りにしてしまった。
(4) 病人を自宅に引き取り同居させた者が、病人の世話をすることがいやになり、そのまま放置していた。
(5) 一緒に登山にいったAグループ内で、一人がガケから落ちてケガをして動けなくなったが、そのまま放置してその場を離れてしまった。

（担当：津田重憲）

Lesson 6　暴　行　罪

> 第208条（暴行）　暴行を加えた者が人を傷害するに至らなかったときは，2年以下の懲役若しくは30万円以下の罰金又は拘留若しくは科料に処する。

1　総　説

　208条の暴行罪は，人の身体に対する不法な有形力を行使する犯罪であり，現に傷害の結果を生じない場合に成立する。本罪は，下限において，日常の不可罰的な行為やささいな行為と境を接し，上限においては，傷害罪とその境を接している。

2　暴行の概念

　ところで，刑法典の中には，**暴行**という文言が数多くの条文の中で用いられているため，208条にいう暴行とは，いったいどのような概念を指すのかが問題となる。学説上は，暴行という概念を4つの種類に分けている。①**最広義の暴行**であり，これは，不法な有形力の行使のすべてをいい，その対象が人に対するものと物に対するものとを問わない。騒乱罪（106条），多衆不解散罪（107条）などの暴行がこれにあたり，判例も「建物の不法占拠や不法侵入も暴行にあたる」（最判昭35・12・8刑集14巻13号1818頁）としている。②**広義の暴行**であり，人に向けられた有形力の行使をいい，必ずしも人の身体に対して直接加えられることは必要でなく，物に対して加えられた有形力でも，それが人の身体に物理的な感応を与えるものであれば足り，間接暴行でもよいとされるものである。公務執行妨害罪（95条1項），職務強要罪（95条2項），加重逃走罪（98条），逃走援助罪（100条2項），特別公務員暴行陵虐罪（195条），強要罪（223条）などにお

ける暴行がこれにあたる。判例は「覚せい剤取締法違反の現行犯逮捕の現場で，司法巡査に証拠物として差押さえられた覚せい剤注射液入りアンプルを足で踏みつけて破壊した場合も暴行にあたる」（最決昭34・8・27刑集13巻10号2769頁）としている。③**狭義の暴行**であり，人の身体に加えられる有形力の行使をいい，208条の暴行がこれにあたる。④**最狭義の暴行**であり，人の反抗を抑圧するに足りる程度の有形力の行使をいい，強盗罪（236条），事後強盗罪（238条），強姦罪（177条），強制わいせつ罪（167条）などにおける暴行がこれにあたる。最狭義の暴行として，判例は，「相手の反抗を抑圧しうる程度のもの」（最判昭24・2・8刑集3巻2号75頁），「反抗をいちじるしく困難にする程度のもの」（最判昭24・5・10刑集3巻6号711頁）としている。要するに，208条の暴行とは，狭義の暴行，すなわち，人の身体に加えられる有形力の行使をいうのである（大判昭8・4・15刑集12巻427頁）。

3　有形力の行使とは

208条の暴行罪における「暴行」とは，狭義の暴行を意味し，それは，人の身体に向けられた有形力の行使をいう，と定義される。そこで，「有形力の行使」とは，いったいどのような場合をいうのか判例からその概念を窺ってみよう。①「髪の毛を根元から裁断する行為」（大判明45・6・20刑録18輯896頁），②「瞬時身体を拘束する行為」（大判昭7・2・29刑集11巻141頁），③「驚かせる目的で，人の数歩手前を狙って投石する行為」（東京高判昭25・6・10高刑集3巻2号222頁），④「かわらの破片を投げ，脅かしながら追い掛ける行為」（最判昭25・11・9刑集4巻11号2239頁），⑤「人の身辺で大太鼓・鉦等を打ち鳴らす行為」（最判昭29・8・20刑集8巻8号1277頁），⑥「狭い室内で脅す目的で日本刀の抜き身を振り回す行為」（最決昭39・1・28刑集18巻1号31頁），⑦「他人の頭，顔に，お清めと称し，食塩を振り掛ける行為」（福岡高判昭46・10・11刑月3巻10号1311頁），⑧「人の乗っている走行中の自動車に石を命中させる行為」（東京高判昭30・4・9高刑集8巻4号495頁），⑨「女性に抱きつき帽子で口を塞ぐ行為」（名古屋高金沢支判昭30・3・8裁特2巻5号119頁）などがあり，そのほかに，物理的な力に加え，音・光・電気などのエネルギーも含むとされている。「拡声器を使って耳元で大声を発する行為は暴行罪に該当する」（大阪地判昭42・5・13下刑集9巻5号681

頁）という判例もある。

いずれにしても，本罪は，すでに暴行の意思で客観的にも暴行を加えた場合と，傷害の故意で暴行の結果を惹起したにとどまる場合の両者を含む。この場合，傷害の故意で暴行の結果に終わったときは，本来は傷害の未遂に該当するが，刑法典では，傷害未遂の規定がなく処罰されないため，208条の暴行罪が成立することになる。なお，本罪は，1947（昭和22）年に改正が行われて，法定刑が重くなったとともに，親告罪ではなくなった。

4 凶器準備集合・結集罪

> 第208条の3（凶器準備集合及び結集）① 2人以上の者が他人の生命，身体又は財産に対し共同して害を加える目的で集合した場合において，凶器を準備して又はその準備があることを知って集合した者は，2年以下の懲役又は30万円以下の罰金に処する。
> ② 前項の場合において，凶器を準備して又はその準備があることを知って人を集合させた者は，3年以下の懲役に処する。

(1) 保護法益

本罪は，昭和30年代に暴力団同士の抗争が社会問題となり，これに伴う暴力犯罪の集団的な準備行為を禁止する趣旨で設けられた。刑法典では，傷害の罪の下に置かれているが，その保護法益は，個人の生命・身体および財産の安全に加え，その行為によって危殆化される公共の平穏にあると解するのが通説である。

(2) 凶器準備集合結集罪の内容

本罪は，「2人以上の者」と規定されているため，必要的共犯であり，1項は，自ら凶器を準備して集合する行為，他人により凶器が準備されていることを知りつつ集合する行為に分けられる。前者は，当初から準備して集合に加わった場合であると，集合に参加した後で凶器を準備した場合であるとを問わない。なお，本条1項・2項に共通して「凶器」とは，銃，日本刀などのほか，鉄棒，斧，ナイフなど，使い方によって人を殺傷しうるものも含まれる。「準

備」とは，これらの凶器を必要に応じていつでも使用できる状態におくことをいう（名古屋高金沢支判昭36・4・18高刑集14巻6号351頁）。

なお，同条2項の構成要件的行為は，同様な状況下で，自ら凶器を準備し，あるいはその準備があることを知りつつ「人を集合させる」ことである。1項と異なり，他人に働きかけて時および場所を同じくさせる行為であるため，単に行為者自身が集合する場合よりも重く罰せられる（3年以下の懲役）。これは，共同加害目的をもってする集合について，主導的役割を果たしたものと考えられるからである（団藤重光・15頁，大塚仁・43頁，大谷實・48頁。通説である）。

ワーク 6　演習問題

【問】　以下の中で，暴行罪が成立しないものはどれか。

【法学検定試験3級程度】

(1)　AはBの着衣を摑み，思い切り引っ張って転倒させてしまった。

(2)　Aは，嫌悪の情を抱いていた女性のBを追いかけ回して，塩壺から塩を取り出し，Bの顔，頭などにふりかけてしまった。

(3)　Aは，Bに対して悪口を浴びせ，瓦の破片を投げ，追いかける姿勢を示した。

(4)　AはBに数百回にもわたり，いやがらせの電話をかけたため，Bは心身を極度に疲労させた結果，Bに加療3週間を要する精神衰弱の侵害を負わせてしまった。

(5)　AはBを脅かすために狭い四畳半の室内で，日本刀の抜身を振り回した。

（担当：津田重徳）

第2章　自由に対する罪

Lesson 7　身体的自由に対する罪

> 第220条（逮捕及び監禁）　不法に人を逮捕し，又は監禁した者は，3月以上5年以下の懲役に処する。
> 第221条（逮捕等致死傷）　前条の罪を犯し，よって人を死傷させた者は，傷害の罪と比較して，重い刑により処断する。

1　逮捕・監禁罪
(1)　保護法益

　逮捕・監禁罪は，逮捕・監禁行為により，人の身体活動の自由を奪うことを内容とする犯罪であり，その保護法益は，**人の身体の自由**である。逮捕罪と監禁罪は異なった行為形態であるが，それは同一構成要件中の態様の違いにすぎず，法定刑も同一であるため，両者を区別する実益は乏しく，「逮捕・監禁罪」として一括して理解するのが妥当である。刑法上，逮捕および監禁の罪としては，逮捕・監禁罪（220条）のほか，逮捕・監禁致死罪（221条）が規定されている。なお，尊属逮捕・監禁罪は，平成7年の刑法改正により削除された。その他，特別罪として，裁判，検察もしくは警察の職務を行う者またはこれらの職務を補助する者がその職務を濫用して行う逮捕・監禁については，194条に規定がある。

(2)　客　体

　本罪の客体は「人」である。本罪の保護法益が身体活動の自由である以上，

身体活動の自由を有する自然人に限られる。身体活動の自由は，意思活動能力（行為能力）を前提としており，それを全く有しない嬰児あるいは高度の精神病者については，本罪は成立しない。なお，ここにいう行為能力とは，民法上の概念とは異なるものである。

　本罪における「身体活動の自由」は，現実的な自由でなければならないのか，それとも可能的な自由で足りるのかが問題となる。この点に関し，①自由の根本は，人間の意思活動の自由であり，意思のないところに自由の侵害は観念できないとする現実的自由説と，②その主体が行動したいときに行動できることを意味するため，潜在的・可能的自由で足りるとする可能的自由説とが対立している。通説・判例は，②可能的自由説であり，たとえば泥酔者や熟睡中の者の部屋に一時鍵をかける行為も，本罪を構成しうる（京都地判昭45・10・12刑月2巻10号1104頁）。また，覚醒する前に鍵を外したとしても，犯罪の成否に影響を及ぼさない。さらに，身体活動を拘束されていることにつき認識が必要であるかが問題となるが，通説は，本罪の保護法益を潜在的・可能的自由と解するため，侵害の認識は不要であると解する。

　逮捕・監禁罪は身体活動の自由を拘束する罪であるため，本罪が成立するには，ある程度の時間的継続が必要である。したがって，本罪は**継続犯**である。よって，単に瞬間的に身体を拘束したにすぎない場合には，暴行罪，脅迫罪等を構成するにすぎず，本罪は成立しないことになる（大判昭7・2・29刑集11巻141頁）。

(3) 行　為

　本罪の行為は，人を逮捕または監禁することである。逮捕とは，人の身体を拘束するなどして，その身体活動の自由を直接的に奪うことである。方法のいかんは問わない。多くの場合は，羽交い締めにするなどの有形的手段によってなされるが，詐欺・脅迫などの無形的手段によることも可能である（最大判昭28・6・17刑集7巻6号1289頁）。また，不作為・間接正犯による場合にも認められる（大判昭14・11・4刑集18巻497頁）。

(4) 違法性阻却事由

　220条は「不法に」と規定しているが，これは住居侵入罪における「正当な理由がないのに」と同様，注意的に付けられた文言である。そのため，違法性

阻却事由は，その一般原則により決定される。たとえば，親権者の懲戒権の行使（民法822条），被疑者・被告人の逮捕・勾留（刑訴法199条・207条），措置入院・医療保護入院（精神保健福祉法29条・29条の2），労働争議権の行使（労働組合法1条2項），被害者の同意等があげられる。

(5) 罪数・他罪との関係

逮捕罪と監禁罪は同一性質の犯罪であるため，逮捕に引き続き監禁行為がなされた場合には，全体として220条の罪が成立することになる（前掲最大判昭28・6・17）。個人の身体活動の自由は一身的法益であるため，被害者が複数同時に存在する場合には，本罪の個数は被害者の数だけ認められる。また，逮捕・監禁の手段として暴行・脅迫が用いられた場合には，それらは逮捕・監禁行為に吸収されるため，別罪を構成するわけではない（大判昭11・5・30刑集15巻705頁）。ただし，逮捕・監禁が未遂に終わった場合には，暴行罪・脅迫罪のみが成立することになる。殺人・強盗・強姦・略取誘拐などの罪と本罪とは，牽連関係に立つ。しかし，監禁中に犯意が生じた場合には牽連関係は認められないため，併合罪となる（最判昭24・7・12刑集3巻8号1237頁）。

(6) 逮捕・監禁致死罪

逮捕・監禁罪の結果的加重犯である（221条）。本罪は，傷害の罪と比較して重い方によって処断される。そのため，致傷の場合には204条の法定刑と，致死の場合には205条の法定刑と逮捕・監禁罪の法定刑とを比較して，法定刑の上限・下限ともに重い方に従い処罰される。

本罪の前提として，逮捕・監禁罪が成立しなければならないことはいうまでもない。仮に，適法な逮捕・監禁の結果，死傷に至らしめた場合には，過失致死傷罪が認められることになる。

2 脅迫の罪

(1) 保護法益

脅迫の罪とは，脅迫を手段として「生命，身体，自由，名誉または財産」に対し，害を加える旨を告知する行為である。刑法は脅迫の罪として，脅迫罪（222条）と強要罪（223条）を規定している。強要罪の保護法益が，意思決定の自由および身体活動の自由であることについては，争いはない。しかし，脅迫罪の保

護法益については学説上争いがあり，①個人の意思決定の自由，②私生活の平穏，③主に私生活上の平穏，副次的に個人の行動の自由と主張されており，通説は①である。

(2) 客　体

本罪の客体は，**自然人**である。法人そのものには感情は存在しないため，法人に対しては，本罪は成立しない。よって，法人の代理人など自然人に対する害悪の告知と見られる場合に限り，本罪が成立することになる（大阪高判昭61・12・16高刑集39巻4号592頁）。

(3) 刑法における脅迫概念

刑法における脅迫概念は，下記の3類型に分類することができる。

広義の脅迫＝単に害悪を告知すれば足り，害悪の内容・性質・通知の方法を問わない。また，それによって相手方が恐怖心を抱いたかは問わない。
　　　例：内乱罪（77条），公務執行妨害罪（95条1項），職務強要罪（同条2項），加重逃走罪（98条），逃走援助罪（100条），騒乱罪（106条），恐喝罪（249条）

狭義の脅迫＝相手方またはその親族の生命，身体，自由，名誉または財産に対し，害を加える旨を告知すること。
　　　例：脅迫罪（222条），強要罪（223条）

最狭義の脅迫＝何らかの害悪を告知すれば足りるが，通常，相手方の反抗を抑圧する程度，ないし抵抗を著しく困難にする程度のものが必要である。
　　　例：強制わいせつ罪（176条），強姦罪（177条），強盗罪（236条），事後強盗罪（238条）

3　脅　迫　罪

第222条（脅迫）①　生命，身体，自由，名誉又は財産に対し害を加える旨を告知して人を脅迫した者は，2年以下の懲役又は30万円以下の罰金に処する。
②　親族の生命，身体，自由，名誉又は財産に対し害を加える旨を告知して人

を脅迫した者も，前項と同様とする。

(1) 行　為
　本罪の行為は，「脅迫」することである。ここにいう脅迫とは，狭義の脅迫を意味する。告知する害悪は，相手方またはその親族の生命・身体・自由・名誉・財産に対するものに限られる。これらは制限列挙である。貞操は列挙されていないが，性的自由に含まれると解される（通説）。また，「村八分」（共同絶交）の決議の通知は，名誉に対する害悪の告知にあたると解される（大判大9・12・10刑録26輯912頁，通説）。

(2) 害悪の告知
　人を畏怖させるに足りる程度のものでなければならない。その程度については，告知の内容を四囲の状況に照らして判断する（最判昭35・3・18刑集14巻4号416頁）。また，一般に人を畏怖させるに足りない程度の害悪の内容であっても，それが特殊な心理状態にあるとき（たとえば，小心者），行為者がこれを知って告知をした場合につき，①脅迫となりうるとする主観説と，②脅迫とならないとする客観説が対立している。
　また，害悪の告知は，**間接脅迫**（害悪が脅迫者以外の第三者によって加えられるものとして告知）の場合であってもよい。さらに，告知の方法は問わない。つまり，相手方が告知を認識できればよく，口頭・文書のほかに動作である場合も含まれる。その際，相手方が害悪を知らされた時点で，脅迫罪が成立する（大判大8・5・26刑録25輯694頁）。

(3) 故　意
　本罪の故意は，相手方に害悪の告知をすることの認識・認容で足り，相手方に真に害を実現する意思があるかは問わない（大判大6・11・12刑録23輯1197頁）。

(4) 違法性阻却事由
　正当な権利行使としてなされる限り，害悪の告知は脅迫罪の違法性を阻却する。しかし，権利の濫用と認められる場合には，もはや違法性は阻却されない。

4 強要罪

> 第223条（強要）① 生命，身体，自由，名誉若しくは財産に対し害を加える旨を告知して脅迫し，又は暴行を用いて，人に義務のないことを行わせ，又は権利の行使を妨害した者は，3年以下の懲役に処する。
> ② 親族の生命，身体，自由，名誉又は財産に対し害を加える旨を告知して脅迫し，人に義務のないことを行わせ，又は権利の行使を妨害した者も，前項と同様とする。
> ③ 前2項の罪の未遂は，罰する。

(1) 行　為

本罪の行為は，暴行・脅迫を用いて，人に義務のないことを行わせ，権利の行使を妨害することである。本罪における脅迫とは，脅迫罪における脅迫（狭義）と同義である。本罪における暴行とは，人に向けられた不法な有形力の行使を意味する（広義の暴行）。よって，暴行は必ずしも人の身体に対してなされる必要はなく，第三者や物に対する暴行であってもよい。つまり，被害者が恐怖心を抱く程度の暴行であればよいのである。

強要とは，脅迫・暴行を手段として，人に義務のない行為をさせる，あるいは行うべき権利を妨害することを意味する。「**義務のないことを行わせ**」るとは，行為者に何ら権利・権能がないにもかかわらず相手方に作為・不作為，または忍容を余儀なくさせることを意味する（大判大8・6・30刑録25輯820頁）。また，「**権利の行使を妨害**」するとは，被害者が法律上の権利行使を行うことを妨げることを意味する（大判昭7・7・20刑集11巻1104頁）。

(2) 故　意

本罪の故意は，暴行・脅迫により義務のないことを行わせる，または行使することのできる権利を妨害することを認識して行為にでる意思を意味する。

(3) 未　遂

手段としての暴行・脅迫が開始されたが，相手方に義務のないことを行わせ，または権利の行使を妨害するに至らなかったときは，本罪の未遂罪（223条3項）が成立する。たとえば，強要罪の手段として暴行・脅迫を行ったが，相手

方が恐怖心を抱かず，任意に義務のない行為をした場合には，強要未遂罪となるのであって，脅迫罪にあたるものではない（大判昭7・3・17刑集11巻437頁）。

(4) 他罪との関係

強要罪は，恐喝罪，強盗罪，強姦罪，強制わいせつ罪，逮捕・監禁罪，略取・誘拐罪，職務強要罪等が成立する場合には，法条競合により成立しない。

ワーク 7　演習問題

【問】　以下の記述のうち，正しいものを一つ選びなさい。

【法学検定試験4級程度】

(1)　脅迫罪よりも強要罪の方が刑がより重い。
(2)　強要罪よりも逮捕罪の方が刑がより軽い。
(3)　監禁罪よりも脅迫罪の方が刑がより重い。
(4)　監禁罪よりも逮捕罪の方が刑がより軽い。

（担当：大野正博）

Lesson 8　略取・誘拐罪

1　総　説

略取・誘拐罪は，人をその生活環境から離脱させ，自己または第三者の実力的支配下に移して自由を奪う犯罪である。刑法は，未成年者拐取罪（224条）から被拐取者収受罪（227条）まで6類型を定め，各罪について未遂罪（228条）を，身代金目的拐取罪については予備罪も処罰している（228条の3）。

(1)　保護法益

本罪の保護法益については，①被拐取者の自由のみであるとする説（香川達夫，内田文昭，前田雅英等），②親権者等の保護・看護権とする説（未成年者拐取罪に限り，吉田敏雄），③被拐取者の自由および親権者等の保護・看護権とする説（団藤重光，大塚仁），④被拐取者の自由および身体の安全であるとする説（平野龍一，西田典之，大谷實）等が対立している。③説が通説・判例（大判大7・11・11刑録24輯1326頁，福岡高判昭31・4・14裁特3・8・409）であるとされるが，④説も有力である。

本罪を継続犯と解するか，状態犯と解するかについては，継続犯とするのが通説であるが，判例は，身代金目的で誘拐した後監禁した場合を併合罪とする（最判昭57・11・29刑集36・11・988）ところから状態犯説をとっているとされる。

(2)　略取・誘拐

本罪の行為は，略取および誘拐であり，両者をあわせて拐取という。拐取とは，人をその生活環境から離脱させ，自己または第三者の実力的支配下に移すことで，さらに身体を拘束すると，逮捕・監禁罪となる。略取とは，暴行・脅迫を手段として行うものであり，誘拐とは，欺罔（欺く行為）または誘惑を手段として行うものである。欺罔（欺く行為）とは，虚偽の事実を告知して相手方を錯誤に陥らせることであり，誘惑とは，甘言を用いて相手方の判断を誤らせることである。

2　未成年者略取・誘拐罪

> 第224条（未成年者略取及び誘拐）　未成年者を略取し，又は誘拐した者は，3月以上5年以下の懲役に処する。

(1)　主体・客体

本罪の主体には制限がない。**未成年者**の**監護者**が本罪の主体となりうるか否かは，保護法益に関する各説から導かれる。上記1－(1)で述べた①被拐取者の自由のみであるとする説と④被拐取者の自由および身体の安全であるとする説からは，監護者も本罪の主体となりうる。これに対し，②親権者等の保護・監護権とする説と③被拐取者の自由および保護・監護権とする説からは，監護者の承諾がある場合，本罪は成立しないこととなるが，このような結論は妥当でないように思われる。

客体は，未成年者である。未成年者とは，20歳未満の者をいう（民法3条）。未成年者は心身の発育が充分でないことから，その行動の自由と安全を保護することが本罪の目的である。既婚者は成年に達したものとみなされる（民法753条）ため，本罪の成立を否定する見解もあるが，上記①④説からは，やはり本罪の適用が認められると思われる。

(2)　行為・故意・違法性阻却事由

行為は，拐取である（1－(2)参照）。監護者を欺いて，未成年者を連れ出す行為も誘拐である。本罪の故意は，客体が未成年者であることの認識および拐取行為の認識である。

十分な判断能力のある未成年者の真意に基づく同意は違法性を阻却し，本罪は成立しない（上記①④説）。

3　営利目的等略取・誘拐罪

> 第225条（営利目的等略取及び誘拐）　営利，わいせつ又は結婚の目的で，人を略取し，又は誘拐した者は，1年以上10年以下の懲役に処する。

(1) 客　体

人であり，未成年者，成年者，男性，女性をすべて含む。

(2) 目　的

本罪は，営利，わいせつまたは結婚の目的を要件とする目的犯であり，これらの目的は故意を超える主観的違法（構成要件）要素である（『ワークスタディ刑法総論』〔第2版〕Lesson 4　行為と構成要件　参照）。「**営利の目的**」とは，拐取行為によって財産上の利益を得，または第三者に利益を得させる目的をいう。必ずしも営業的であることを要せず，継続性も要件ではないから，一時的に利益を得る目的であってもよい。被拐取者の直接的な利用によって利益を得る場合のほか，第三者から拐取行為の報酬を得る目的も含まれるとするのが，判例（最決昭37・11・21刑集16巻11号1570頁＝ストリッパー引渡謝礼事件）・通説である。「わいせつの目的」とは，姦淫その他被拐取者の性的自由侵害行為の目的をいう。「結婚の目的」とは，自己または第三者と結婚させる目的をいい，法律上の婚姻に限らず，事実上の内縁関係も含むが，夫婦関係の実質を備えない単なる肉体関係の継続は，「わいせつの目的」となる（岡山地判昭43・5・6下刑集10巻5号561頁）。

4　身代金目的略取・誘拐罪

> 第225条の2（身の代金目的略取等）　①　近親者その他略取され又は誘拐された者の安否を憂慮する者の憂慮に乗じてその財物を交付させる目的で，人を略取し，又は誘拐した者は，無期又は3年以上の懲役に処する。
> ②　人を略取し又は誘拐した者が近親者その他略取され又は誘拐された者の安否を憂慮する者の憂慮に乗じて，その財物を交付させ，又はこれを要求する行為をしたときも，前項と同様とする。

昭和30年代に身代金目的の拐取行為が頻発したため，昭和39年に新設された規定である。

(1) **身代金目的拐取罪**（1項）

本罪は，「近親者その他略取され又は誘拐された者の安否を憂慮する者の憂

慮に乗じてその財物を交付させる目的」で，人を拐取する行為を処罰する目的犯であり，営利目的等拐取罪の加重類型である。行為者に安否を憂慮する者の憂慮に乗じる目的があれば足り，現実に安否を憂慮する者が存在する必要はない。

「近親者その他略取され又は誘拐された者の安否を憂慮する者」の範囲については，争いがある。「近親者に準じる密接な人間関係」という事実的要素を重視するもの（香川，大阪地判昭和51・10・25刑月8＝9巻10号435頁）から，「被拐取者の安否を憂慮することが社会通念上当然と見られる特別な関係を有する者」という規範的要素を重視するもの（団藤，最決昭和62・3・24刑集41巻2号173頁，東京地判平4・6・19判タ806号227頁等）まで幅がある。後者は，関係者を略取して法人等に身代金を要求するというような立法当時予想されなかった犯罪形態の増加に対処する必要に迫られた結果ともいえようが，このような規範的要素をあまりにも重視すると，**「安否を憂慮する者」**の範囲がますます拡大する懸念があり，本罪の処罰範囲と限界を明確に画することが課題となろう。

(2) 身代金要求罪（2項）

本罪は，身代金を目的としないで人を拐取した者が，その後，被拐取者の安否を憂慮する者の憂慮に乗じて身代金を交付させ，または要求する行為を身代金目的拐取罪と同様に処罰する規定である。主体は，未成年者拐取罪（224条），営利目的等拐取罪（225条），身代金目的拐取罪（225条の2第1項），国外移送目的拐取罪（226条第1項）を犯した者である（身分犯）。共犯者がこれに含まれるかどうかは，争いがある。

行為は，安否を憂慮する者の憂慮に乗じて，財物を交付させ，または要求する行為である。要求する行為は，要求する意思表示がなされれば既遂となり，その意思表示が相手方に到達することは必要でないため，未遂は処罰されていない。ただし，安否を憂慮する者の憂慮に乗じたことが要件であるから，225条の2第1項の場合とは異なり，要求した相手が現実に拐取者の安否を憂慮する者であること，憂慮と財物交付との間の因果関係が要求される。

判例は，身代金目的拐取罪の行為者が本罪を犯した場合は牽連犯（最決昭和58・9・27刑集37巻7号1078頁），その他の拐取罪の行為者が本罪を犯した場合は併合罪とする（最決昭57・11・29刑集36巻11号988頁）。

5　国外移送目的略取・誘拐罪

> 第226条（国外移送目的略取等）　①　日本国外に移送する目的で，人を略取し，又は誘拐した者は，2年以上の有期懲役に処する。
> ②　日本国外に移送する目的で人を売買し，又は略取され，誘拐され，若しくは売買された者を国外に移送した者も，前項と同様とする。

　本罪は，国際的な人身売買のさまざまな形態を処罰する規定である（目的犯）。「**日本国外に移送する**」とは，日本国の領土，領海または領空外に移動させることをいう。「**売買**」とは，対価を得て人身を授受することをいい，売主と買主の双方が処罰される必要的共犯である。

6　被拐取者収受罪

> 第227条（被略取者収受等）　①　第224条，第225条又は前条の罪を犯した者を幇助する目的で，略取され，誘拐され，又は売買された者を収受し，蔵匿し，又は隠避させた者は，3月以上5年以下の懲役に処する。
> ②　第225条の2第1項の罪を犯した者を幇助する目的で，略取され又は誘拐された者を収受し，蔵匿し，又は隠避させた者は，1年以上10年以下の懲役に処する。
> ③　営利又はわいせつの目的で，略取され，誘拐され，又は売買された者を収受した者は，6月以上7年以下の懲役に処する。
> ④　第225条の2第1項の目的で，略取され又は誘拐された者を収受した者は，2年以上の有期懲役に処する。略取され又は誘拐された者を収受した者が近親者その他略取され又は誘拐された者の安否を憂慮する者の憂慮に乗じて，その財物を交付させ，又はこれを要求する行為をしたときも，同様とする。

　本罪は，各拐取罪の正犯者の事後従犯を独立に処罰する規定である。身代金目的拐取罪の正犯者を幇助する目的での収受等（2項），営利・わいせつ目的での収受等（3項），身代金目的の収受等（4項）の場合に，それぞれ刑が加重される。「**収受**」とは，有償・無償を問わず，被拐取者や被売者を受け取り，自

己の実力的支配下におくことをいう。「**蔵匿**」とは，被拐取者や被売者が発見されることを妨げるような場所を提供する行為であり，「**隠避**」とは，蔵匿以外の方法で，被拐取者や被売者の発見を妨げ，困難にすることをいう。

7 解放軽減等・親告罪

> 第228条の2（解放による刑の減軽） 第225条の2又は第227条第2項若しくは第4項の罪を犯した者が，公訴が提起される前に，略取され又は誘拐された者を安全な場所に解放したときは，その刑を減軽する。
> 第229条（親告罪） 第224条の罪，第225条の罪及びこれらの罪を幇助する目的で犯した第227条第1項の罪並びに同条第3項の罪並びにこれらの罪の未遂罪は，営利の目的による場合を除き，告訴がなければ公訴を提起することができない。ただし，略取され，誘拐され，又は売買された者が犯人と婚姻をしたときは，婚姻の無効又は取消しの裁判が確定した後でなければ，告訴の効力がない。

　身代金目的拐取罪およびその関連犯罪の被拐取者には，生命・身体の危険が及ぶ可能性が大きいことから，その安全を図るための政策的見地から設けられた刑の必要的減軽規定である（228条の2，身代金目的拐取予備罪に関しては，228条の3ただし書）。「**安全な場所**」とは，被拐取者の生命・身体に実質的危険がなく，かつ，救出，発見が容易な場所をいう（最決昭和54・6・26刑集33巻4号364頁）。「**解放**」とは，被拐取者を実力的支配下から安全な場所に移すことをいう。

　公訴の提起が，被拐取者にとってかえって不利益とならないよう，一定の拐取罪は親告罪とされている。告訴権者は，被害者（被拐取者）およびその法定代理人に認められる（刑訴230条・231条）。保護・監護者が告訴権者に含まれるかどうかについては，拐取罪の保護法益についての理解とも関連して争いがあるが，拐取罪を被拐取者の自由および監護権の侵害と捉える通説・判例の立場からは，監護者も告訴権者に含めることになろう。「**婚姻**」とは法律上の婚姻をいい，婚姻中の告訴のみならず，公訴の提起後に婚姻した場合にも，告訴は無効となる。

ワーク 8　演習問題

【問】　次の文章のうち，判例によれば，正しいものを一つ選びなさい。

【法学検定試験3級程度】

(1)　Xは，街で知り合った未成年者Aを甘言を用いて家出させ，自己のアパートで同棲を始めた。Aの保護者Bの告訴を受け，Xは未成年者誘拐罪で起訴された。しかし，Aの同意があるため，Xの行為は，常に違法性が阻却される。

(2)　Xは，A銀行の従業員Bを誘拐し，A銀行頭取Cに対して1000万円を要求した。Xの行為は身代金目的拐取罪となる。

(3)　Xは，身代金を取る目的で有名女優を略取し，所属事務所の社長に5000万円を要求した。社長は，有名女優と折り合いが悪くその安否を憂慮しなかったが，彼女の給料から天引きするつもりで2000万円の支払いに応じた。Xの行為は身代金目的拐取罪とはならない。

(4)　Xは，街で知り合ったA女と結婚する目的で，甘言を用いて自宅に連れ帰ったが，A女が富豪の一人娘ということを知り，A女の両親に「娘を誘拐したから5000万円よこせ」という手紙を送った。しかし，家出したいA女が虚偽の住所を教えたため，手紙は到達しなかった。Xの行為は身代金要求罪とはならない。

(担当：島岡まな)

Lesson 9　性的自由に対する罪

1　強制わいせつ罪

> 第176条（強制わいせつ）　13歳以上の男女に対し，暴行又は脅迫を用いてわいせつな行為をした者は，6月以上7年以下の懲役に処する。13歳未満の男女に対し，わいせつな行為をした者も，同様とする。

(1) 法　益
176条から181条には強制わいせつ罪と強姦罪が定められている。公然わいせつ罪（174条）とわいせつ物頒布罪（175条）が善良な性風俗あるいは不特定または多数人の性的自由を侵害する社会法益に対する罪であるのに対し，強制わいせつ罪と強姦罪は個人の性的自由を侵害する個人法益に対する罪である。

(2) 客　体
強制わいせつ罪の客体は，男性および女性の双方である。女性に対してわいせつ行為をした場合だけでなく，男性に対してわいせつ行為をした場合にも強制わいせつ罪が成立することに注意したい。客体が13歳以上の場合には，暴行または脅迫を手段とする場合に限り犯罪が成立し，本人の同意があった場合には本罪は成立しない。これに対して客体が13歳未満の場合には，必ずしも暴行または脅迫を手段とする必要はなく，本人の同意に基づいてわいせつ行為に及んだ場合にも犯罪が成立する。13歳未満の者は加害行為の意味を十分に理解できず，その同意には瑕疵があるとみなされるためである。

(3) 行　為
13歳以上の者につき本罪が成立するためには，暴行または脅迫を加えたことが必要である。「**暴行**」とは，人の身体に対し有形力（物理力）を行使することをいい，「**脅迫**」とは，畏怖心を生じさせる目的で害悪を告知することをい

う。暴行または脅迫の程度は，177条の強姦罪と同様に，相手方の反抗を不可能または著しく困難にする程度のものでなければならないと解されている（通説）。ただ強制わいせつ罪では，たとえば強いて指を陰部に挿入する場合のように，暴行自体がわいせつ行為に当たることがあり，その場合には暴行は必ずしも反抗を著しく困難にする程度に達している必要はない。

「わいせつな行為」とは，いたずらに性欲を興奮または刺激せしめ，かつ，普通人の正常な性的羞恥心を害し，善良な性的道義観念に反する行為をいう（名古屋高金沢支判昭36・5・2下刑集3巻5＝6号399頁）。性器や乳房に触れる行為（大判大13・10・22刑集3巻749頁，大阪地堺支判昭36・4・12下刑集3巻3＝4号319頁）のほか，相手方の意思に反して接吻をすること（東京高判昭32・1・22高刑集10巻1号10頁）もこれに含まれる。

(4) **主観的要件**

本罪は故意犯であり，行為者はわいせつな行為をすることを認識していなければならない。のみならず，判例によれば，その行為が犯人の性欲を刺激，興奮または満足させる性的意図のもとに行われることを要し，報復，侮辱または虐待の目的で行われたときは本罪は成立しないとされる（最判昭45・1・29刑集24巻1号1頁）。このように，行為者が一定の内心の傾向を有している場合に限り犯罪が成立する犯罪を**傾向犯**というが，傾向犯は認めるべきではないとする学説も有力である。

176条後段の罪では，相手方が13歳未満であることの認識が必要である。したがって，相手方が13歳以上であると誤信してその同意を得てわいせつ行為をしたところ，実は13歳未満であったという場合には，罪とならない（大阪地判昭55・12・15判時995号131頁）。

2 強姦罪

第177条（強姦(かん)）　暴行又は脅迫を用いて13歳以上の女子を姦淫した者は，強姦の罪とし，2年以上の有期懲役に処する。13歳未満の女子を姦淫した者も，同様とする。

(1) 客体および主体

客体は女性である。強制わいせつ罪と同様に，13歳以上の女性に対しては暴行または脅迫を手段とした場合に成立するが，13歳未満の女性に対しては暴行または脅迫が用いられなくても本罪が成立するだけでなく，同意の上で性交した場合にも本罪が成立する。

本罪を犯す主体はふつう男性であるが，女性も本罪を犯すことができないわけではない。たとえば，女性が男性を利用する間接正犯の場合や，女性が男性と共同して暴行・脅迫に関与する共同正犯の場合には，女性も本罪の主体となりうる（最決昭40・3・30刑集19巻2号125頁）。

夫であるという理由だけで当然に本罪の主体から除外されるわけではないことはもちろんであるが，従来，夫婦間では本罪は成立しないとされるのが一般であった。これに対して，虐待する夫から実家に逃げ帰っていた妻を夫が第三者と共同して姦淫した事案に関して，夫にも強姦罪の成立を認めた判例がある（広島高松江支判昭62・6・18高刑集40巻1号71頁）。

(2) 行　為

行為は，姦淫することである。陰茎を膣内に没入させれば既遂に達し，射精したことは必ずしも必要でない（大判大2・11・19刑録19輯1255頁）。

本罪における「**暴行**」「**脅迫**」は，相手方の反抗を著しく困難ならしめる程度のもので足りる（最判昭24・5・10刑集3巻6号711頁）。この点，強盗罪における暴行・脅迫（相手方の反抗を抑圧するに足りる程度のものであることを要する）と異なるので注意が必要である。強盗罪の場合には反抗を抑圧する程度に達しないときには，恐喝罪で処罰しうるので，財産権の保護に欠けるところがないのに対し，強姦罪の場合にはその種の第二次的な犯罪類型を欠くので，暴行・脅迫の程度を強盗罪と同等なものと考えると，女性の性的自由の保護に欠けることになるため，暴行・脅迫の程度を強盗におけるそれよりもやや緩やかに解することが必要なのである。

3　準強制わいせつ罪・準強姦罪

第178条（準強制わいせつ及び準強姦）　人の心神喪失若しくは抗拒不能に乗

じ，又は心神を喪失させ，若しくは抗拒不能にさせて，わいせつな行為をし，又は姦淫した者は，前2条の例による。

「**心神喪失**」とは，精神の障害によって正常な判断能力を喪失している状態をいう。「**抗拒不能**」とは，心神喪失以外で心理的又は物理的に抵抗することの不可能または困難なことをいう。心神喪失・抗拒不能に「乗じ」とは，そのような状態を利用することをいい，その状態に立ち至った原因を問わない。「心神を喪失させ」または「抗拒不能にさせ」る手段にも，暴行・脅迫による場合を除いて（この場合には176条または177条が成立する），とくに限定はない。麻酔剤を飲ませたり，催眠剤を施用したり，医療行為と誤信させたりする場合などがこれに当たる。

「前2条の例による」とは，わいせつ行為の場合には，176条の例（6月以上7年以下の懲役に処する）と同様とし，姦淫の場合には，177条の例（2年以上の有期懲役に処する）と同様とするという意味である。

4　実行の着手時期

176条・177条および178条の未遂は罰せられる（179条）。

176条前段の罪（強制わいせつ罪）および177条前段の罪（強姦罪）は暴行・脅迫行為と姦淫行為の結合した形態の犯罪であるから，姦淫行為に着手しなくても，暴行・脅迫行為があれば，これらの罪の実行に着手したことになり，未遂罪が成立しうる。むろん，暴行・脅迫は姦淫の手段としてのそれでなければならず，暴行・脅迫行為が姦淫の手段として行われたものでないときは，暴行罪または脅迫罪が成立するにすぎず，強姦（未遂）罪は成立しない。これに関して，数人が共謀の上，夜間一人で道路を通行中の女性を強姦しようと企て，必死に抵抗する同女をダンプカーの運転席に引きずり込み，車を発進させて同所から約5,800メートル離れた場所で，運転席内で同女を強姦したという事案について，被告人が同女をダンプカーの運転席に引きずり込もうとした時点で強姦罪の実行の着手を認めた判例がある（最決昭45・7・28刑集24巻7号585頁）。

5 親告罪

> 第180条（親告罪）　①　第176条から前条までの罪は，告訴がなければ公訴を提起することができない。
> ②　前項の規定は，2人以上の者が現場において共同して犯した第176条から前条までの罪については，適用しない。

　強制わいせつ罪および強姦罪においては，起訴によって事が公になると被害者の名誉が害され，精神的苦痛等の不利益が増すことが多いことから，被害者保護の観点からこれらの罪は親告罪とされている。従来，強制わいせつ罪および強姦罪の告訴期間は6カ月であったが，2000年5月の刑事訴訟法改正により，これらの罪については告訴期間が撤廃された（刑訴法235条1項1号）。この改正は，性犯罪の被害者の精神的なダメージはきわめて大きく，その回復に数年を要することも少なくなく，6カ月という告訴期間では短かすぎるとの批判にこたえたものである。

　180条2項は，いわゆる輪姦的な形態による強制わいせつ・強姦を非親告罪とする規定である。その趣旨は，これらの罪が輪姦的形態において犯される場合には，その暴力的犯罪としての凶悪性が著しく強度であり，もはやその訴追を被害者の利益のみによって左右することは適当でないということである。なお，致死傷の結果を生じた場合（181条）も親告罪ではない。

6　強制わいせつ・強姦致死傷罪

> 第181条（強制わいせつ等致死傷）　第176条から第179条までの罪を犯し，よって人を死傷させた者は，無期又は3年以上の懲役に処する。

　本条は，強制わいせつ，強姦，準強制わいせつ・強姦およびこれらの罪の未遂罪を犯し，その結果，人に傷害を加え，または死亡させるに至った者を重く処罰する結果的加重犯を定めたものである。本罪の基本犯には未遂犯も含まれているから，本罪が成立するためには，強制わいせつや強姦の行為が既遂に達

している必要はなく，これらの行為の着手があれば，結果の発生によって本罪が成立する（最判昭24・7・12刑集3巻8号1237頁）。

　本罪は結果的加重犯であるから，基本犯と死傷の結果との間に因果関係が存在しなければならないが，死傷の結果は，わいせつ行為や姦淫行為自体から発生したもののほか，基本犯の手段としての暴行・脅迫から発生したものでもよい（最決昭43・9・17刑集22巻9号862頁）。処女膜裂傷は強姦に特有の結果であり，判例は本条にいう傷害に当たると解している（最決昭34・10・28刑集13巻11号3051頁）が，姦淫に当然含まれる軽微な傷であるとして消極に解する学説もある。

　本罪は結果的加重犯であるので，死傷の結果について認識・予見していたときには適用されないのではないかとの疑問が生ずる。これに対して判例は，結果の発生について認識のある場合にも本罪が成立すると解し，たとえば行為者が殺意をもって被害者を死に致したときは，本罪と殺人罪とが成立し，両者は観念的競合の関係に立つとする（最判昭31・10・25刑集10巻10号1455頁）。

ワーク 9　演習問題

【問】　次の文章のうち，判例からみて正しいものはどれか。

【法学検定試験3級程度】

(1)　夫婦はそれぞれ性交渉を要求する権利を有し，かつ，これに応ずる義務があるから，夫婦間では強姦罪は成立しない。
(2)　仕返しの目的で女性を裸にした上，写真撮影をした場合，行為者には性欲を満足させる意図がないので強制わいせつ罪は成立しない。
(3)　強制わいせつおよび強姦罪でいう暴行・脅迫は最狭義のそれを意味し，強盗罪と同様に，相手方の反抗を抑圧するに足りる程度のものであることを要する。
(4)　強制わいせつ・強姦致死傷罪は結果的加重犯であるから，行為者が死傷の結果を認識している場合には成立しない。

（担当：萩原　滋）

Lesson 10　住居を侵す罪，秘密を侵す罪

1　住居を侵す罪

> 第130条（住居侵入等）　正当な理由がないのに，人の住居若しくは人の看守する邸宅，建造物若しくは艦船に侵入し，又は要求を受けたにもかかわらずこれらの場所から退去しなかった者は，3年以下の懲役又は10万円以下の罰金に処する。

(1)　総　説

(a)　**保護法益**　住居を侵す罪は，現行刑法では社会的法益に対する罪に配置されているが，個人的法益に対する罪であると解する点で学説は一致している。しかし，本罪の保護法益について，学説には，まず，単一の法益で説明しようとする一元説があり，これには，「事実上の住居等の平穏ないし私生活の平穏」と解する**住居平穏説**，「住居等を管理する権利の一内容として，これに誰の立入りを認めるか否かの自由」と解する**新住居権説**，および，「人が現に住居等を平穏に管理・支配している状態を権利として保護するもの」と解する**総合説**がある。これに対し，**多元説**は，本罪の保護法益を複数の法益で説明しようとするものであり，住居の場合は，「他人が住居に立ち入り，または滞留することを許容し，あるいは許容しないことを決定する自由」，公共的・社会的営造物の場合は，「個々の職員がその営造物の利用目的に従って平穏かつ円滑に業務を遂行しうる状態」を保護法益と解する。

(b)　**類型**　住居を侵す罪は，立入り行為という作為を処罰する住居侵入罪（130条前段）と，要求を受けたにもかかわらず退去しない不作為を処罰する不退去罪（130条後段）とに分かれる。

(2) 客　体

本罪の客体は，他人の住居，他人の看守する邸宅・建造物・艦船である。

(a) 住居　　住居については，人の起臥寝食に使用される場所であることを要するとする見解（通説）と，日常生活に使用するために人が占拠する場所であることを要するが，必ずしも起臥寝食に使用することを要しないとする見解（反対説，札幌高函館支判昭27・11・5高刑集5巻11号1985頁）が対立している。具体的には，通常の起臥寝食に耐えうる設備を備えているわけではないが，日常生活が可能な設備を備えている研究室，実験室，事務室などが住居に当たるかについて相違をきたすことになる。住居は，現に起臥寝食もしくは日常生活に使用されている限り，常に居住者が現在していることを要しない。また，アパート，ホテルなどの一室も住居となりうる。住居は通常の起臥寝食もしくは日常生活に使用しうる設備を備えている限り，必ずしも房室である必要はない。テント舎やキャンピング・カーなども住居となりうる。住居は，必ずしも適法に占拠されたものであることを要しない。したがって，賃貸借契約終了後も引き続き占拠しているアパート賃借人の部屋に賃貸人が無断で立ち入る行為は，本罪を構成しうる（大判大9・2・26刑録26輯82頁）。

(b) 看守　　看守とは，人が事実上，管理・支配していること，すなわち，その領域に，人の侵入を防止するに足りる人的・物的設備を施すことをいい，管理人・守衛を置く，施錠をするなど方法の如何を問わない。ただし，立入り禁止の立て札や掲示を設置するだけでは侵入防止の設備として不充分であり，看守があるとはいえない。

(c) 邸宅　　邸宅とは，通説によれば，住居に使用する目的で造られたが現に住居に使用されていない家屋，および塀・垣根・門などの囲障設備によって囲われたその付属敷地をいう。空き家や閉鎖されている別荘などがこれに当たる。マンション・アパートのような集合的な建物の付属敷地が塀や門扉などで囲まれて外部と区画されている場合，その付属敷地は住居の一部であるとするのが通説であるが，判例は邸宅と解している（最判昭32・4・4刑集11巻4号1327頁）。

(d) 建造物　　建造物とは，一般に，屋根を有し，障壁・支柱などによって支えられた土地の定着物であって，その内部に人の出入りが可能な構造を有す

るものをいう。法文言の整合性から，ここでは，住居・邸宅以外の建造物，たとえば，官公庁の建物，学校校舎，工場，駅舎などをいう。塀などの囲障設備によって囲繞されたその付属敷地も建造物の一部であるとするのが判例・通説である（最大判昭25・9・27刑集4巻9号1783頁）。

(e) 艦船　**艦船**とは，軍艦および船舶をいい，その大小を問わないが，人の立入りが可能な大きさと構造を有することを要する。

(3) 行　為

(a) 侵入　住居平穏説からは，**侵入**とは居住者等の（推定的）意思に反する立入りとする**主観的平穏侵害説**と，住居等の平穏を害するような態様での立入りとする**客観的平穏侵害説**が主張されている。新住居権説からは，侵入とは住居権者・管理権者の意思に反する立入りとする**意思侵害説**が主張されている。主観的平穏侵害説については，この説は意思侵害説と同一であるとの批判が出されているが，この説の論者にあっては，強盗目的を秘し顧客を装って立ち入るのは居住者等が承諾しても侵入に当たるが，詐欺・押売り・贈賄の目的のときには居住者等が承諾している限り侵入とはいえないとする見解が支配的であり，意思侵害説とは異なる。判例は，建造物侵入罪の事案であるが，侵入とは管理権者の意思に反して立ち入ることとしている（最判昭58・4・8刑集37巻3号215頁）。

(b) 不退去　**不退去**とは，要求を受けたにもかかわらず，人の住居，人の看守する邸宅・建造物・艦船から退去しないことであり，真正不作為犯である。退去の要求は，退去を要求する権限を有する者，すなわち，居住者・看守者およびそれらの者から授権された者によってなされることを要する。

(c) 着手時期　住居侵入罪の実行の着手時期は，行為者が侵入行為を開始したとき，たとえば，塀を乗り越えようとそれに脚をかけようとしたときであり，既遂時期は，身体の全部を入れたときとするのが通説であるが，身体の一部を入れれば足りるとする見解も主張されている。

不退去罪には未遂を罰する規定が存在するが，真正不作為犯としての性質から未遂の余地はないとするのが通説であるが，退去を要求された者が，退去に要する時間が経過する前に家人によって突き出されたときは本罪の未遂となるという見解も主張されている。本罪の既遂時期は，退去要求を受け退去に要す

る時間が経過したときである。
　(d) 継続犯　住居侵入罪は行為者が侵入してから退去するまでの間継続し，また，不退去罪は既遂に達したときから実際に退去するまでの間継続する継続犯である。
(4) 承諾（同意）
　居住者・看守者の（明示的・推定的）承諾がある場合には，住居侵入罪は認められないとするのが通説・判例であり，この場合，本罪の構成要件該当性が否定されると解されている。
　(a) 承諾権者　有効な承諾を与えることができるのは，居住者・看守者およびそれらの者から授権された者である。この承諾権は，複数の居住者がいる場合，家長や世帯主だけが有するというものではなく，承諾能力を有する居住者全員が平等に有する。
　(b) 承諾の有効性　承諾は，居住者・看守者の任意に出たものでなければならない。したがって，多数人の威力を背景にして威圧的な言動で与えられた承諾は，無効である。ただ，承諾はさらに真意に基づくものでなければならないかについては争いがある。たとえば，強盗目的を秘して「今晩は」と挨拶したところ，家人が「おはいり」と答えたのに乗じて立ち入った場合，外見上は承諾があるように見えても錯誤に基づくので有効ではないとする見解（主観的真意説／多数説，最大判昭24・7・22刑集3巻8号1363頁）と，その錯誤は動機・縁由の錯誤にすぎず，法益関係的な錯誤とはいえず，立ち入ることについて承諾があるので承諾は有効であるとする見解（事実的意思説）が対立している。
　(c) 意思の対立　承諾権を有する居住者間で意思が対立する場合，たとえば，夫の不在中に妻と姦通する目的でその承諾を得て住居に立ち入る場合，現在する妻の承諾を得て穏やかに立ち入る行為は，たとえ姦通目的であっても住居の平穏を侵害するものではないとして（尼崎簡判昭43・2・29下刑集10巻2号211頁），あるいは，現に住居を管理している妻の現実の承諾は不在の夫の意思に優先するとして，本罪の成立を否定する見解が有力である。しかし，この場合，夫の承諾を得られないことは明白であるとして，あるいは，住居に関する夫の住居権を侵害するとして（名古屋高判昭24・10・6判特1号172頁），本罪の成立を肯定する見解も主張されている。さらに，複数の現在する居住者の意思が対立

する場合，たとえば，夫の承諾を得てはいるが，妻が拒絶している場合，全員の承諾が必要であるとして本罪の成立を肯定する見解と，一部の居住者の承諾で足りるとする見解が対立している。

(d) 包括的承諾　**包括的承諾**とは，立入りについてそのつど個別的に承諾がなされるのではなく，あらかじめ一般的・包括的になされることをいい，不特定または多数の一般人の自由な立入りが予定されている執務時間中の官公署の庁舎，営業時間中の企業の営業所・店舗等への立入りについて問題となる。たとえば，万引き目的で営業中のデパートに一般の顧客を装い平穏な態様で立ち入る場合，建造物侵入罪の成立が認められるかが問題となる。学説・判例では，万引き目的という違法な目的での立入りであり，これが管理者の意思に反することは明らかである以上，本罪を肯定しうるとする見解（東京高判昭48・3・27東高刑時報24巻3号41頁）がある一方，違法な目的でもそれは外観上明白でないし，立入りの態様が通常の顧客となんら変わりない以上，有効な（包括的・推定的）承諾を認めうる場合であり，本罪は成立しないとする見解も有力に主張されている。

2　秘密を侵す罪

> 第133条（信書開封）　正当な理由がないのに，封をしてある信書を開けた者は，1年以下の懲役又は20万円以下の罰金に処する。

(1) 総　説

秘密は，その主体によって，個人の秘密，法人・私的団体の秘密，国家・公共団体の秘密に分けることができるが，国家・公共団体の秘密については，その侵害を処罰する刑罰法規が別に存在しており（たとえば，国家公務員法100条・109条，地方公務員法34条・60条），刑法典は信書開封罪（133条）と秘密漏示罪（134条）を規定して，個人の秘密および法人・私的団体の秘密の侵害を処罰している。

(2) 信書開封罪

(a) 客体　本罪の客体は，封をしてある信書である。**封をしてある**とは，信書と一体をなす形態で外包装置が施されていることをいい，それを破ったり

壊したりしない限り信書の内容が外部から認識できないような装置であることを要する。たとえば，封筒に入れて糊付けするなどが典型例であるが，包装し紐で固く縛るなど，方法のいかんを問わない。しかし，たとえば，封筒をクリップで留めたにすぎないとか，小さな包みに輪ゴムをかけたにすぎないような場合は，封とはいえないであろう。**信書**とは，特定の人から特定の人に宛てた意思の伝達を媒介すべき文書をいう。特定の人は，自然人だけでなく，法人や法人格なき社団も含まれる。判例（大判明40・9・26刑録13輯1002頁）・多数説は，信書は意思を伝達する文書に限られると解し，単なる事実の記載，図面，写真，原稿などは信書とはいえないとするが，個人の秘密を保護する趣旨からすれば，本罪の客体としての信書は必ずしも意思を伝達するものに限定する必要はなく，単なる事実の記載，図面，写真，原稿なども信書となりうるとする反対説も主張されている。封がなされている信書である限り本罪の客体となり，発送前のものや受信後に開封して再び封をしたものもこれに含まれる。

(b) 行為　封を破棄して信書の内容を知りうる状態を作り出すことで足り，現実に行為者が信書を読んだことや，その内容を知ったことまでは要しない。その意味で，本罪は（抽象的）危険犯である。本罪が成立するには，封を破棄して開く行為が必要なので，それ以外の方法，たとえば光に透かして読むなどの方法で内容を知ったとしても本罪に当たらない。

(c) 違法性阻却事由　本罪の行為は，正当な理由がなくなされたものでなければならない。したがって，法令上信書の開封が許容されている場合（郵便法41条2項・54条1項，刑訴法111条，監獄法50条），子への信書を開封する行為が正当な親権の行使である場合（民法820条），開封行為は違法性を阻却する。開封について権利者の（推定的）承諾がある場合は，構成要件該当性が否定されることになろう。

(d) 親告罪　本罪は，告訴がなければ公訴を提起することができない。本罪の告訴権者は誰であるかについて，①信書の発信・受信を問わず，常に信書の発信者・受信者の双方が告訴権を有するとする見解（通説），②信書が受信者に到達する以前は発信者のみが，到達した以後は受信者のみが告訴権を有するとする見解，③信書の発信者は常に告訴権を有するが，信書が発信された以後は受信者も告訴権を有するとする見解，そして，④信書の発信者は常に告訴

権を有するが，信書が到達した以後は受信者も告訴権を有するとする見解（大判昭11・3・24刑集15巻307頁）が対立している。

(3) 秘密漏示罪

> 第134条（秘密漏示）　① 医師，薬剤師，医薬品販売業者，助産婦，弁護士，弁護人，公証人又はこれらの職にあった者が，正当な理由がないのに，その業務上取り扱ったことについて知り得た人の秘密を漏らしたときは，6月以下の懲役又は10万円以下の罰金に処する。
> ② 宗教，祈禱若しくは祭祀の職にある者又はこれらの職にあった者が，正当な理由がないのに，その業務上取り扱ったことについて知り得た人の秘密を漏らしたときも，前項と同様とする。

(a) 主体　本罪は，その主体が134条に列挙されている者（医師，薬剤師，医薬品販売業者，助産婦，弁護士，弁護人，公証人，宗教・祈禱・祭祀の職にある者，またはこれらの職にあった者）に限定される（構成的）身分犯であるが，本罪の主体以外の者の秘密漏示行為も特別法において処罰されている（たとえば，国家公務員法109条12号，地方公務員法60条2号，児童福祉法61条など）。

(b) 客体　本罪の客体は，本罪の主体が業務上取り扱ったことによって知り得た人の秘密であり，業務と無関係にたまたま見聞した事実などは含まれない。秘密とは，特定の狭い範囲の者にだけ知られている事実であるが，本人が主観的に他の者に知られたくないという意思を有している事実であれば足りるのか，さらに，他人に知られることが一般人から見て本人の不利益になると客観的に認められるものでなければならないかの点について，①本人が主観的に秘密にしたいと欲する事実であれば足りるとする見解，②客観的にみて，本人にとって秘密として保護するに値する事実でなければならないとする見解（多数説），③一般人であれば秘密にしようと欲し，かつ，本人も秘密であることを欲する事実でなければならないとする見解，そして，④客観的に秘密として保護するに値する事実，または，本人が特に明示した主観的秘密のいずれかで足りるとする見解が主張されている。

秘密の主体としての「人」は，自然人（個人）だけでなく，法人，法人格なき社団などの団体も含まれる。また，秘密は私生活上の秘密に限定されるか，

公的生活上の秘密も含むかについては議論があるが，本罪は個人的法益を保護するものであるから私生活上の秘密に限るべきであり，国家・公共団体の秘密は本罪の客体ではないとするのが通説である。

(c) 行為　秘密を「**漏らす**」ことであり，秘密を知らない他人に当該事項を告知することをいう。一人に対するものであると多数に対するものであるとを問わないし，口頭，ジェスチャー，書面など，方法のいかんを問わない。告知という積極的な作為による場合に限らず，秘密が記載された書面を放置しておく不作為による場合もありうる。

本罪は告知内容が相手方に到達すれば既遂に達し，相手方が現実に告知内容を認識・了知することを要しない。その意味で，本罪は（抽象的）危険犯である。

(d) 違法性阻却事由　本罪の行為は，正当な理由がなくなされたものでなければならない。したがって，法令上秘密事項の告知を義務づけられている場合（感染症予防法12条・13条，結核予防法22条1項など），漏示について本人の（推定的）承諾がある場合，医師・弁護士などが第三者の利益を保護するために業務上知り得た他人の秘密を漏示する場合には，それが権利の濫用にわたらない限り，漏示行為は違法性を阻却する。

(e) 親告罪　本罪は，告訴がなければ公訴を提起することができない。本罪の告訴権者は誰であるかについては，①秘密の主体であり，業務上の取扱いを委託した本人に限るとする見解と，②その秘密を漏示されることによって直接的に被害を受ける者とする見解が対立している。

ワーク 10　演習問題

【問】　次の記述の行為のうち，住居侵入罪（130条）が成立することについて争いのないものを一つ選びなさい。　　【法学検定試験3級程度】

(1) 万引き目的で，デパートに顧客を装って立ち入る行為
(2) アパートの賃貸人（家主）が，賃貸借契約終了後も居すわっている賃借人（住人）の意思に反して，その部屋に立ち入る行為
(3) 不倫の目的で，夫の不在中に妻の承諾を得て住居に立ち入る行為

(4) 友人の家に招かれて訪ねたところ，友人はまだ帰宅しておらず不在であったが，鍵が開いていたので中で待たせてもらうため，部屋に立ち入る行為

（担当：関　哲夫）

第3章　名誉，信用に対する罪

Lesson 11　名誉に対する罪

1　名誉毀損罪の構成要件

> 第230条（名誉毀損）①　公然と事実を摘示し，人の名誉を毀損した者は，その事実の有無にかかわらず，3年以下の懲役若しくは禁錮又は50万円以下の罰金に処する。
> ②　死者の名誉を毀損した者は，虚偽の事実を摘示することによってした場合でなければ，罰しない。

(1)　意　義

　人間が社会生活を営む上で，名声・評判は重要である。よしんば著名人でも高位高官でもない市井の者であろうとも，たとえば「正直な人」であるという評判は円滑な日常生活を営む上で欠くべからざる面がある。ある社会的害悪を刑罰によって禁圧すべきか否かをめぐっては，①法益の貴重性，②刑罰による保護の不可欠性，③刑罰による保護の適応性の三要素が必要だといわれる（藤木英雄）。名誉が上述のように社会生活上，重要であるとしても，はたして刑罰による保護が不可欠とまでいえるのであろうか。この点で民法は，名誉を害する行為に対して損害賠償の他に謝罪広告等の名誉回復措置を規定してはいるが（民法723条），多年の地道な努力で勝ち得た名誉も一度傷つけられるや，以前の状態を回復するには相当な努力を要する。名誉を害する行為に対して刑事制裁を必要とする根拠はここに求められる。そこで刑法は，名誉毀損罪・侮辱罪の2つの犯罪類型を規定し，名誉を害する行為を処罰することの必要性は否定で

きないのである。さらに、犯罪行為としての名誉を害する罪は、現実に名声・評判が低下したか否かではなく、一般人が認識すれば被害者の名誉が低下する危険性を有するような行為があったか否かという形を採る限り、非犯罪的行為との識別も明確であって、刑罰による保護の適応性を備えているといえる。

(2) 法益主体

本罪にいう「人」とは、自然人に限らず法人等の団体をも含む。法人等も社会的に有用な活動を行うにあたって社会的評価・名声を得ていることが不可欠であり、保護の必要性が認められるのである。また、**名誉感情**を現時点では有しない乳児やきわめて重度の精神疾患者・知的障害者も正当に遇される利益が害される虞がある以上、刑法によって名誉を保護されるべきである。

(3) 公然性

名誉毀損罪は、公然と事実を摘示して人の名誉を毀損する行為を指す。ここにいう「公然」とは、不特定または多数人の認識可能な状況を指す（大判昭3・12・13刑集7巻766頁）。労働組合内部で労組員のみに対して事実を摘示した場合、いかに相手方が特定人であっても、多数である以上は**公然性**が認められる（最判昭36・10・13刑集15巻9号1586頁）。

公然性の典型的な例としては、新聞等の刊行物への掲載・放送番組での発言・ビラの配付・街頭演説等があるが、誰もその記事・放送等の内容を認識していなかったとしても、不特定または多数人が認識することが可能な状況が生じているのであるから、名声・評価が傷つけられる危険性はあり、本罪の成立を妨げない（大判明45・6・27刑録18輯927頁）。

また、きわめて限られた範囲の者に対する発言であっても、それらの者の口から他へ伝播する可能性がある限りは公然性は否定されない（大判大8・4・18新聞1556号25頁、大判昭12・11・19刑集16巻1513頁、最判昭34・5・7刑集13巻5号641頁）。他方で、複数人に対して告知した場合であっても、その集合の性質上、秘密保持性が高く、他に伝播する可能性がない場合には公然性はない。たとえば、検察官・検察事務官だけを前にして検察庁の取調室内で他人の名誉を傷つける言動をしても、捜査手続の密行性および公務員の守秘義務に照らし、**伝播可能性**がないので公然性は否定される（前出・大判昭12・11・19）。

(4) 事実の摘示

　当該事実が公開されることが特定人の社会的名声・地位を低下させる危険性を有すると認められる具体的事実を指摘することである。多くの場合は，悪事・醜行の類であろうが，必ずしもこれに限定されない（大判大7・3・1刑録24輯116頁）。人の言動・能力・出自等の一切が対象となり得る。また，既に公知の事実であっても対象となりうる（大判昭9・5・11刑集13巻598頁）。

　ことさらに名指しはしていなくても，表現の趣旨全体から見れば特定人を指していることが通常人に容易に察知できる場合には，特定人に関して事実を摘示したことになる（大阪高判昭43・11・25判時552号86頁）。

　しばしば，「人の噂に過ぎないので真偽の程は怪しいが」等という修飾句を付すことで，自身の言動というよりは単に風評の存在を指摘したにとどまるような形式が用いられる場合がある。しかし，風評の内容をなす事実の存在を間接的・婉曲的に指摘したものと認められる限りは，風評の内容をなす事実を指摘したものといえる（最決昭43・1・18刑集22巻1号7頁）。

　言語的方法によらなくとも，漫画・写真等の方法を用いて特定人の名誉を害する事実を表現している場合をも含む。

(5) 名誉の毀損

　人の社会的名声・評価を低下させることを指す。とはいえ，人の名声・評価等の程度は，客観的・数量的に把握できる類のものではない。したがって，本罪においては，現実に被害者の名声・評判が低下したこと等，実害の発生を要しない。その意味では，結果犯というよりは一種の抽象的危険犯であるともいえよう。

　一般通常人の判断として，名声・評判に傷が付くであろうと思われる程度の事実の摘示があれば足りる。

(6) 死者の名誉（230条2項）

　死者自身を本罪の法益主体とする見解が多数である（平川宗信，曽根威彦，川端博など）。しかし，遺族の追慕の念を害する点で法益侵害性を認める見解も有力である（前田雅英，中森喜彦など）。その他，遺族の名誉であるとする見解もある。

　他方で，故人に対する社会的評価・追想とする見解もあるが，故人への評価は社会構成員によって分かれ得るので妥当ではない。筆者としては，故人であ

れば確たる根拠もなしに何を言おうが法的に野放しとなることは社会の健全さを害することにもつながる点に着目したいが，学説上は，あくまでも個人的法益として捉えるのが主流である。この観点から死者の名誉を害した場合にも名誉毀損罪として処罰がなされているのである。

　とはいえ，歴史研究の自由を萎縮させ，阻害するべきではない。そこで，死者の名誉を生存者と全く同様に保護することにも躊躇を覚える。死者の生前の行状・能力等を批判した場合，資料の検討等に基づく真面目な歴史研究の結果としての批判であっても，告訴・起訴された後の刑事訴訟における**真実性の証明**の負担（後述(7)参照）は重いからである。

　そこで230条2項は，「虚偽の事実を摘示することによってした場合でなければ罰しない」旨を定めているのである。ここにいう「罰しない」とは，犯罪が不成立であるという意味であって，犯罪は成立するが刑を免除する（処罰阻却）という意味ではない。刑法典においては，「罰しない」という文言はいずれも犯罪の不成立を意味する（35条…法令行為・正当業務行為，36条1項…正当防衛，37条1項…緊急避難，38条1項本文…故意の欠如，39条…心神喪失，41条…刑事未成年等）。生存者の名誉毀損に関しては摘示された事実の真否を問わないのに対して，死者の名誉毀損に関しては虚構の事実の摘示に限って犯罪とすることで，客観的な史実を述べる行為を萎縮させないような配慮が施されているのである。

(7)　真実性の証明規定

> **第230条の2（公共の利害に関する場合の特例）**　①　前条第1項の行為が公共の利害に関する事実に係り，かつ，その目的が専ら公益を図ることにあったと認める場合には，事実の真否を判断し，真実であることの証明があったときは，これを罰しない。
> ②　前項の規定の適用については，公訴が提起されるに至っていない人の犯罪行為に関する事実は，公共の利害に関する事実とみなす。
> ③　前条第1項の行為が公務員又は公選による公務員の候補者に関する事実に係る場合には，事実の真否を判断し，真実であることの証明があったときは，これを罰しない。

　230条1項は，事実の有無を問わず，具体的事実の摘示による名誉毀損行為

は犯罪となる旨を規定している。すなわち，個人の平穏な生活を保障し，個人の人生が充実することを保障するためには，現に通用している社会的評価・地位・名声が真価に値するものであると否とにかかわらず，これを害する行為を処罰するのであり，虚名であっても刑事制裁の下に保護するという方策を採っているわけである。

　とはいうものの，社会的害悪を及ぼす背徳者の真の姿を暴露して糾弾することは，社会正義の実現のために有益であり必要な行為であると認められるべき場合も少なくないはずである。旧憲法時代においては表現の自由に対する現在のような尊重は見られなかったために，特別法である旧出版法31条および旧新聞紙法45条で出版報道関係者にのみ，事実を証明すれば刑の免除を認めるという法制度が採られていた。しかし，現行憲法が21条1項で表現の自由を基本権として保障したこと，また，憲法15条において公務員の選定罷免権を国民の権利として保障したことに照らし，批判的言論を刑事制裁の対象外とする規定の拡充がなされた。すなわち，仮に当該言論行為によって特定人が現在享受している社会的名声・評価を低落させるものであっても，公共の利益を増進する上で有益な言論であるならば真実性の裏付けのあるものに限って，「罰しない」と規定する230条の2が追加されたのである。

　この規定の要件は，①公共性…不特定多数人の批判に晒すことが公共の利益を増進することにとって有益であると認められること，②公益目的…名誉毀損行為の目的が公益を図ることにあったこと，③事実の真実性…摘示された事実が真実であるという証明があったことの三点である。

　①については，公人・私人を問わず純然たる私生活上の行状は対象外と考えるべきである。ただしこの点に関しては，多数の構成員を要する宗教団体の指導的地位にある人物の異性関係を批判的に報道することには事実の公共性があるといえるのか否かが争われた事件がある。判例は，「私生活上の行状であっても，その携わる社会的活動の性質及びこれを通じて社会に及ぼす影響力の程度等の如何によっては，その社会的活動に対する批判ないし評価の一資料として，刑法230条の2第1項にいう『公共の利害に関する事実』に当たる場合がある」と判示した（最判昭56・4・16刑集35巻3号84頁）。この事件の場合，団体の規模・社会的影響力もさることながら，被害者の宗教的指導者として倫理・道

徳面の模範となるべき地位に鑑みて公共性ありとの結論に達したものといえよう。この判決の射程は限定的に捉えるべきであろう。

230条の2第2項によって、公訴提起前の犯罪行為の指弾に関しては、捜査機関への協力の喚起、捜査・訴追の不当な遅延・懈怠の防止等の観点から、公共性があるものという擬制がなされている。

他方、公務員および公選による公務員の候補者に対する言論に関しては、前述した憲法15条の国民の公務員選定罷免権に鑑み、230条の2第3項で公共性・公益目的性を擬制している。ただし、公務員を批判した言動中、身体的不具を揶揄した表現に関して判例は、公務員の適格性（資質・能力等）とは無関係な事実の摘示であると判示している（最判昭28・12・15刑集7巻12号2436頁）。

②に関しては、言論行為の主たる動機が社会正義の実現にあったことを要するという趣旨であり、いささかでも他の動機があったことを許さないという趣旨ではない。単に、他者を陥れる目的や視聴者・読者の好奇心を満足する目的であった場合には、この規定は適用されないことになる。

③摘示された事実の真否を証拠調した結果、裁判所が自由心証（刑訴法318条）によって、真実であるという証明がなされたことが要件であるが、細部において一致しなくても全体として一致していれば真実と評価できる。証明の程度に関しては判例は明確な基準を示していない。証明責任を被告人に課する規定であるから、無罪推定原則に対する例外をなす規定であるといえる。すなわち、被告人は自己の犯罪事実に関して積極的に防禦すべき義務はなく、検察官のみが専ら公訴事実の存在を証明する義務を負うべきところ、名誉毀損罪の**真実性の証明**に関しては、例外となるのである（この点に関して詳しくは、土本武司参照）。

真実性が証明された場合の効果については、処罰阻却事由であるとする説（中森、前田など）と違法性阻却事由であるとする説（団藤重光、平川など）（通説）とがある。違法性阻却事由が説得的であると考える。形式的には、条文上「罰しない」という文言が用いられており、死者の名誉毀損の項目でも述べたように、刑法典の用語法に照らせば犯罪の成立を阻却する事由であろうと考えられる。また、実質的根拠としては、公共の利害に関わる事実を専ら公益を図る目的で発言した場合、それが真実であれば、一方においてそれまでの名声を失う者があろうとも、その行為は社会正義に貢献するものであり、（少なくとも行

為無価値論に立つ限り）これを違法視することはできないはずだからである（土本武司）。判例も，違法性阻却事由説を採用している（最大判昭44・6・25刑集23巻7号975頁）。

　それでは，行為者が自己の表現内容は真実であると誤信した場合，事実の錯誤として38条1項本文により犯罪不成立となるのであろうか。自己の摘示事実が真実であると軽率に信じた者が無罪判決を受け，個人の社会生活上不可欠な名誉が軽々しく害されることを防ぐ必要がある。そこで刑法典では，「真実であったときは」とは規定せずに敢えて「真実であることの証明があったときは」という規定形式を用いている。すなわち，起訴された場合にも自己の摘示事実の真実性を証明することが可能な程度の確実な資料・根拠に基づく場合のみを錯誤として救済しようという意図をもって周到に立法されているものと見るべきである。判例も，確実な資料，根拠に照らし相当の理由があるときは，犯罪の故意がない旨判示している（前出・最大判昭44・6・25）。

2　侮辱罪の構成要件

> 第231条（侮辱）　事実を摘示しなくても，公然と人を侮辱した者は，拘留又は科料に処する。

(1)　問題の所在

　名誉毀損罪の法定刑は3年以下の懲役もしくは禁錮または50万円以下の罰金であるのに対して，侮辱罪の法定刑は拘留または科料であり，法定刑の重さに隔たりが大きいことから両者をいかに区別するべきかという点がきわめて重要となる。

(2)　侵害態様説

　この点に関して，通説（藤木，西原春夫他）は，言動の中で具体的な事実の摘示があったか否かを重視する見解を採っている。すなわち，「事実を摘示し」たことが名誉毀損罪の構成要件となっているが，侮辱罪においては「事実を摘示しなくても」と規定されていることから，名誉毀損罪においては人の名声等を低下させるのに足る具体性を持った事実が摘示されることが行為態様であ

るのに対し，侮辱罪においては具体性を持たない単なる評価等を外界に向かって示すことであると理解されている。

(3) 保護法益説

これに対して少数説（団藤，大塚仁等）は，**名誉感情**を害するのが侮辱罪であり，**外部的名誉**を害するのが名誉毀損罪であるという見解を採る。外部的名誉とは，人に対して社会が与える評価等であり，名誉感情とは人が自分自身で与える評価である（観念上，人の真価であって，社会一般はもちろん，本人自身の評価とも異なる概念であり，もとより毀損しようのない概念である内部的名誉と区別して，上記の二概念を用いるのがドイツ刑法学の伝統である）。

(4) 保護法益説への疑問

侮辱罪の保護法益は名誉感情，名誉毀損罪の保護法益は外部的名誉と分けた場合，侮辱罪が単に評価のみを用いる反面で名誉毀損罪は具体的事実を用いるという分類と多くの場合には一致する。すなわち，多くの場合，両罪の区別を行為態様の差異に求める立場と保護法益の差異に求める立場とは一致するのである。

とはいえ，保護法益説には以下のような疑問がある。①侮辱罪が名誉感情のみを保護法益とするのであれば，行為の**公然性**は不要ではないか。②名誉感情のみが侮辱罪の保護法益であるとするならば，名誉感情を有しない法人等の団体や乳児・重度の知的障害者等の人々にはいかに悪辣な罵詈雑言を浴びせても犯罪として処罰されないことになり不都合である。③侮辱罪の保護法益が名誉感情ならば，構成要件上，行為の面前性ないし直接的認識可能性が必要ではないか。④法が社会的名誉と切り離して名誉感情という主観的なものを独立して法益として捉えているというだけの理由を見出し得ない。

確かに，侮辱行為が非公然となされる場合よりも公然となされた場合の方が違法性が大きいことは行為態様説に立っても納得できるが，②③④の点については，保護法益説からは説得的な立論は難しい。判例も，損害保険会社とその子会社が交通事故被害者を弾圧している旨のビラを公然と貼付したという事案において，「刑法231条にいう『人』には法人も含まれる」旨判示しており，保護法益説を採っていないものと評価することができる。

3 親告罪規定

> 第232条（親告罪） ① この章の罪は，告訴がなければ公訴を提起することができない。
> ② 告訴をすることができる者が天皇，皇后，太皇太后，皇太后又は皇嗣であるときは内閣総理大臣が，外国の君主又は大統領であるときはその国の代表者がそれぞれ代わって告訴を行う。

名誉毀損罪・侮辱罪共に，告訴権者が告訴（捜査機関に対して犯罪事実を申告し，その犯人の処罰を求める意思表示）をしたことを訴訟条件（適法に実体判決を下す条件）としている（232条2項）。これらの罪が親告罪とされた立法趣旨は，被害者の意思を無視してまで訴追する必要性があるほど社会的な害悪の程度が高くはないこと，および，訴追されて公開法廷で審理がなされれば，証拠調や弁論の過程で，かえって被害者の名誉が傷付くことがあり得ることを考慮したものである。

告訴権者の範囲は，被害者（刑訴法230条）・被害者の法定代理人（同法231条1項）であるが，被害者が死亡した場合にはその配偶者・直系尊属・兄弟姉妹である（同法231条2項）。なお，死者の名誉毀損に関しては，死者の親族または子孫が告訴権者となる（同法233条1項）。告訴権者が天皇・太皇太后・皇太后・皇后または皇嗣である場合には内閣総理大臣が，外国の君主または大統領である場合には，その国の代表者がおのおの代わって告訴を行う（232条2項）。

ワーク 11　演習問題

【問】　以下の文章の正誤を答えなさい。　　【法学検定試験3・4級程度】
(1) Aがテレビの生番組で「Bは悪辣な男である」と決め付けた場合，名誉毀損罪が成立する。(4級)
(2) 火災で家を失った者Cが，火事見舞に訪れた友人数名に対して，平素不仲のDの実名を挙げ，この火災はDの仕業である旨断言した場合，名誉毀損罪が成立する。(3級)

(3) 週刊誌が，E県の県警本部長は同性愛者である旨を報じた場合，この記事は公人の行状を報じたのであるから，真実性の証明ができたならば違法性は阻却される。（3級）

(4) Fは，愛人Gから別れ話が出たことを逆恨みし，Gの新しい恋人Hが常習的結婚詐欺師である等という内容のHを誹謗・中傷する文章を自己のホーム・ページ上に掲載した。このホーム・ページに誰もアクセスしなかったとしても名誉毀損罪は成立する。（4級）

（担当：清水　真）

Lesson 12　信用・業務に対する罪

> 第233条（信用毀損及び業務妨害）　虚偽の風説を流布し，又は偽計を用いて，人の信用を毀損し，又はその業務を妨害した者は，3年以下の懲役又は50万円以下の罰金に処する。
> 第234条（威力業務妨害）　威力を用いて人の業務を妨害した者も，前条の例による。

1　罪　質
(1)　保護法益

　信用・業務に対する罪の罪質については議論がある。学説上，**信用毀棄罪**と**業務妨害罪**は異なる性格をもつとする見解が有力である。すなわち，業務妨害罪は社会活動の自由を侵害する罪として自由に対する罪であるのに対して，信用毀棄罪は人の経済方面における社会的評価に対する罪であって，名誉毀損罪の一種として人格に対する罪として理解すべきであるとする。しかしながら，233条が両罪を同一の条文に規定していることからみて，まったく異なる性格をもつものと理解するのは困難である。

　判例上，**信用毀棄罪**について，人の信用を毀損するとは，人の社会における財産上の信用を害すること（大判明44・2・9刑録22輯854頁）あるいは人が支払能力または支払意思を有することに対する他人の信頼を害することと理解されている。これはたんなる人格的評価だけを問題にしているとみることはできず，財産を生み出す基盤としての信用が刑法上の保護を与えられていると解するのが妥当である。そして，業務妨害罪も，たんに社会活動の自由を保護しているのではなく，経済的基盤ないし財産を生み出す基盤としての業務の円滑な遂行

を保護しているのであり，同様に経済的基盤に関係する点で，共通しているとみるべきである。

この点，業務妨害罪は財産的・経済的利益に関係のない社会的活動の自由を保護するものと理解すべきであるとする見解が有力である。たしかに必ずしも業務それ自体が営利を目的としている必要はないが，それを行う人にとって生計を得る基盤である場合には業務としてよい。しかしながら，娯楽のための活動，スポーツまでも業務妨害罪の対象として保護するのは，本罪の処罰範囲を不明確に拡張するものとなり，妥当でない。

(2) **侵害犯か危険犯か**

判例は，信用毀棄罪についても（大判大2・1・27刑録19輯85頁），業務妨害罪についても（最判昭28・1・30刑集7巻1号128頁）これを**危険犯**であると解している。これに対して，学説上は，法が信用を「毀損」し，業務を「妨害」したことを要求していることに反しているとの有力な批判が存する。ただ，名誉毀損罪についてはこれを危険犯だとしているのに，信用毀棄罪を名誉毀損に対する罪と同質のものと理解する立場からこのような批判をするのは妥当ではない。判例が信用毀棄罪も業務妨害罪もこれを危険犯と理解するのは，現実の信用の低下の有無および業務妨害の事実の認定が困難なことによるものである。本罪を経済的基盤に対する罪と理解するなら，業務妨害・信用毀棄が現にあったかどうかということよりも，経済的基盤に対する脅威があったかどうかが重要であり，その限りで本罪を危険犯と解することは妥当である。もっとも，その場合でも，一般的に業務の妨害にいたりうる行為，信用の低下にいたりうる行為であることは必要である。なお，業務妨害罪を社会的活動の自由だけを保護法益と理解するならば，その自由の侵害としての妨害結果の発生を要求するのが妥当であることになる。

2 業務の内容

(1) **業務の意義**

業務とは広く職業その他継続して従事することを要すべき事務または事業を総称する（大判大10・10・24刑録27輯643頁）。本罪の業務といえるためには継続性（とりわけ将来的な継続性）がなければならない。性質上，一回的一時的なも

のは含まれない。また，業務は適法なものでなければならない。ただし，この適法性は相対的なものであって，ある局面で違法であっても，なお刑法的保護に値する場合がある。たとえば，風俗営業法で禁止されているパチンコ店の景品買入営業は本罪の保護を受ける（横浜地判昭61・2・18刑月18巻1＝2号127頁参照）。この違法の相対性を行為の反社会性の程度の相違により説明する見解もあるが，その概念の不明確性に問題がある。

(2) **業務に公務を含むか**

公務は公務執行妨害罪（95条）により保護されている。しかし，その行為態様は暴行または脅迫に限定されているため，暴行にいたらない威力，偽計などにより公務を妨害した場合，業務妨害罪が成立するかということが問題になる。

判例は，警察官が強制力を行使して行う公務の執行は本罪の業務にあたらないとしている（最大判昭26・7・18刑集5巻8号1491頁）。警察官が強制力を行使する場合に暴行にいたらない程度の威力を行使しても，これを比較的容易に排除できるため，とくに本罪で保護すべき理由にかけるといえる。また，このような場合にまで業務妨害罪で保護することは，95条がその手段を暴行・脅迫に限定している趣旨にも反するといえる。次に，郵便や旧国鉄あるいはたんなる事務作業のように，公務であっても，その実質が民間で行われている業務とほとんど変らない場合も，公務か民間の業務かで区別する実質的根拠はない。判例は，旧国鉄職員の業務を威力で妨害した行為について，非権力・民間類似性の現業業務であることを根拠にして，業務妨害罪の成立を認めている（最大判昭41・11・30刑集20巻9号1076頁＝摩周丸事件）。さらに，判例は，県議会委員会の採決を，強制力を行使する**権力的公務**でないことを根拠にして，業務であるとした（最決昭61・3・12刑集41巻2号140頁）。このような典型的な公務であっても，民間類似性がないものの，自力排除の可能性は低く，強制力によって直接保護されていないのであり，本罪で保護すべき理由はあるといえる。

これに対して，公務を一切業務として保護すべきでないとする見解あるいはすべての公務が業務として保護すべきであるとする見解もあるが，上述のように，公務の態様・質により，保護の実質的根拠の有無を検討すべきであろう。さらに，権力的公務あるいは非現業的公務は本罪の業務に含まれないとする見解がある。しかし，現業的，権力的という概念が不明確であり，自力排除の可

能性という実質的な観点から検討せざるをえないであろう。たとえば，裁判官の判決文の作成行為は権力的・非現業的ともいえるが，業務妨害罪の保護領域から完全に除外することは妥当ではない。

次に問題となるのは，判例のように，一定の公務が業務妨害罪の保護の対象となると考える場合，その公務がなお公務執行妨害罪の保護を受けるとすべきか，それとももはや公務執行妨害罪の保護の対象とはならないとすべきかということである。この点，一つの公務に二重の保護を与えるのは不当であるとして，公務執行妨害罪か業務妨害罪かいずれかに配分すべきであるとする見解が有力である。ただ，両罪がその保護法益を異にする以上，両罪による保護を重複して付与しても不当とはいえない。この場合，公務執行妨害罪と業務妨害罪の成立が競合する可能性があるが，実質的には同一の業務の妨害しか存在しないことからすると，観念的競合とするよりも，法条競合とするほうが妥当であろう。

3　行為態様

信用毀棄罪では虚偽の風説の流布または偽計により信用が毀損され，業務妨害罪ではこれらの方法に加え威力により妨害される。

(1) 虚偽の風説の流布

虚偽の風説を流布するとは，真実でないことを内容とするうわさを不特定または多数の人に伝えることをいう。必ずしも行為者が直接不特定・多数人に対して虚偽の事実を告知する必要はない。また，風説であるから，行為者が確実な資料・根拠を有しないで述べた事実であることを要する。ただし，不確実な根拠であったとしても真実であったときは，虚偽とはいえないから，犯罪は成立しない。

(2) 偽　計

偽計とは，人の意思に働きかけて，その判断を誤らせることをいう。積極的に人をだましたり勧誘したりすることのほか，人の錯誤や不知の状態を利用することを含む。また，偽計の相手方と被害者が同一である必要はない。問題は，人の判断作用を代替する機械や装置を不正に操作した場合にもなお偽計といえるかということである。判例は，電話の受信側に「マジックホン」という不正

装置を取りつけて，発信側に対する課金装置の作動を不可能にする行為を偽計に含めている（最決昭59・4・27刑集38巻6号2548頁）。本罪の罪質を業務の円滑な遂行による経済的基盤の保護があるとすると，それを危うくする以上，詐欺罪における「欺く」行為とは異なり，直接人の意思に働きかける必要がないと解すべきであり，判例のように解することが可能である。もっとも，業務妨害罪を社会活動の自由のみを保護するものと解する立場からすると，自由は人の意思活動によるものであるから，人の意思に直接作用することが要求され，判例の立場は不当であるということになる。

(3) 威　　力

威力とは，被害者の自由意思を制圧するにたりる勢力を意味する。暴行・脅迫だけでなく，地位や権勢を利用する場合も含む。ただし，実際に相手方の意思が制圧されたことは必要ではない。本罪を社会的活動の自由に対する罪と考える立場からは，ここでも，人の意思に働きかけることを要求することになる。これに対して，判例は業務の円滑な遂行に問題を生ぜしめるような状況を作出すれば，威力業務妨害罪が成立するとしている。たとえば，デパートの食堂配膳部にしまへびをまきちらす行為（大判昭7・10・10刑集11巻1519頁），争議行為の手段として車の鍵を奪取，抑留する行為（松山地判宇和島支判昭43・6・12下刑集10巻6号645頁）などを威力であるとしている。なお，威力と偽計の区別も問題となるが，判例は手段の公然性により区別する傾向にある。猫の死骸を上司の引き出しに隠し入れる行為も，発見された際に嫌悪感をいだかせるための行為であるとして，威力にあたるとした（最決平4・11・27刑集46巻8号623頁）。

4　電子計算機損壊等業務妨害罪

> 第234条の2（電子計算機損壊等業務妨害）　人の業務に使用する電子計算機若しくはその用に供する電磁的記録を損壊し，若しくは人の業務に使用する電子計算機に虚偽の情報若しくは不正な指令を与え，又はその他の方法により，電子計算機に使用目的に沿うべき動作をさせず，又は使用目的に反する動作をさせて，人の業務を妨害した者は，5年以下の懲役又は100万円以下の罰金に処する。

(1) 保護法益

現代社会がコンピュータによる情報処理に依存する度合が高く，コンピュータ・システムの損壊等が業務の遂行を阻害し，その結果，社会的に重大な影響を及ぼす場合がある。本罪は，そのような結果の重大性を考慮し，コンピュータが人による業務・判断作用を代替する装置として重要な位置をしめていることから，コンピュータに対する対物的な加害行為を類型化し，既存の業務妨害罪より刑を加重して処罰するものである。したがって，本罪の保護法益はコンピュータによる業務の円滑な遂行にある。もっとも，マジックホンに関する判例が示すように，人の判断作用を代替する装置への働きかけについても既存の業務妨害罪が成立するのであり，本罪の規定内容も既存の業務妨害罪で処罰することが可能である。そのため，本罪は，コンピュータが介在する場合の加重規定であると解すべきである。

(2) 加害行為

本罪は，①電子計算機もしくはその用に供する電磁的記録の損壊（器物損壊型），②虚偽の情報もしくは不正な命令の入力（不正処理型）およびその他の方法により実行される。①の方法としては，物理的破壊だけでなく，電磁的記録の消去などのソフト的な破壊も含みうる。②は，通常は虚偽のデータの入力やプログラムの改竄であるが，コンピュータ・ウィルスなどの有害プログラムの投与および動作も含む。いずれにしても，動作阻害にいたらない場合には，器物損壊にとどまる。そのほかの方法も，コンピュータの動作が阻害されることが必要であり，コンピュータ・ルームの占拠やオペレータの拘束などは含まない。

(3) 動作阻害

本罪が成立するためには電子計算機の動作阻害が必要である。すなわち，電子計算機に使用目的にそうべき動作をさせないこと，または，使用目的に反する動作をさせることが必要である。

(4) 業務の妨害

電子計算機の動作阻害により人の業務が妨害されて本罪は成立する。もっとも，妨害の意義は，既存の業務妨害罪と同様に理解されることになる。したがって，判例の立場からすると，現実に業務の妨害がなされることは必要では

なく，業務の円滑な遂行を危険にすればたりることになる。なお，本罪の立法段階（昭和62年改正）において，コンピュータの無権限使用とコンピュータからの不法な情報取得を処罰しないとされている。そのため，他人のパスワードを使用して電子計算機を利用する行為などは本罪に該当しないとされてきた。しかし，本罪の文言上，そのような解釈は困難である。もっとも，現在では**不正アクセス禁止法**（平成11年）により限定された範囲のみ規制されている。

ワーク 12　演習問題

【問】　以下の記述のうち誤っているものを一つ選びなさい。

【法学検定試験3級程度】

(1) 国立大学の教授に，虚偽の大学行事を告げてその講義を休講させた場合，偽計業務妨害罪が成立する。

(2) 国立大学の教授に暴行を加え，その講義を継続することを困難にした場合，公務執行妨害罪の成立する余地はない。

(3) 交番の警察官に虚偽の上司の命令を伝え，交番を閉鎖させた場合，偽計業務妨害罪は成立しない。

(4) 発症すると記録されたデータを消去するコンピュータ・ウィルスを会社の業務に使用するコンピュータに投与し，その発症によりデータが消失したが，バックアップデータの存在により，会社の業務を実質的には阻害しなかったとしても，ウィルスの駆除，データの復旧等余分な作業を要した以上，電子計算機損壊等業務妨害罪が成立する。

（担当：石井徹哉）

第4章　財産に対する罪

Lesson 13　財産犯総論

1　財産犯の分類

　財産犯は，どの国でも最も多く発生する犯罪であるが，その処罰には，刑法の謙抑性，補充性，断片性（『ワークスタディ刑法総論』Lesson 1　刑法の基礎理論参照）が最も顕著に表われている。すなわち，刑法は，故意の財産犯のみを処罰し，過失の財産犯を処罰しないばかりか，単なる債務不履行も民事的解決にゆだね，刑法上は不処罰としている。

(1)　財物罪と利得罪

　財産犯は，その客体を基準として，財物に対する罪である**財物罪**（窃盗罪，1項強盗罪，1項詐欺罪，横領罪，背任罪，毀棄・隠匿罪など）と財産上の利益に対する罪である**利得罪**（2項強盗罪，2項詐欺罪，背任罪など）とに分類される。ただし，利益窃盗は不処罰であるなど，財産上の利益の保護は，財物保護に比べると範囲が狭い。

(2)　領得罪と毀棄罪

　また，財産犯は，行為態様を基準として，不法領得の意思により財産を領得する**領得罪**（窃盗罪，強盗罪，詐欺罪，恐喝罪，横領罪など）と財産の効用を喪失または減少させる**毀棄罪**（器物損壊罪，建造物損壊罪，公用文書毀棄罪，私用文書毀棄罪など）とに分類される。領得罪は，**奪取罪**（占有移転罪）と**横領罪**とに分けられ，奪取罪は，占有移転が相手方の意思に反する**盗取罪**（窃盗罪，強盗罪など）と相手方の意思に基づく**交付罪**（詐欺罪，恐喝罪など）とに分類される。

(3) 個別財産に対する罪と全体財産に対する罪

さらに，財産犯は，**個別財産に対する罪**（窃盗罪，強盗罪，詐欺罪，横領罪，毀棄・隠匿罪など）と**全体財産に対する罪**（背任罪）とに分類される。

2 財産犯の保護法益

財産犯の保護法益は，個人の財産である。刑法上の財産の概念に関しては，**法律的財産説，経済的財産説，法律的・経済的財産説**の対立がある。①法律的財産説は，刑法上の財産を民事法上の個々の権利と解する説であり，②経済的財産説は，それを経済的利益と解する説である。判例は，経済的財産説を採っているとされる（最決昭58・5・24刑集37巻4号437頁）。③法律的・経済的財産説は，民事法上適法な外観を有する，あるいは民事法上保護されるべき経済的利益を刑法上の財産とする説であり，学説上有力である（団藤重光，平野龍一，大谷實，曽根威彦，西田典之，中森喜彦，林幹人など）。

また，奪取罪の保護法益に関しては，**本権説**と**占有説**とが対立してきた。

(1) 本 権 説

本権説は，財産犯の保護法益を**所有権その他の本権**であるとする説で，戦前のわが国の通説（小野清一郎，滝川幸辰）・判例（大判大7・9・25刑録24輯1219頁）であった。この説によれば，242条にいう「自己の財物であっても，他人が占有」する場合の「占有」とは，賃借権，質権等の適法な権限（本権）に基づく場合に限られ，窃盗犯人から盗まれた自己の財物を取り返すような行為は，窃盗罪の構成要件に該当しないということになる（林幹人）。

(2) 占 有 説

占有説（所持説）は，**事実上の占有または所持自体**を財産犯の保護法益であるとする説で，行為者と被害者の間の民事法上の権利関係を問題とせず，事実上の占有を侵害したときには，少なくとも財産犯の構成要件該当性を認める（窃盗犯人からの財物取り返しのような場合には，自救行為としての違法性阻却が問題となる）（前田雅英）。

戦後の最高裁判例は，担保に差し入れた国鉄公傷年金証書を債務者が詐取したという事案において，詐欺罪の成立を認め（最判昭34・8・28刑集13巻10号2906頁），本権説から占有説に移行した。その後も，債務者が譲渡担保に入れた自

動車を債権者が無断で運び去った事案について、窃盗罪の成立を認め（最判昭35・4・26刑集14巻6号748頁）、最近では、自動車金融を営む被告人が、債務者と買戻約款付自動車売買契約を締結し、債務者が買戻権を喪失した直後に無断で自動車を引き揚げたという事案について、占有説の論理から窃盗罪の成立を認めている（最判平1・7・7刑集43巻7号607頁）。これらの判例の背後には、財産的秩序維持の配慮があり、それは権利行使と恐喝罪の成否についての判断にも反映している（Lesson 17 恐喝罪 参照）。また、刑事裁判では民事上の権利関係の判断を原則的に回避しようとする政策判断も存在するといわれる（西田典之）。

判例は、純粋な占有説を基礎としているが、それによれば、窃盗犯人から被害者が財物をとり返すような場合にも窃盗罪が成立することになる。多くの学説は、そのような場合にまで財産犯を認めるのは行き過ぎだと批判し、「一応理由のある占有」（小野）や「平穏な占有」（平野、西原春夫）を財産犯の保護法益とする見解が主張され、有力となっている。

3　財産犯の客体

財産犯の客体は、財物と財産上の利益である。

(1) 財物の概念

① 有体性説と管理可能性説　「財物」の概念をめぐっては、(i)**有体性説**と(ii)**管理可能性説**とが対立している。(i)有体性説は、財物を有体物に限るとする。有体物とは、「空間の一部を占めて有形的存在を有するもの」で、固体、液体、気体をいう。これに対し、(ii)管理可能性説は、財物を有体物に限らず、管理可能なものであればよいとして、電気や熱、冷気などのエネルギーも含ませる見解である。この説は、さらに、財物を電気以外の物理的管理可能性をもつものに限定する物理的管理可能性説（団藤、福田平、大塚仁）と、それを人の労働力や牛馬の牽引力、債権など事務的に管理可能なものにまで拡大する事務的管理可能性説（牧野英一）とに分かれている。

かつて判例は、有名な電気窃盗事件において、管理可能性説により、電気を財物と認めた（大判明36・5・21刑録9輯874頁）。その後、電気を財物とみなす245条が追加され、電気に関しては、立法的手当てがなされた。この規定につ

いて，学説上の管理可能性説からは，単なる注意規定とされるのに対し（団藤，福田，大塚），有体性説からは，電気のみを財物と「みなす」例外的規定であるとの反論がなされている（平野，中山研一，大谷實，内田文昭，曽根，西田，前田，町野朔，林など）。

情報の財物性　　上記事務的管理可能性説によれば，管理可能であればすべて財物に含まれるため，現行法上不可罰とされている利益窃盗や，情報窃盗まで認める結論となろうが，通説は，情報それ自体は財物ではないと解している。判例も，大学入試問題用紙（東京高判昭56・8・25判時1032号139頁）や会社の機密資料ファイル（東京地判昭59・6・28判時1126号3頁＝新薬産業スパイ事件）など，情報が化体された有体物の窃盗罪を認めているが，情報自体をカメラで撮影したような場合は現行法上不可罰とせざるを得ず，不均衡となるおそれがある。情報が財物以上に価値をもつ時代を迎え，特別法を含めた何らかの立法的手当てが必要であろう。

②　財産的価値　　財物には，財産的価値のあることが必要である。ただし，客観的な交換価値である必要はなく，主観的価値のあるもの（ラブレターなど）であってもよい。また，積極的価値だけでなく，悪用されるおそれのあるものが他人の手にわたらないという消極的価値も含まれる。

判例は，無効な約束手形（大判明43・2・15刑録16輯256頁）や消印済の収入印紙（最決昭30・8・9刑集9巻9号2008頁）などについて財物性を認め，財産的価値を問題としていないようであるが，下級審裁判例においては，ちり紙13枚（東京高判昭45・4・6東高時報21巻4号152頁）やはずれ馬券（札幌簡判昭51・12・6刑月八巻11＝12号525頁）などの財物性が否定されている。

③　不動産　　不動産が財物に含まれるかについて，かつては学説で争われたが，昭和35年の改正により，235条の2（不動産侵奪罪）が新設され，立法的に解決された。

④　所有権の対象物　　財物は，所有権の対象物である必要がある。この点で，問題となるものとして，(i)無主物と(ii)禁制品などがある。

(i)空気，水，河川の砂利などの無主物は，財物ではない。ただし，ゴルフ場にゴルファーが放置したロストボールの占有および所有はゴルフ場にあるので，それを不法に領得すれば窃盗罪となるとした判例（最決昭62・4・10刑集41巻3号

221頁）がある。(ii)麻薬，覚せい剤，偽造通貨，わいせつ物などのように，法令上私人による所有・占有が禁止されている**禁制品**の財物性について，判例は，物の所持それ自体が財物罪の保護法益であるという理由から財産罪の成立を認めている（最判昭24・2・15刑集3巻2号175頁）。学説上も，禁制品でもその没収には一定の手続を要することから，所有権の対象となるという見解が通説である（団藤，平野，大塚，大谷，西田，前田など）。

(2) 財産上の利益

　財産上の利益とは，財物以外の財産的利益をいう。たとえば，債権や担保権の取得，役務の提供を受けること，債務免除や債務履行の延期（支払い猶予）を得ることなどをいう。積極的財産の増加であると，消極的財産の減少であるとを問わず，一時的利益であってもよい。債務者が一時支払いを免れることでもよいとされている。

4　不法領得の意思

(1) 意　義

　財産犯の故意は構成要件該当事実の認識であるが，故意を超える主観的要素として，**不法領得の意思**が必要かどうかが問題となる。不法領得の意思とは，「権利者を排除して，他人の物を自己の所有物として，その経済的用法に従い，利用又は処分する意思」をいう（大判大4・5・21刑録21輯663頁）。

　これは，①権利者を排除して処分する意思（**処分意思**）と，②経済的用法に従って利用する意思（**利用意思**）とに分けられる。

　このような不法領得の意思をめぐっては，①領得罪の主観的要素として故意のほかに不法領得の意思を必要とする必要説（平野，中森，大谷，西田等，多数説）と，②領得罪の主観的要素は故意で足りるとする不要説（内田，曽根等）とが対立している。具体的には，一時使用の意思の場合と毀棄・隠匿の意思の場合に，窃盗罪などの領得罪の成立が否定されるか否かが問題となる。

(2) 一時使用の意思と不法領得の意思

　一時使用の意思（後で返還する意思）で他人の財物の占有を侵害した場合，すなわち使用窃盗は可罰的であろうか。これに関する学説として，不法領得の意思不要説は①占有侵害があれば窃盗罪は成立するとするが，不法領得の意思

必要説からも②不可罰説だけでなく，③所有権その他の本権を侵害するような態様での一時使用は可罰的であるとする説が存在する。

　判例は，返還意思のある場合でもしばしば窃盗罪の成立を認めており，上記③の立場に近いといえよう。

　たとえば，他人の自動車を盗品運搬のため夜間無断で使用し，翌朝までに元に戻す行為を繰り返した事案（最決昭43・9・17判時534号85頁）や，他人の自動車を元に戻しておくつもりで夜間4時間余り無断で乗り回した事案（最決昭55・10・30刑集34巻5号357頁）などで，不法領得の意思を認めている。また，会社の機密資料を社外に持ち出してコピーし，約2時間後に原本を元の場所に戻した事案（東京地判昭59・6・28判時1126号3頁＝新薬産業スパイ事件）では，ファイルに化体された情報を複写することにより，「権利者を排除し，本件ファイルを自己の所有物と同様にその経済的用法に従い利用又は処分する意思であった」と認めた。さらに，住民基本台帳が記載されたマイクロフィルムを区役所から持ち出して後に返却した事案（札幌地判平5・6・28判タ838号268頁）でも，窃盗罪の成立を認めている。

　しかし，使用後返還する意思で他人の自転車を持ち出し，深夜2，3時間走行した事案（京都地判昭51・12・17判時847号112頁）など，少数ながら不法領得の意思を否定した判例もある。

(3)　毀棄・隠匿の意思と不法領得の意思

　一方，判例は伝統的に，毀棄・隠匿の意思しかない場合に窃盗罪の成立を否定している。たとえば，校長を困らせるために教育勅語を天井裏に隠匿した場合（大判大4・5・21刑録21輯663頁），殺害後死体を運ぶために腕時計を奪った場合（東京地判昭62・10・6判時1259号137頁）などで，窃盗罪の成立を否定している。ただし，投票に利用する目的で市議会議員選挙の投票用紙を持ち出したような場合（最判昭33・4・17刑集12巻1079頁）は，専ら毀棄・隠匿の意思で持ち出したとはいえず，利用処分する意思が認められている。

　これに対して，学説の中の不法領得の意思不要説は，毀棄・隠匿の意思で財物を奪取した場合も，被害者にとっては法益侵害の程度は変わらないか，むしろその後の追求を不可能にするという点で大きい場合さえあるから，窃盗罪より軽い毀棄罪の成立しか認めないのは不均衡であると批判する。また，毀棄の

意思で財物を奪取した者が結局毀棄しなかった場合，奪取の時点では毀棄罪の実行の着手を認めることができず，不可罰とせざるを得ないとの批判もある。しかし，隠匿も毀棄に含まれるとするのが通説・判例であり，この場合にも毀棄罪は認められるし，逆に不要説を採れば，毀棄・隠匿罪の成立範囲が非常に狭くなるとか，信書隠匿罪成立の余地もほとんどなくなるという反論がなされている。

ワーク 13　演習問題

【問】　以下の記述中の(a)，(b)，(c)に該当する語の組合せとして正しいものを一つ選びなさい。　　　　　　　　　　　　　　　【法学検定試験4級程度】

　　財産犯は，その行為態様の面から，(a)と毀棄罪とに区別され，(a)は，占有の移転を伴う奪取罪と占有侵害を内容としない(b)とに区別される。奪取罪は，相手方の意思に反して占有を奪う盗取罪（窃盗罪および強盗罪）と，相手方の瑕疵ある意思に基づいて占有を移転させる交付罪（詐欺罪および(c)）とに区別される。

(1)　(a)＝隠匿罪，(b)＝横領罪，(c)恐喝罪
(2)　(a)＝財物罪，(b)＝盗品無償譲受け罪，(c)背任罪
(3)　(a)＝利得罪，(b)＝背任罪，(c)横領罪
(4)　(a)＝領得罪，(b)＝横領罪，(c)恐喝罪

（担当：島岡まな）

Lesson 14　窃　盗　罪

1　総　説

　窃盗罪とは，他人の占有する他人の財物を占有者の意思に反して窃取する犯罪である。動産を客体とする**窃盗罪**(235条)と，不動産を客体とする**不動産侵奪罪**(235条の2)がある。窃盗罪は財物のみを対象とするので，財産上の利益についての窃盗（いわゆる**利益窃盗**）は不可罰である。自己の財物であっても，他人の占有に属し，または公務所の命令により他人が看守するものであるときは，他人の財物とみなされる(242条)。

2　窃　盗　罪

> 第235条（窃盗）　他人の財物を窃取した者は，窃盗の罪とし，10年以下の懲役に処する。

(1)　保　護　法　益

　窃盗罪の保護法益については，①所有権その他の本権（質権，賃借権，留置権等）と解する**本権説**と，②財物の占有または所持それ自体であるとする**占有説（所持説）**が対立してきた。具体的には，窃盗犯人から自己物を取り戻した場合，本権説では窃盗罪の構成要件に該当しないことになるが，占有説では窃盗罪の構成要件に該当し，場合によっては自救行為として違法性が阻却されることになる。したがって，占有説では自己所有物に関する特例である242条は注意規定であると解される。判例は，かつては本権説の立場をとっていた（例えば，大判大7・9・25刑録14輯19頁）。しかし，戦後，最高裁判例は占有説へと移行し，最高裁昭和34年8月28日判決（刑集13巻10号2906頁）では，担保に入れた国鉄年金証書を債務者が詐取した事例で，最高裁は大審院判決を変更し，

占有説に立って詐欺罪の成立を認めた。窃盗罪についても，最高裁昭和35年4月26日判決（刑集14巻6号748頁）で，譲渡担保にとった貨物自動車の所有権が債権者に帰属したと認められる場合において，債務者の会社更生手続によって管財人のもとで引き続き占有保管されている自動車を債権者が無断で運び去った事例について，占有説に立って窃盗罪の成立を認めた。さらに，最高裁平成元年7月7日決定（刑集43巻7号607頁）では，買戻約款付自動車売買契約により自動車金融をしていた貸主が，借主の買戻権喪失により自動車の所有権を取得した後，借主の事実上の支配下にあった自動車を承諾なしに引き上げた行為につき，自動車は借主の事実上の支配内にあったとして，占有説に立ち窃盗罪の成立を肯定した。学説では，判例の変遷に対応して，本権説と占有説との中間に位置する折衷説（**平穏占有説**）が主張されるようになった（多数説）。折衷説は，刑法上保護に値する占有，すなわち「一応理由のある占有」（小野清一郎）「平穏な占有」（平野龍一）「一応不法な占有とみられない財物の占有」（大塚仁）「合理的理由のある占有」（西田典之）を保護法益とする見解である。折衷説が，刑法上保護に値しないとするのは，被害者との関係での窃盗犯人による犯行直後の盗品の占有等に限られるので，被害者が取り戻したとしても窃盗罪は成立しない。この場合，占有説に立っても自救行為とされうるから，結論に相違はない。

(2) 客 体

他人の占有する他人の財物である。財物は**動産**に限られる。財物の意義については，**有体物説**と**管理可能性説**とが対立しているが，有体物説が多数説である（「財物」の概念については，〈Lesson 13 財産犯総論〉を参照）。なお，電気は財物とみなされる（245条）。有体物であっても，所有権の対象とはなっていないものは財物ではない。したがって，無主物は財物ではない。他人が所有物を放棄した物も財物ではないが，無主物先占により他人が所有権を獲得すれば財物性は肯定される（ゴルフ場のロストボールについて財物性を認めたものとして，最決昭62・4・10刑集41巻3号221頁がある）。納棺物については，祭祀の対象となっている以上は所有権は放棄されたとして，財物性は否定される（ただし，祭祀の対象ではなくなった場合には，財物性を有する）。**禁制品**については，判例では，財物性は認められている。

占有とは，民法の占有概念とは異なり，財物に対する**事実的支配**を意味する。すなわち，自己のためにする意思は必要ではなく，他人のための占有は含まれるが，代理占有や間接占有，相続による占有は認められない。

　占有概念は，客観的要素である**占有の事実**と，主観的要素である**占有の意思**から構成される。占有の事実とは，財物を事実上支配しているという客観的状況をいう。したがって，人の事実的支配下にある財物は，その人の占有下にある。事実的・物理的支配下にはなくとも，規範的・社会的に見てその人の事実的な支配下にあると考えられる場合には，占有の事実は認められる。たとえば，自宅前の公道に放置された自転車（福岡高判昭30・4・25高刑集8巻3号418頁），公設の自転車置場に放置された自転車（福岡高判昭58・2・28判時1083号156頁），飼育された猟犬（最判昭32・7・16刑集11巻7号1829頁）等には占有が認められる。管理者が管理している建物に置き忘れた財物については，管理者に占有が移転する。たとえば，宿泊者が旅館内に置き忘れた財布は旅館主の占有に帰属する（大判大8・4・4刑録25輯382頁）。なお，バスの改札口での行列の移動中に置き忘れたカメラに，時間にして5分，距離にして20メートルのところで気がついて引き返したが，すでにカメラは持ち去られていたという事実について，最高裁は社会通念上，その物が占有者の支配力の及ぶ場所にあればよいとして，占有を認めた（最判昭32・11・8刑集11巻12号3061頁）。占有の意思は，事実的な支配を補充するものと考えるべきである。判例では，関東大震災の際，所有者が財物を公道に置き，一時立ち去った場合でも，所有者がその存在を認識し放棄する意思がなかったときは占有を認めているので（大判大13・6・10刑集3巻473頁），積極的な支配意思が一定の意味をもつことを認めているが，これには批判がある（西田）。

　占有の帰属については，他人の占有か自己の占有かによって，窃盗罪か横領罪かの成立が問題となる。**共同占有**の場合，共同保管者の一人が他の保管者の同意を得ず自己の占有下に移したときには，窃盗罪が成立する。**上下・主従関係がある占有**の場合，占有は上位者に帰属する。たとえば，商店の品物について，店員が管理をしていても，店員は占有補助者にすぎず，品物の占有は店主にある。したがって，店員が品物を領得したら窃盗罪が成立する。**委託された封緘物**の場合，その中身は委託者にあるとするのが判例・通説である。した

がって，郵便配達人が集配中の現金書留から現金を抜き取った場合，窃盗罪が成立する。この見解では，封緘物全体は受託者の占有に属するので，受託者が封緘物全体を領得した場合，横領罪が成立することになるが，中身のみを領得したときに比較して刑の均衡を失すると批判する見解も有力である。

死者の占有を認めるか否かについても議論がある。人の死亡後に，その死者が生前占有していた物を領得する場合，窃盗罪が成立するのか，占有離脱物横領罪が成立するのかが問題となる。①無関係の第三者が死者から財物を領得したときには，判例では，占有離脱物横領罪の成立を認める。②殺害後に領得の意思を生じて死者から財物を領得した場合，判例では，被害者が生前有していた財物の所持はその死亡直後においてもなお継続して保護するのが法の目的にかなうのであり，被害者を殺害し財物の占有を離脱させ財物を奪取するという一連の行為を全体的に考察して，窃盗罪の成立を認めている（最判昭41・4・8刑集20巻4号207頁）。多数説（団藤重光・福田平・大塚）は判例を支持しているが，死者の占有を否定する立場から占有離脱物横領罪の成立を認める見解も有力である（平野・大谷實・西田・曽根威彦）。なお，強盗罪の成立を認める見解（藤木）もあるが，妥当ではない。③当初から財物奪取の意思で殺害し，財物を奪取した場合，判例・学説では強盗殺人罪の成立を認める。

(3) 行　為

窃取である。窃取とは，他人の占有する財物を，その者の意思に反して自己または第三者の占有下に移転させることである（通説・判例）。占有の設定行為のない場合，たとえば，養魚池の鯉を流出させる行為や，他人の飼育する小鳥を鳥籠から逃す行為は，窃盗罪を構成せず，器物損壊罪を構成する。情を知らない第三者を利用して財物を窃取させるような間接正犯の形態による窃取も可能である。欺罔手段を用いても，占有移転が被害者の意思に反する場合には窃取である。なお，窃盗罪は状態犯であり，窃取後に盗品を損壊する等の処分行為は**不可罰的事後行為**であり，別罪は構成しない。

窃盗罪の未遂は処罰される（243条）。判例では，他人の財物に対する事実上の支配を侵すについて密接な行為をした時点で実行の着手を認めてきた（大判昭9・10・19刑集13巻1473頁）。具体的には物色行為の開始をもって実行の着手が認められる（**物色説**）。学説では，結果発生の具体的危険を生じたときに実行

の着手を認める実質的客観説が通説である（『ワークスタディ刑法総論』〔第2版〕Lesson 15 未遂　参照）。窃盗罪の既遂時期については，他人の占有を侵害して財物を自己の占有下に移した時点で既遂に達するとする**取得説**が判例・通説である。

(4) **不法領得の意思**

窃盗罪の成立には主観的違法要素としての不法領得の意思が必要であるとするのが，判例・通説である。不法領得の意思は，権利者を排除して，他人の物を自己の所有物として，その経済的用法に従い，利用処分する意思と定義される。すなわち，①**権利者排除意思**と②**利用処分意思**から構成される。したがって，使用窃盗と毀棄・隠匿の場合には，不法領得の意思は否定される（Lesson 13　財産犯総論を参照）。

(5) **罪　数**

窃盗罪の罪数は，窃取行為（占有侵害行為）の数を基準として決定される。1回の行為で数人の所有に帰する数個の財物を窃取しても，それが1個の占有を侵害したものであれば，1個の窃盗罪が成立する（福岡高判昭29・3・31高刑特26号76頁）。

3　不動産侵奪罪

> 第235条の2（不動産侵奪）　他人の不動産を侵奪した者は，10年以下の懲役に処する。

(1) **総　説**

他人の不動産の不正占拠事件が社会問題化し，被害の回復が困難になるという状況下でそれに対処するために，昭和35年の刑法の一部改正により新設された。改正以前には，不動産が235条（窃盗罪）の財物に含まれるかについて議論があったが，改正により，不動産は窃盗罪の財物には含まれないことになった。近年，不良債権問題が社会問題化する中で，暴力団関係者による不動産の不法占拠や更地への土砂や産業廃棄物の不法投棄の事例が増加し，それに対応して不動産侵奪事件が増加している。

(2) 客　体

他人の占有する他人の不動産である。**不動産**とは，土地およびその定着物をいう。土地には，その上の空間および地下を含む。土地の定着物である立木を伐採して領得する行為は窃盗罪を構成する。

(3) 行　為

侵奪である。侵奪とは，不法領得の意思をもって，他人の占有を排除して自己または第三者の占有を設定することをいう。たとえば，土地の上に恒久的な建物を建設する行為，他人の土地を無断で掘削してその土砂を搬出しその土地に廃棄物等を投棄する行為（大阪高判昭58・8・26判時1102号155頁），他人の土地に利用限度を超えて地上に大量の廃棄物を堆積させ，容易に現状回復をすることができないようにして土地の利用価値を喪失させる行為（最決平11・12・9刑集53巻9号1117頁），東京都が所有する空き地に無断で木造ビニールシート葺平屋建簡易建物を建築し，土地の有効利用を阻害する行為（最判平12・12・15刑集54巻9号923頁）等である。不動産に対する事実的支配の侵害が必要であるので，登記名義の改ざんや虚偽申告による改変は侵奪には該当しない（公文書偽変造，公正証書原本不実記載にあたる）。

土地や建物の賃借人が期限をすぎてもなお占有を継続しても本罪には該当しないが，適法な占有開始後に占有状態が質的に変化すれば，本罪は成立しうるとするのが判例・多数説である。たとえば，他人の土地にバラックを建て資材置場として無断使用していた者が，小屋が台風で倒壊した後に，半永久的なコンクリートブロック塀を構築して資材倉庫として使用するに至った場合，本罪が成立する（最決昭42・11・2刑集21巻9号1179頁）。

4　親族相盗例

第244条（親族間の犯罪に関する特例）　①　配偶者，直系血族又は同居の親族との間で第235条の罪，第235条の2の罪又はこれらの罪の未遂罪を犯した者は，その刑を免除する。
②　前項に規定する親族以外の親族との間で犯した同項に規定する罪は，告訴がなければ公訴を提起することができない。

③ 前2項の規定は，親族でない共犯については，適用しない。

(1) 法的性格

本条は，配偶者，直系血族または同居の親族との間で窃盗罪，不動産侵奪罪，およびその未遂罪が犯された場合について刑を免除し，その他の親族間における行為については親告罪とする特例を定めている。また，本条は詐欺罪，恐喝罪，横領罪，背任罪にも準用される (251条・255条参照)。

刑の免除という特例の意義について見解が対立している。判例・通説は，刑の免除という特例の法的根拠を政策的な見地から説明する。すなわち，「法は家庭に入らず」という思想が示すように，家庭内の紛争には国家は干渉せず，親族間の規律にまかせるべきであるという政策的な理由に特例の根拠を求める (**政策説・一身的刑罰阻却事由説**)。学説では，法律的な見地から特例の意義を説明する見解 (可罰的違法性阻却事由説，違法性減少説，責任阻却事由説，責任減少説) も主張されている。

なお，法的性格の理解は，親族関係について錯誤があった場合の処理とも関係がある。判例・通説の立場からは，親族関係の錯誤 (他人の物を父親の物と誤信して窃取した場合) は，窃盗罪の成否とは全く関係がない。

(2) 要 件

親族の意義およびその範囲については，民法の規定 (民法725条) に従って決定される。本条が適用されるためには，犯人と誰との間に親族関係の存在が必要であるのかについて見解が対立している。判例 (最決平6・7・19刑集48巻5号190頁)・通説は，所有者と占有者の双方と犯人との間に親族関係が必要であるとする。この問題は，窃盗罪の被害者は誰なのか，換言すれば，窃盗罪の保護法益は何か，と関連している。保護法益について占有説をとれば，占有者と犯人との間に親族関係が必要であるということになるが，財物の所有者を無視することにもなる。保護法益を所有権および占有と考えれば，判例・通説の見解が妥当である。

(3) 1項と2項との関係

244条1項の場合，より近い親族との関係では刑の免除であるのに対して，2項の場合，遠い親族との関係では親告罪である。したがって，告訴がない場

合，より近い親族については起訴がなされ刑の免除という有罪判決を受けることになり，より近い親族が不利益を受けるという不均衡が生じる。この点については立法的解決を図るべきである（改正刑法草案324条参照）。

ワーク 14　演習問題

【問】　次の記述の中で正しいものを選びなさい。　【法学検定試験3級程度】

(1)　Xは，混雑する電車の中でYの財布をすろうとして，Yのポケットに手を入れたが，内偵中の私服警察官に手を捕まえられた。Xの行為は窃盗既遂罪を構成する。

(2)　Xは，強盗の目的でAを殺害して財布を奪ったが，それを物陰から見ていたYはXが立ち去った後にAから指輪をとった。Yの行為は窃盗罪を構成しうる。

(3)　長らく音信不通であったXの兄Yは，Xの留守中にX宅に侵入して金銭を持ち去った。Xの行為は窃盗罪に該当するが，刑は免除される。

(4)　Xは拾得したキャッシュカードで銀行の現金自動支払機より10万円引き出して消費した。Xの行為は窃盗罪を構成する。

(5)　Xはコピー目的で機密資料を持ち出し，コピーをした後約2時間で元に戻した。Xの行為は一時使用であるから，窃盗罪は構成しない。

(担当：末道康之)

Lesson 15　強　盗　罪

第236条（強盗）　①　暴行又は脅迫を用いて他人の財物を強取した者は，強盗の罪とし，5年以上の有期懲役に処する。
②　前項の方法により，財産上不法の利益を得，又は他人にこれを得させた者も，同項と同様とする。

1　財物強盗
(1)　暴行・脅迫の意義
　強盗罪における**暴行・脅迫**は，相手方の反抗を抑圧するに足りる程度のものでなければならない（最判昭24・2・8刑集3巻2号75頁）。暴行とは不法な有形力の行使であり，脅迫とは恐怖心を生ぜしめる害悪の告知である。強取は意思に反して奪うことであるから，相手方の反抗を抑圧するに至らない程度の暴行・脅迫によって財物を交付させたときには，恐喝罪（249条）となる。
　強盗の場合，畏怖した被害者が財物を差し出すことも多いが，それは意思に基づく交付ではない。たとえば，暴行・脅迫を受けた被害者が，自宅に戻って預金通帳を持ち出し，銀行で現金の払戻しを受けた後，その現金を差し出した場合でも，強盗罪は成立する（福岡高判昭63・1・28判時1269号155頁）。
(2)　判断基準
　相手方の反抗を抑圧するに足りる程度について学説・判例は，暴行・脅迫自体の客観的性質を重視している。強盗罪となるか恐喝罪となるかは，「暴行・脅迫が社会通念上，一般に被害者の反抗を抑圧するに足りる程度のものかどうか，という客観的基準によって決まる」（最判昭24・2・8刑集3巻2号75頁）。その際，暴行・脅迫自体の強度・様態に加えて，被害者の人数・性別・年齢・性

格や，犯行の時刻・場所といった具体的事情が考慮されねばならない。
　たとえば，主人が不在で，主婦と子供と女中だけの家に押し入り，玩具のピストルを突きつける行為は，たとえ被害者がそれを玩具と認識していたとしても強取と認められ（東京高判昭30・4・9高刑集8巻4号495頁），靴べらを突きつける行為についても，白光りがして先端が尖っている以上，反抗を抑圧するに足りる（東京高判昭41・9・12判夕200号166頁）とされている。また，被害者が実際に反抗を抑圧されたか否かについては，とくに考慮する必要はなく，一般人の反抗を抑圧する程度の暴行・脅迫が加えられるだけで足りる。「脅迫の手段が，相手方の自由を抑圧するに足りるものであった以上，たまたま相手方が，それによって意思の自由を抑圧されなかったとしても，強盗未遂罪が成立する」（最判昭23・6・26刑集2巻7号748頁）のである。
　さらには，被害者が平均以上に臆病であったために，恐喝的手段によって相手方の反抗を抑圧するに至った場合，被害者が特に臆病であることを行為者が知っていたときには強盗罪が成立する，という見解も唱えられている。これは，強盗罪の実行行為性を判断するにあたって，行為者の認識を考慮する必要があるか否かの問題である。基本的には，強盗罪の実行行為としての暴行・脅迫の存否は，客観的に判断されるべきであり，行為者の主観に左右されるべきものではない。
　ひったくり行為については，反抗を抑圧する程度の暴行の存否と，財物奪取の手段としての暴行の存否が問題となる。ぶつかりざまにスリ取る行為や，単純なひったくり行為については窃盗と評価されるが，無理に引きずって財物を奪う行為は236条の暴行にあたり，その結果，傷害を負わせたときには強盗致傷罪となる（東京高判昭51・5・27東高時報27巻5号67頁）。最高裁も，自動車を利用したハンドバックのひったくりは，反抗を抑圧するに足りる暴行であると判示している（最決昭45・12・22刑集24巻13号1882頁）。

(3) 反抗の抑圧

　相手方の反抗が完全に抑圧されなくても，反抗を抑圧させるだけの暴行・脅迫が加えられ，被害者が畏怖して財物を交付したときには，強盗罪は既遂となる。たとえば，反抗を抑圧するに足りる暴行・脅迫が加えられたにもかかわらず，被害者には恐怖心しか生じなかった，という事案に関して最高裁は，客観

的に強盗手段が用いられ，相手方の交付に基づくにせよ，財物の移転という結果が生じたことを根拠に，強盗罪の既遂を認めた（最判昭24・2・8刑集3巻2号75頁）。そこでは，反抗の抑圧が強盗罪の成立要件とはみなされていないのである。

これに対して，反抗の抑圧を強取の成立要件とみなす見解は，実行行為（暴行・脅迫）と結果（財物の移転）との間の因果関係が欠けるとして，強盗罪の未遂のみを認める。強取の結果ではなく，喝取の結果が生じたにすぎない，というのである。下級審の判例にも，タクシー運転手の脇腹に包丁を突きつけて売上金の入った袋を奪い取ろうとしたが，被害者は運転を続け，その後，これ以上抵抗すると危害を加えられかねないと畏怖したのに乗じて袋を持ち去った，という事案に関して，強盗罪の未遂と恐喝罪の既遂との観念的競合を認めたものがある（大阪地判平4・9・22判タ828号281頁）。

(4) 反抗の抑圧と財物の奪取との間の因果関係

反抗の抑圧と財物の奪取との間の因果関係は，必ずしも重要視されておらず，暴行・脅迫の機会に財物を奪えば足りる。したがって，暴行・脅迫により，被害者の反抗の抑圧が生じた以上，被害者が差し出した物を奪っても強取となり（東京高判昭42・6・20判タ214号249頁），「強盗犯人が被害者を脅迫し，その反抗を抑圧して財物を奪取すれば，たとえ奪取行為が被害者の気づかない間に行われても，強盗罪が成立する」（最判昭23・12・24刑集2巻14号1883頁）。また，暴行・脅迫によって，被害者が所持する財物をその場に放置して逃走した後，それを奪取する行為も強盗である（名古屋高判昭32・3・4高刑特4巻6号116頁）が，被害者が畏怖して逃走する際に落とした物を奪取する行為については，強盗罪は認められていない（名古屋高判昭30・5・4高刑特2巻11号501頁）。

(5) 強取の意思

強取とは，暴行・脅迫を用いて相手方の反抗を抑圧し，その意思に基づくことなく，財物を自己または第三者の占有に移す行為をいう。それゆえ，典型的な強盗罪は，当初から財物奪取の意思で被害者に暴行・脅迫を加え，相手方の反抗を抑圧した上で，財物を奪取することにより成立するが，「暴行・脅迫を加えて財物を奪取する意思のもとに，まず財物を奪取し，次に暴行を加えて，その奪取を確保した場合も，強盗罪にあたる」（最判昭24・2・15刑集3巻2号164

頁)。さらに，窃盗の意思で財物の奪取に着手した後，被害者の反抗を抑圧するに足りる暴行・脅迫を加えた場合にも，強盗罪が成立する。

暴行・脅迫を加えることにより，被害者の反抗が抑圧された後，財物奪取の意思があらたに生じた場合をめぐっては，窃盗説と強盗説が対立している。前者は，暴行・脅迫と財物の奪取との間に因果関係と，それに対応する故意が存在しないので，あらたな暴行・脅迫がない限り窃盗罪になると主張し，後者は，全体として反抗抑圧状態を利用したことを根拠に，強盗罪の成立を認める。

強姦の目的で暴行・脅迫を加えたところ，被害者が畏怖して金員を差し出したので，これを取得した，という事案について強盗罪の成立を認めた判例（大判昭19・11・24刑集23巻252頁）を筆頭に，強盗説に立つ判例は，強姦に伴う暴行・脅迫を加えた後の財物奪取の事案に関するものが多い。学説上も，行為者が前の暴行によって生じた抵抗不能の状態を利用し，いわばその余勢をかって財物を奪ったものと認められるときには，強盗罪が成立するとの見解が主張されている。反抗抑圧後に，それを利用して財物を取得する場合には，一般の場合と比べて，より軽度の暴行・脅迫でも強盗の手段として足りるからである。「自分の先行行為によって生み出した反抗抑圧状態を継続させるに足りる暴行・脅迫があれば十分であり，それ自体として，反抗抑圧状態を招来するに足りると客観的に認められる程度のものである必要はない」（大阪高判平元・3・3判タ712号248頁）。

これに対して，窃盗説によると，当初は財物奪取の意思がなく，暴行を加えた後に奪取の意思を生じたときには，被害者の無抵抗状態に乗じただけでは足りず，行為者が奪取の意思を生じた後に，被害者の拒否を不能ならしめるような，あらたな暴行・脅迫がなされた場合にはじめて，強盗罪は成立する（東京高判昭48・3・26高刑集26巻1号85頁）。もっとも，暴行を加え，ある程度抵抗困難の状況に陥っている被害者から，「金はないのか」などと言って，金品を奪った上記の事案において判例は，「財物奪取の意思が生じた後に，改めてさらない暴行・脅迫に値する行為が必要だが，その場合は，些細な言動でも反抗を抑圧し得る」と述べている。

2　利益強盗
(1)　不法な利益

　財産上不法の利益を得るとは、利益を得る方法が不法であることを意味する。積極的な財産増加のみならず、消極的な財産減少も含まれる。「債務の履行を免れる目的で、債権者に暴行・脅迫を加え、精神上・肉体上支払いの請求をすることができない状態に陥らせて、支払いを免れる」（最判昭32・9・13刑集11巻9号2263頁）、タクシー代金の支払いを免れる（大判昭6・5・8刑集10巻205頁）、飲食代金の支払いを免れる（大阪地判昭57・7・9判時1083号158頁）などが、それに該当する。また、不動産は財物ではないので、暴行・脅迫を用いて不動産を侵奪した場合も、不法に財産上の利益を得たと言える。

　財産上不法の利益とは、利益が不法であることを意味するものではないが、利益自体が不法であっても、利益強盗罪は成立し得る。判例にも、「麻薬の密売買にかこつけて他人を誘いだし、その所持する麻薬購入資金を預かって、同人のために保管中、これを不法に領得する目的で同人を殺害したときには、たとえ金員の授受は不法原因給付であるため、被害者に返還請求権がないとしても、事実上同人から返還請求を受けることのない結果を生ぜしめ、返還を免れたのであるから、利益強盗罪が成立する」（最判昭35・8・30刑集14巻10号1418頁）と判示したものや、暴行・脅迫により白タクの運賃支払いを免れた場合にも、利益強盗罪を認めたもの（名古屋高判昭35・12・26高刑集13巻10号781号）がある。その一方で、売春代金の支払いを暴行・脅迫により免れた事案に関して、財産上の利益を得た場合にはあたらないとした判例（広島地判昭43・12・24判タ229号264頁）には、首尾一貫性を欠くとの印象を禁じ得ない。仮に、売春が公序良俗に著しく違反する、というのであれば、麻薬の密売買についても同様の評価が可能だからである。

(2)　処分行為の要否

　財産上の利益の取得が、被害者の意思に基づく処分行為による必要があるか否かについては、必要説と不要説が対立している。元来、強盗の一種である以上、利益強盗も被害者の意思に反して利益を得る行為であり、被害者の意思に基づく処分行為は不要なはずである。ところが、債務の支払いを免れるために債権者を殺害した事案について、処分行為がないとの理由で利益強盗罪の成立

を否定し，殺人罪の成立のみを認めた判例（大判明43・6・17刑録16輯1210頁）以来，学説上も，1項強盗罪（財物強盗罪）が占有移転という外形的事実によって成立することとの対比で，2項強盗罪（利益強盗罪）の場合にも，処分行為によって利益移転の時期を明確化する必要があり，利益詐欺罪（246条2項）や利益恐喝罪（249条2項）などの他の2項犯罪の場合と同様に，被害者の意思に基づく処分行為を要件とする，という見解が一部で主張されてきた。

これに対して，通説は不要説を支持し，1項強盗罪が処分行為を必要としない限り，2項強盗罪の場合にも処分行為は不要であると主張する。強盗罪が被害者の反抗を抑圧する程度の暴行・脅迫を要件とするものである以上，被害者による任意の処分行為を要求することにはそもそも無理があり，被害者を殺害して債務を免れるだけで，利益強盗罪は成立し得るからである。利益移転の時期，すなわち既遂の時点を明確化すること自体には意味があるにしても，それを被害者による任意の処分行為に求めることは妥当ではない。むしろ，事案ごとに利益移転の時期を確定していく必要がある。債権者の殺害にあっては，債権の行使を当分の間不可能とし，相当期間の支払い猶予を得たのと同一視できるような場合に，利益移転があったといえよう。利得が認められるためには，現実に行為者または第三者が財産上の利益を得たか，得る現実的可能性があったことを必要とするのである。

判例はその後，基本的な態度を変更して，不要説を採用するようになった。大審院は，タクシー代金の支払いを免れる目的で運転手を殺害した事案について，タクシー強盗は暴行を加え，代金請求を不可能にすれば足り，支払いを免除・猶予する意思表示は不要であると判示し（大判昭6・5・8刑集10巻205頁），最高裁も，債権者を殺害しようとした事案において，事実上，債権者としての支払いの請求をできなくすれば足り，明示的な処分行為を不要としたのである（最判昭32・9・13刑集11巻9号2263頁）。下級審の判例も，サラ金の取り立てにきた被害者を殺害した事案に関して，債務の支払いを免れるための強盗殺人罪の成立を認めている（大阪高判昭59・11・28判時1146号158頁）。

3 準強盗罪

第238条（事後強盗）　窃盗が，財物を得てこれを取り返されることを防ぎ，逮捕を免れ，又は罪跡を隠滅するために，暴行又は脅迫をしたときは，強盗として論ずる。
第239条（昏睡強盗）　人を昏睡させてその財物を盗取した者は，強盗として論ずる。

(1) 事 後 強 盗

① **準強盗罪の趣旨**　事後強盗（238条）と昏酔強盗（239条）は，強盗に準ずる犯罪という意味で**準強盗**とよばれる。「強盗として論ずる」とは，すべての点で強盗罪として取り扱われる，という趣旨である。したがって，暴行手段から死傷の結果が生じたときには，強盗致死傷罪（240条）となり，姦淫行為を行えば，強盗強姦罪（241条）が適用される。

② **既遂の時点**　**事後強盗罪**は，財物が取り返されることを防ぎ，逮捕を免れ，あるいは，罪跡を隠滅する目的という主観的不法要素（超過的内心傾向）が伴わないことには成立しない目的犯である。もっとも，目的の内容が現実に達成されたか否かは重要でないし，「被害者が財物を取り返そうとし，または，加害者を逮捕しようとする行為をしたかどうかを問わない」（最判昭22・11・29刑集1巻40頁）。

事後強盗罪の既遂・未遂は，財物奪取の有無，つまり窃盗罪の既遂・未遂によって決定される（最判昭24・7・9刑集3巻8号1188頁）。財物を得て，これを取り返されることを防ぐために暴行・脅迫が加えられる場合，窃盗は既遂でしかあり得ないが，それ以外の場合には，窃盗は未遂であっても足りる。したがって，238条前段の場合はつねに既遂罪となり，後段の場合でも，「犯人が逮捕を免れたかどうかは，事後強盗罪の既遂・未遂を区別する基準とはならない」（大判昭7・6・9刑集11巻778頁）。

③ **身分犯**　事後強盗罪が**身分犯**であるか否かについては，争いがある。事後強盗罪を，窃盗犯人という身分によって刑が加重される不真性（加減的）身分犯と解する立場によれば，窃盗犯人でない者が事後強盗行為に関与した場

合，関与者には65条2項が適用され，せいぜい傷害罪が成立するにすぎない。判例には，65条1項によって強盗致傷罪が成立するが，同条2項により傷害罪の刑が科せられる（東京地判昭60・3・19判時1172号155頁）と判示するものもある。

これに対して，窃盗犯人の地位を真正（構成的）身分犯と解する立場によれば，65条1項によって強盗致傷罪が成立し，関与者には240条の刑が科せられることになる（大阪高判昭62・7・17判時1253号141頁）。また，事後強盗罪を身分犯ではなく，結合犯と解する立場も存在する。

④ **暴行・脅迫と窃盗との関連性**　暴行・脅迫行為が強盗罪と評価されるためには，当該暴行・脅迫行為と窃盗行為との間に一定の関連性が存していなければならない。すなわち，暴行・脅迫は，窃盗の現場の継続的延長とみられる場所（広島高松江支判昭25・9・27高刑特12巻106頁，最決昭34・6・12刑集13巻6号960頁）や，窃盗の機会の継続中（福岡高判昭29・5・29高刑集7巻6号866頁）に行われる必要がある。

窃盗の機会とは，犯行と空間的・時間的に近接した機会を含み，窃盗の機会の継続中か否かは，窃盗行為と暴行・脅迫行為との空間的・時間的距離の大小によって決まる。「窃盗犯人が，進行中の電車内で現行犯人として車掌に逮捕され，約五分後，到着した駅のホームを連行されている際に逃走を企て，その車掌に暴行を加えたときには，逮捕を免れるための暴行にあたる」（最決昭34・3・23刑集13巻3号391頁）。

⑤ **暴行・脅迫の程度**　暴行・脅迫は，相手の反抗を抑圧するに足りる程度のものでなければならない（大判昭19・2・8刑集23巻1頁）。相手の反抗を抑圧するに足りる程度に関して，近時の判例は，窃盗犯人が逮捕しようと追いかけてきた店員を振りほどいたために，店員が転倒して3週間の傷害を負った事案（東京高判昭61・4・17判タ622号237頁）についても，万引した犯人が，追跡して逮捕しようとした従業員に対して，その襟元を摑んで押し返すなどの暴行を加え，1週間の傷害を負わせた事案（福岡地判昭62・2・9判タ632号256頁）についても，逮捕行為を抑圧するに足りる暴行とはいえないとしている。

こうした見解の背後には，事後強盗を認めた以上，傷害を負わせたときには，法定刑の重い強盗致傷罪となるため，238条の予定している積極的な暴行の範囲をなるべく限定してとらえようとする配慮が窺われる。たとえ，そうだとし

ても，66歳の窃盗犯人が，追いかけてきた18歳と30歳の被害者の顔面を手拳で殴打するなどの暴行を働き，それぞれ3週間と1週間の傷害を負わせた，という事案についてまで事後強盗罪の成立を否定した判例（浦和地判平2・12・20判時1377号145頁）は，犯人と被害者の年齢差・体力差に気を奪われ，暴行の範囲を狭く解しすぎたものといえよう。

(2) 昏酔強盗

被害者の意識作用に一時的または継続的な障碍を生ぜしめることによって，財物を奪取する罪である。相手方の反抗を不可能または著しく困難にする点で，暴行・脅迫による場合と同一視できるため，強盗に準じて処罰される。

昏酔させる方法には制限がなく，泥酔させたり（横浜地判昭60・2・8刑月17巻1＝2号11頁），麻酔剤や睡眠薬を用いるなど，さまざまなものが含まれるが，殴打して失神させるのは通常の強盗罪である（東京高判昭49・5・10東高刑特25巻5号37頁）。また，「**人を昏酔させて**」という文言からも明らかなように，犯人自らが被害者を昏酔させることが必要であり，他人が昏酔させたのを利用したり，被害者が熟睡しているのに乗じて財物を奪取する行為は，窃盗罪を構成する。

ワーク 15　演習問題

【問】　次の文章のうち，正しいものはどれか。　　【法学検定試験4級程度】
(1) 強盗罪における暴行・脅迫は，相手方の反抗を抑圧するに足りる程度のものでなければならないが，その判断基準は被害者の主観である。
(2) 反抗を抑圧するに足りる暴行・脅迫が加えられたにもかかわらず，被害者には恐怖心しか生じなかった場合，強盗罪はつねに未遂となる。
(3) 暴行・脅迫を加えることにより，被害者の反抗が抑圧された後，財物奪取の意思が新たに生じたときには，行為者が自分の先行行為によって生み出された反抗抑圧状態を利用したことを根拠に，強盗罪の成立を認めることができる。
(4) 1項強盗罪（財物強盗罪）が占有移転という外形的事実によって成立する以上，2項強盗罪（利益強盗罪）の場合にも，被害者の意思に基づ

く処分行為を必要とする。
(5)　事後強盗罪における窃盗犯人の地位を，真性（構成的）身分犯と解する立場によれば，窃盗犯人でない者が事後強盗行為に関与した場合，関与者には65条2項が適用され，傷害罪が成立するにすぎない。

（担当：近藤佐保子）

Lesson 16　詐　欺　罪

> 第246条（詐欺）　①　人を欺いて財物を交付させた者は，10年以下の懲役に処する。
> ②　前項の方法により，財産上不法の利益を得，又は他人にこれを得させた者も，同項と同様とする。
> 第250条（未遂罪）　この章の罪の未遂は罰する。

1　総　説

詐欺罪は，人を欺いて相手方を錯誤に陥らせ，瑕疵ある意思に基づいて財物または財産上不法な利益を交付させる犯罪である。財物罪であると同時に利得罪（2項詐欺罪）でもある点で窃盗罪と異なり，相手方の瑕疵ある意思に基づいて財物または財産上不法な利益が移転する点で，窃盗罪，強盗罪と区別される。

詐欺罪の保護法益は，個人の財産である。取引における信義誠実は，直接の保護法益ではない。

保護法益が個人の財産であることから，国家的法益に対する侵害に詐欺罪が成立するかどうかが，判例・学説上争われてきた。判例は，脱税や旅券，印鑑証明書の不正取得等については詐欺罪の成立を否定し，配給食糧の不正受給や農地法の使用目的以外の目的による国有地の買受けの事例（最決昭51・4・1刑集30巻3号425頁）では，詐欺罪の成立を肯定した。学説上も，国家的法益に向けられた行為は詐欺罪の定型を欠くとして詐欺罪の成立を否定する見解（団藤重光，福田平，大塚仁）もあるが，通説は，国家，地方公共団体も財産権の主体となり得るという理由で同罪の成立を肯定している。

2 欺く行為(欺罔)と錯誤

　詐欺罪の成立には，欺く行為(**欺罔行為**)→錯誤→交付(処分)行為→詐取という因果経過が必要である。このどれか一つが欠けても，詐欺既遂罪は成立しない(場合によっては未遂になる)。

　欺く行為は，「人」に対してなされる必要があり，「機械」に対する詐欺罪は成立しない。「機械は錯誤に陥らない」からである。したがって，偽硬貨による自動販売機の不正使用等は，詐欺罪ではなく窃盗罪となる。

　欺く行為の手段・方法に制限はないとされている(大判明36・3・26刑録9輯454頁)。作為による欺罔だけでなく，不作為による欺罔も含まれる。たとえば，つり銭を多くもらったことに気づきながら黙って受け取るつり銭詐欺の場合は，信義誠実に基づく告知義務があるから，不作為による詐欺罪が成立するとされる。しかし，告知義務が不作為犯成立に必要な作為義務とまでいえるかどうか疑問とする見解もある。ただし，最初から支払いの意思も能力もなく食堂で注文して飲食するような無銭飲食の場合は，支払い意思があるかのように装って注文する行為が作為による欺罔とされる。

　また，欺く行為には，経済的に重要な事実に関する欺罔が必要で，通常見られるような取引上の多少の駆引きや誇張は，欺く行為とはならない。

3 交付行為

　詐欺罪の要件である交付(処分)行為は，1項詐欺罪においては財物の「**交付**」のない窃盗罪(235条)と「交付」のある詐欺罪とを区別する要素だが，2項詐欺罪においては不可罰の利益窃盗と可罰的な詐欺利得罪とを区別する点で，より重要な要素といえる。たとえば，人をだまして注意をそらせ，その隙に財物をとるような場合は，(交付行為がないから)詐欺罪ではなく窃盗罪となる。しかし，人を欺いて財物を放棄させ，これを取得するような限界事例の場合は，窃盗罪とする説，占有離脱物横領罪とする説，詐欺罪とする説が対立しているが，財物の放棄を交付行為と見る詐欺罪説が多数説である。

　交付行為は，作為によるもののほか，不作為の交付行為をも含む。2項詐欺罪の場合は，債務の免除，履行請求の猶予等が交付行為となる。

　問題となるのは交付(処分)意思の要否で，交付(処分)意思必要説(中山

研一，曽根威彦，前田雅英，林幹人等）が判例・通説とされてきた。たとえば，有名なリンゴ仲買事件判決（最判昭30・4・8刑集9巻4号827頁）や無銭飲食・宿泊に関する最高裁昭和30年7月7日決定（刑集9巻9号1856頁）は，交付（処分）意思が必要であるとしていた（ただし，後者は，逃走前に宿泊・飲食した行為が欺罔行為，宿泊・飲食させた行為が被害者の処分（交付）行為にあたり，結論的には詐欺罪が成立するとした）。

しかし，最近は，交付（処分）意思不要説（平野龍一，大谷實，西田典之，中森喜彦等）や交付（処分）意思緩和説（山口厚）も有力である。判例では，無銭宿泊・飲食につき詐欺罪を認めた東京高裁昭和33年7月7日判決（高刑特5巻8号313頁）や，キセル乗車（後述）について詐欺罪を肯定した大阪高裁昭和44年8月7日判決（刑月1巻8号795頁），有料道路のキセル利用につき詐欺罪を認めた福井地裁昭和56年8月31日判決（刑月13巻8＝9号547頁）などがある。

キセル乗車　キセル乗車とは，たとえば，鉄道のA—B駅間の乗車券を購入し，A駅の改札係甲に呈示してA—D駅間の電車に乗り，D駅の改札係乙にはC—D駅間の定期券等を呈示して通過し，B—C駅間の乗車運賃支払いを不正に免れる行為をいう。キセル乗車の可罰性をめぐっては，詐欺罪肯定説と否定説とが対立し，肯定説の中でも乗車駅基準説と下車駅基準説とに分かれていた。

乗車駅基準説は，甲を被欺罔者および処分行為者または電車の乗務員を処分行為者（大阪高判昭44・8・7刑月1巻8号795頁）として，A—D駅間の輸送役務という財産上の利益を得た2項詐欺罪の成立を認める（A駅を出発した時点で既遂）。しかし，A—B駅間の乗車券は有効であり，正規の乗車券の呈示は欺罔行為とはいえないとか，D駅での乗り越し清算の可能性がある限り，A駅出発時に詐欺既遂とするのはおかしいなどの批判があった。これに対し，下車駅基準説は，改札係乙がB—C駅間の乗り越し運賃の請求をしないことが不作為の処分行為であるとし，D駅で改札を通過した時点で2項詐欺罪の成立を認める見解で，乗車駅基準説に対する批判はあてはまらない。しかし，改札係乙には行為者の乗り越し債務に対する具体的認識はないので，前に述べた処分意思不要説か緩和説を採らないと詐欺罪を認めることは困難であるということがいえる。

いずれにせよ，多くの駅で自動改札機が普及した現在では，キセル乗車について詐欺罪の成立を認める余地は少なくなっている。

4 クレジットカードの不正使用

クレジットカードとは，カード発行者であるクレジット会社Aと会員契約を締結したXが，Aと契約したクレジット加盟店Bにカードを提示することによって商品の購入またはサービスの提供を受け，Aは利用代金を加盟店に立替払いし，その後Xの銀行口座から代金が自動引き落としされるシステムである。

では，Xが自己の口座残高（支払能力）が十分でないことを知りながらBから商品を購入したり，サービスの提供を受ける場合，詐欺罪が成立するかが問題となる。BはAから確実に代金の支払いを得られるのだから，加盟店Bの錯誤に基づく処分行為は存在しないとする詐欺罪否定説もあるが，判例（福岡高判昭56・9・21刑月13巻8＝9号35頁，東京高判平3・12・26判タ787号272頁）および多数説は，加盟店Bに対する1項詐欺罪または被欺罔者と処分行為者を加盟店B，被害者をクレジット会社Aとする（三角詐欺）2項詐欺罪の成立を認めている。

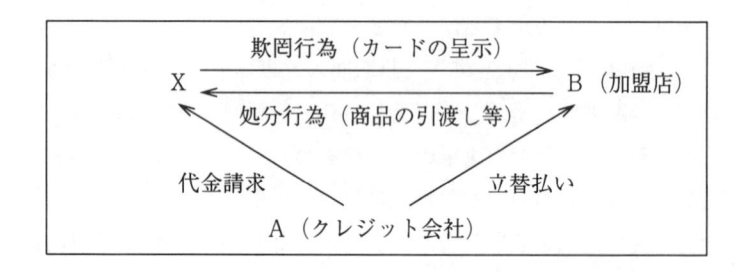

```
           欺罔行為（カードの呈示）
      X ←――――――――――――――――→ B（加盟店）
           処分行為（商品の引渡し等）

       代金請求          立替払い
            ↘           ↙
            A（クレジット会社）
```

5 財産的損害

財産的損害に関しては，財物や財産上の利益の交付（財物の占有を失うことなど）自体が損害であるとするのが，判例・多数説である。たとえば，価格相当の商品を売却したり（最決昭34・9・28刑集13巻11号2993頁），受給資格を偽り相当対価を支払って配給を受ける行為（最判昭23・6・9刑集2巻7号653頁）も詐欺罪が成立するとされる。

不法原因給付と詐欺罪 民法708条は，「不法ノ原因ノ為メ給付ヲ為シタル者ハ其給付シタルモノノ返還ヲ請求スルコトヲ得ス」と規定する。たとえば，覚せい剤を売ると欺いて代金を詐取したような場合，給付者は民法上代金の返還を請求できないことになる。

しかし，判例は一貫して刑法上の詐欺罪の成立を認める。たとえば闇米の取

引に関する最高裁昭和25年12月5日判決（刑集4巻12号2475頁）や，売春すると欺いての前借金に関する最高裁昭和33年9月1日判決（刑集12巻13号2833頁）などがある。学説では，民法上返還請求が認められない以上，財産上の損害はないとする詐欺罪否定説もあるが，詐欺罪肯定説が通説である。この点は財産犯の保護法益に関する本権説と占有説の争いも影響しているといえよう。

6　準詐欺罪

> 第248条（準詐欺）　未成年者の知慮浅薄又は人の心神耗弱に乗じて，その財物を交付させ，又は財産上不法の利益を得，若しくは他人にこれを得させた者は，10年以下の懲役に処する。
> 第250条（未遂）　未遂を罰する。

　詐欺罪成立に必要な欺罔行為がない場合でも，相手方の知慮浅薄または心神耗弱を利用して財物を交付させた場合は，詐欺罪と同様に処罰することを定めた規定である。しかし，まったく意思能力を欠く幼者や心神喪失者から財物を取得する場合は，そもそも交付行為が存在せず，窃盗罪となる。

7　電子計算機使用詐欺罪

> 第246条の2（電子計算機使用詐欺）　前条に規定するもののほか，人の事務処理に使用する電子計算機に虚偽の情報若しくは不正な指令を与えて財産権の得喪若しくは変更に係る虚偽の電磁的記録を作り，又は財産権の得喪若しくは変更に係る虚偽の電磁的記録を人の事務処理の用に供して，財産上不法の利益を得，又は他人にこれを得させた者は，10年以下の懲役に処する。
> 第250条（未遂）　未遂を罰する。

　コンピュータの発達・普及により，それを悪用した新たな犯罪が増加し，そのような明治40年の刑法が予想しえなかった行為を処罰するために，昭和62年の刑法一部改正の際，新設された条文の一つである。

たとえば，他人のCDカードをCD（現金自動支払）機に使用して他人の銀行口座から現金を引き出す行為は窃盗罪で処罰できたが，ATM（現金自動支払および振込）機の自動振込み機能を悪用して他人の口座から自己の口座へ金銭を振り込む行為については，預金データは財物ではないため窃盗罪は成立せず，機械に対する欺く行為ということも考えられないため詐欺罪も成立しない。そこで，公共料金等が銀行口座から引き落とされた場合は，不正な利益を得ているにもかかわらず，不可罰とせざるを得なかった。銀行のオペレーターが自己の口座へ架空入金データを入力したような場合にも同様の問題が生じ，これらの問題を解決するために，**電子計算機使用詐欺罪**が新設されたのである。

前段の行為としては，上記のような預金の付け替えや架空入金データの入力があり，後段の行為としては，偽造・変造のテレホンカードを公衆電話機に使用したり，偽造・変造の各種プリペイドカードを使用して不正にサービスの提供を受けるなどの行為があてはまる（Lesson 29 支払用カード電磁的記録に関する罪 参照）。

ワーク 16　演習問題

【問】　次の文章のうち，正しいものを一つ選びなさい。

【法学検定試験3級程度】

(1)　Aは，Bのキャッシュカードと暗証番号が書かれた手帳を盗み出し，Bであるかのように装って現金自動支払機から10万円を引き出した。Aの行為は詐欺罪となる。

(2)　Aは，買物をした際おつりを多く受け取ったことに帰宅してから気づいたが，返しに行くのが面倒なので費消してしまった。Aの行為は詐欺罪となる。

(3)　Aは，電車に乗ってから定期券の有効期限が切れているのに気づいたが，駅の改札口で駅員が他の乗客と話しているすきに，急いで通り抜けた。Aの行為は詐欺罪となる。

(4)　Aは，所持金がないのにタクシーに乗り，目的地に着いてから運転手のすきを見て逃走した。Aの行為は詐欺罪となる。

（担当：島岡まな）

Lesson 17　恐　喝　罪

> 第249条（恐喝）　①　人を恐喝して財物を交付させた者は，10年以下の懲役に処する。
> ②　前項の方法により，財産上不法の利益を得，又は他人にこれを得させた者も，同項と同様とする。
> 第250条（未遂罪）　未遂を罰する。

1　総　説

恐喝罪は，人を恐喝して相手方を畏怖させ，財物または財産上不法な利益を交付させる犯罪である。財物罪であると同時に利得罪（２項恐喝罪）でもある点および相手方の瑕疵ある意思に基づいて財物または財産上不法な利益が移転する点で，詐欺罪と共通の性格をもっている。しかし，詐欺罪が欺く行為を手段とするのに対し，恐喝行為を手段とする点で異なっている。また，暴行・脅迫を手段とする点で強盗罪と共通であるが，強盗罪が相手方の反抗を抑圧する程度の暴行・脅迫を要するのに対し，単に畏怖させる程度の暴行・脅迫で足りる点で異なる。

恐喝罪の保護法益は，個人の財産および身体の自由・安全である。

2　恐　喝　行　為

恐喝にあたる暴行・脅迫は，被害者の反抗を抑圧するに至らない程度の**暴行・脅迫**をいう。脅迫は，脅迫罪（222条），強要罪（223条）における脅迫より広く，被害者やその親族に対する害悪の告知に限られない。また，告知される害悪が違法である必要もない。しかし，相手方に恐怖心を生じさせ，意思決定

の自由を制約する程度のものである必要はあり，単に困惑させるだけでは足りないであろう。

恐喝罪も詐欺罪と同様，恐喝行為→被害者の畏怖→交付行為→財物または財産的利益の取得という因果経過をたどる必要があり，このどれかが欠けても，恐喝既遂罪は成立しない。

3　権利行使と恐喝罪

正当な権利を有する者がその権利を実現するために恐喝の手段（暴行・脅迫）を用いた場合，恐喝罪が成立するか否かが争われてきた。これは，結局のところ財産犯の保護法益（Lesson 13　財産犯総論　参照）における本権説と占有説との争いに帰着する。

戦前の判例は，恐喝罪の成立を否定し，脅迫罪の成立のみを認めるもの（大判大3・11・29新聞2337号22頁）もあったが，財産犯全般の保護法益に関する占有説への移行と併行して恐喝罪成立説へと変化した（最判昭30・10・14刑集9巻11号2173頁）。

学説も，恐喝罪を肯定し，権利行使の場合には，手段が社会通念上相当である場合に限って違法性が阻却されるとする説が通説となっている。

ワーク 17　演習問題

【問】　以下の記述中の(A)～(C)に該当する組み合わせとして，最も適切なものを一つ選びなさい。　　　　　　　　　　　【法学検定試験4級程度】

恐喝罪は，相手方の瑕疵ある意思に基づいて財物を交付させる点で(A)と共通するが，その手段が暴行・脅迫である点で異なる。また，財物罪であるとともに利得罪でもある点で(B)と共通するが，(C)により区別される。

(1)　(A)詐欺罪，(B)強盗罪，(C)手段としての暴行・脅迫の程度
(2)　(A)強要罪，(B)詐欺罪，(C)故意
(3)　(A)詐欺罪，(B)窃盗罪，(C)手段としての暴行・脅迫の程度
(4)　(A)窃盗罪，(B)強盗罪，(C)故意

（担当：島岡まな）

Lesson 18　背　任　罪

第247条（背任）　他人のためにその事務を処理する者が，自己若しくは第三者の利益を図り又は本人に損害を加える目的で，その任務に背く行為をし，本人に財産上の損害を加えたときは，5年以下の懲役又は50万円以下の罰金に処する。

1　総　説
(1)　意　義
　本罪は，「他人のための事務処理者」が，「図利・加害目的」で，「任務違背行為」を行い，「本人（＝他人）」に財産上の損害をこうむらせる犯罪である。本人と事務処理者との間に存在する法的な信任関係を破って財産上の損害を与える点に本質がある。この意味で，委託物横領罪（252条・253条）と類似する犯罪であり，図利目的で行われた場合に「2項横領罪」と呼ばれたりする。本罪が信任関係に基づく財産上の任務の違背一切を対象とするのに対し，横領罪は物の占有という委託事務の違背を対象とする点でその範囲を異にすることから，背任罪と横領罪は一般法と特別法の関係にあるとされる（通説）。ただし，加害目的で行われたときはもっぱら毀棄罪的性格を有するものである。
　なお，会社の取締役等に対しては商法等で加重処罰規定（特別背任罪）が置かれ，法定刑が倍加されている。立件数は少ないが，往々にして特別背任罪が経済犯罪の一つとして注目される点に現代的特徴がある。
(2)　罪質と犯罪の成立
　本罪の罪質は，基本的に背信説，権限濫用説の対立の中で理解することができる。

背信説は，信義誠実義務に違反して本人に財産上の損害を加えるところに本罪の本質があるとする。したがって，背任とは本人から委託された任務に違背する行為であり，第三者（対外関係）に対する法律行為の濫用のみならず，虚偽の事実を帳簿に記載するといった本人（対内関係）に対する信頼関係を破る事実的行為もこれに含まれるとする（通説，大判大3・6・20刑録20輯1313頁）。これに対して**権限濫用説**は，背任とは法的代理権を有する者がその権限を濫用して本人に財産上の損害を加える場合のみをいうとする。背信説は，事実行為であっても，また対内関係においても本人に重大な財産上の損害を加えることがあることを直視するものであるが，そのことが処罰の範囲を不当に拡大し曖昧にすることにならないかが懸念される。しかし，だからといって，権限濫用説のように行為の範囲をあまりに限定的に捉えすぎるのも問題である。具体的に考えるならば，「荷物の監視を依頼された者が，監視を怠って誰かに荷物を盗まれてしまった場合」を背任とするのは行き過ぎであろうが，「事務管理者が第三者の財物搬出行為を黙認する場合」は背任とされるべきであろう。そこで，両説の折衷説ともいうべき**背信的権限濫用説**（大塚仁，大谷實，前田雅英など）が説かれることになる。すなわち，背信説の基礎となっている信義誠実義務に限定を加え，本人の事務を処理するに際して，社会観念上付与されているとみられる権限を濫用して行われる背信的義務違反による本人への財産上の加害を背任とするのがそれである。要は，法的代理権限のみならず，行為者に事実上与えられているとみられる権限も含めて，それらを濫用したか否かを本人との委託信頼関係の内容をもとに具体的に判断する必要があるということである。この意味で，背任構成要件はきわめて価値的なものといわざるをえない。

なお，本罪が成立するためには，背任行為によって「財産上の損害」を与えたこと，つまり個別財産ではなく被害者の財産状態を全体としてみて損害があったことが必要である（全体財産に対する罪）。また，本罪にも親族間の特例の準用がある（251条・244条）。親族関係は，犯人と委託者との間に存在すれば足りる。

2 背任罪

(1) 主体・客体・事務

(a) 事務処理者　本罪の主体は，「他人のためにその事務を処理する者」

である。すなわち，他人の事務をその本人のために行う者のみが犯しうる犯罪であり，真正身分犯である。他人（＝本人）には，自然人のほか法人（私法人・公法人）や法人格のない団体も含まれる。財産上の損害を被りうる者がすべて本罪の客体となるのは当然である。

　また，事務処理者は，他人の事務を処理する者であることから，他人（＝本人）の事務をその本人に代わって行わねばならない（大判大正3・10・12新聞974号30頁）。他人の利益のためであっても，自己の事務を処理する場合はこれにあたらない。たとえば，売買契約に基づき売主が買主に目的物を引き渡す事務は，買主のためのものであっても自己の事務であるから，これを怠っても単なる債務不履行となるにすぎない。これに対し，債権者に抵当権を設定した者が，その者に対する抵当権の設定登記をする前に他の者に別に抵当権を設定し登記も済ませてしまう**二重抵当**は，一面では自己の財産処理を完成する事務であるが，主として相手の財産権保全のための事務すなわち他人の事務であり，背任罪となる（最判昭31・12・7刑集10巻12号1592頁）。

　(b)　事務　　事務とは，財産上の利害に関する仕事一般をさし，継続的なものに限らず一時的な仕事でもよい。ただし，事務処理の前提として，その事務を誠実に処理すべき信任関係が必要である。この信任関係は，法令（親権者，後見人，会社の取締役等），契約（委任，雇用，請負等）に基づく場合のみならず，事務管理（民法697条）や慣習からも生じうる。

　(c)　事務の範囲　　事務が財産的なものに限られるかが争われる。具体例として，「医師が患者に財産上の損害を加える目的で，故意に不適切な治療を施してその病状を悪化させ，それによって患者の商用に支障を生じさせた場合」が挙げられる。このような行為が財産犯の定型的な行為とは呼びにくいことから，他人の事務は財産管理上の事務に限られるとする限定説（団藤重光，平野龍一，中山研一など）が有力に唱えられているが，条文が事務に関して何らの制限も付していないことから構成要件該当性を認めるべきとする無限定説（前田）も主張される。少なくとも，別罪（上述の場合，傷害罪）に問えるような場合にまで背任罪の成立をあえて認める必要はないものと思われる。

　なお，背任の本質として権限濫用の側面を否めないことから，事務に裁量性がないときは任務違背とならないと解すべきことになる。すなわち，本人の権

利・義務を左右できる権限を有する包括的事務であることが必要で，機械的事務は含まれない。

(3) 任務違背行為

「事務処理者として具体的状況の中でなすべきと法的に期待される行為に反する行為を信任関係に違背して行うこと」が本罪の行為である。典型例は，銀行員がその裁量の範囲を超えて回収の見込みがないのに無担保もしくは十分な担保なしに行う「不正貸付」(最決平10・11・25刑集52巻8号570頁)である。なお，本行為は法律行為である必要はなく，事実行為であってもよい。売掛代金を受け取るべき事務処理者が商品の取戻を受けた旨の虚偽の事実を帳簿に記載した場合も背任となる(大判大3・6・20刑録20輯1313頁)。

信任関係に違背したといえるかどうかは，信義誠実の原則に従い，社会通念に照らして決せられる。具体的状況に照らして，その事務について定める法令，官公署における通達・内規，一般組織体における業務規定・約款，業務内容，さらに法律行為においては委任の趣旨などを検討することになる。以上の諸点に鑑み，当該事務処理が通常から逸脱するものではないならば背任ではない。商品の投機的買付や外国為替取引等のいわゆる**冒険的取引**は，いかに膨大な損害を与えたとしても，会社から与えられた通常の枠の中で取引を行うかぎり，後述の加害目的もないといえ，背任とはならない。また，実際は赤字であるのに利益があるように経理上の操作(粉飾決算)を行い株主に配当することを**蛸配当**といい，商法はこの種の行為を厳格に規制している(商法498条)。すなわち，この行為が会社法人に対する背任であることは明らかである。ただし，株価の安定を図る目的で，利益を生じたときは利益金を過小に表示して蓄積し，赤字のときは過去の利益を取りくずして補塡し利益を計上する場合は，図利・加害目的を欠くので背任とはならない(大判大3・10・16刑録20輯1867頁)。

不作為による**背任**もある。債権取立の事務を委任されている者が取立を怠って債権を消滅時効にかからせた場合(不作為の法律行為)や，物の管理を委託された者がその管理を怠ったため委託者に財産上の損害を加えた場合(不作為の事実行為)などがそれにあたる。

(4) 主観的要件

(a) 故意　本罪の故意は，自己の行為が任務に違背するものであること，

および本人に財産上の損害を加えることの認識である。したがって，自己の行為が任務の本旨に即していると誤信して行為するときは，事実の錯誤であり故意を阻却する（大判大3・2・4刑録20輯119頁）。なお，財産上の損害発生の認識と任務違背の認識のいずれも未必の故意で足りるとするのが判例（大判大13・11・11刑集3巻788頁）である。

　(b)　図利・加害目的　　本罪は，故意に加えて，「自己または第三者の利益を図る目的」を要求している。「自己」とは事務処理者をいい，「第三者」とは事務処理者および本人以外の者を指す。共犯者も第三者である（大判明45・6・17刑録18輯856頁）。「利益」は，身分上の利益その他の非財産的利益を含むとするのが通説・判例である（大判大3・10・16刑録20輯1867頁）。あるいは「本人（委託者）に損害を加える目的」が必要である。この損害も非財産的なものであってよいとするのが判例（新潟地判昭59・5・17判時1123号3頁〔自己の保身を図る目的〕）であるが，学説上は異論がある（大谷等）。

　本人の利益を図る目的（本人図利目的）で行為したときは，たとえ任務に違背して本人に損害を加えても，背任とはならない（大判大3・10・16刑録20輯1867頁）。図利・加害目的と本人図利目的が併存する場合は，主として前者の目的で行為したときに背任罪の成立が認められる（最判昭29・11・5刑集8巻11号1675頁）。たとえば，銀行の支店長が，自分の行ってきた不当な立替え払いを継続した場合，たとえ貸付先の倒産を回避する目的があったとしても，主として自己の利益を図る目的であったならば本罪が成立する（最決昭63・11・21刑集42巻9号1251頁）。

　図利・加害の目的はどの程度の認識を必要とするかが争われる。この目的を「故意の安全弁」と解するならば，故意（不法認識）が明確な場合の目的は消極的認容ないしは現状肯定的意欲でも足りるものといえよう（前出最決昭63・11・21）。したがって，逆に故意が不明確な場合は，目的の強さが要求されることになる。

　(5)　財産上の損害

　本罪は結果犯であり，未遂犯も処罰される（250条）。背任行為により本人に財産上の損害が発生したことが既遂の要件である。「財産上の損害」には，既存財産の減少（積極的損害）と将来取得しうる利益の喪失（消極的損害）の双

方を含む（最決昭58・5・24刑集37巻4号437頁）。「財産」とは，全体財産の意味であるから，一方で損害が生じても他方でこれに対応する反対給付があるときは，損害はない。財産上の損害があったかどうかについて，「法益損害概念説」と「経済的損害概念説」とが対立しているが，経済的に評価して回収の見込みや担保のない以上，債権の履行前でも損害が発生したと見るべきであり，後説が妥当である。回収の見込みがない貸付を行っても同額の債権が残り全体財産の減少はないとするのは詭弁といわざるをえない。前掲昭和58年最高裁決定においても，財産上の損害とは「経済的見地において本人の財産状態を評価し，被告人の行為によって，本人の財産の価値が減少したとき又は増加すべかりし価値が増加しなかったときをいう」とされている。

ワーク 18　演習問題

【問】　次の設例のうち，背任罪の成立するものはどれか。

【法学検定試験3級程度】

(1) Aは自己の所有する家屋につき，Bとの間に極度額を担保価値の半額とする根抵当権設定契約を締結したが，Bが未登記のうちにさらにCとの間で同一家屋につきBに対するのと同内容の根抵当権設定契約を締結した。

(2) 甲は乙から，期日までに返済できないときは甲所有の不動産を担保に提供するとの約束で融資を受けたが，返済期日前にその不動産を乙に断りなく第三者に売却した。

(3) 甲は乙から，乙所有の不動産を担保とする銀行融資の斡旋を依頼されたが，銀行による融資が困難だったため，仲介料を得んがため，乙に断りなく乙名義で町金融からその不動産を担保に高利の融資を受けた。

(4) 外国為替取引主任であるA銀行員甲は，経済情勢を分析した結果，A銀行に利益となると考え，その取引権限を超過するドル買付を行ったところ，その直後に急激な国際情勢の変化が生じ，ドルは暴落しA銀行に多大な損害を与えた。

（担当：平澤　修）

Lesson 19　横　領　罪

1　総　説

　横領罪（広義）とは，他人の占有を侵害しないで他人の財物を領得する犯罪である。刑法典第38章は，三種類の横領罪を規定している。単純横領罪（252条），業務上横領罪（253条）および占有離脱物横領罪（254条）がそれである。このうち，前二者は委託に基づいて他人の物を自己が占有している場合であり，後者は遺失物のように何人の占有にも属していない場合か，たまたま他人の財物が自己の占有に帰属した場合である。前二者は併せて委託物横領罪と呼ばれ，委託信任関係を破って犯されるところから，後者よりも重く処罰されている。

　本罪も領得罪として親族間の特例が準用される（255条・244条）。親族関係は，委託物横領罪の場合は行為者と委託物の所有者および委託者の双方との間にあることが必要である（大判昭6・11・17刑集10巻604頁）。占有離脱物横領罪にあっては委託者は存在しえないから，親族関係は行為者と所有者との間にあればよい。

第252条（単純横領）　①　自己の占有する他人の物を横領した者は，5年以下の懲役に処する。
②　自己の物であっても，公務所から保管を命ぜられた場合において，これを横領した者も，前項と同様とする。

2　（単純）横領罪
(1)　主　体
　他人の物を占有する者または公務所の命令によって物を保管する者であり，真正身分犯（65条1項）である。

(2) 客　体

(a) 物　「物」とは財物をいい、動産・不動産を含むほか窃盗罪と同様である。ただし、電気その他のエネルギー等の管理可能なものが客体となるかについては説が分かれているが、本罪には245条の準用がなされていないことからすると否定説が妥当である。

(b) 自己の占有　本罪における占有とは、自己が事実上または**法律上の支配力**を有することをいう。たとえば、銀行預金は事実上銀行が支配しているが、預金者は己の預金について法律上処分しうる状態にある。したがって、村長が自己の保管する村の公金を銀行に預け入れた後、この預金を引き出せば横領罪を構成する（大判大1・10・8刑録18輯1231頁）。不動産については、原則としては登記簿上の所有名義人が法律上の占有者であるが、未成年者の不動産を占有している後見人や抵当権設定のために他人の土地の登記済証・白紙委任状を預かり保管している者（福岡高判昭53・4・24判時905号123頁）も本罪における占有者とされる。つまり、**動産または不動産を外見上有効に処分できる状態**にあれば占有といえる（最判昭34・3・13刑集13巻3号310頁）。なお、誤って銀行口座に振り込まれた金銭は、誤配達の場合と同様に、委託関係に基づかないで口座名義人に占有が帰属したものであるから、これを領得することは占有離脱物横領となる（東京地判昭47・10・19研修337号69頁）。

(c) 委託信任関係　他人の物を占有するに至った原因については法律上明文規定がないが、占有離脱物横領が別に定められていること、および窃盗、強盗などの奪取罪の後に取得物を処分する行為は不可罰的事後行為とされることから、結局、本罪の成立には前提として委託信任関係が必要である。この委託信任関係の発生原因は、委任、寄託などの民法上の契約を基礎とするのが一般であるが、**事実上の引き受け行為**による場合であっても他人の物を有効に処分しうる状態があれば足りる。たとえば、他人の依頼を受けて売却した物品の代金は、受領と同時に委託物となる。

(d) 他人の物　委託信任関係に基づいて占有する物は、公務所から保管を命ぜられている場合を除き、他人の物でなければならない。その物が他人の所有に属するか否かは、民法上の所有権を基礎にして、刑法的な立場から、法律的・経済的見地に立ってその保護の必要性を考慮し決定すべきである（大谷實）。

物の他人性につき以下の諸場合が問題となる。

（i）売買の目的物　　売買契約を締結すれば，引渡ないしは所有権移転登記がなくとも目的物の所有権は買主に移転する（民法176条）。したがって，売買契約締結後いまだ手元に残っている目的物を他に売却する**二重売買**は本罪となる（後述）。逆に，**割賦販売**の場合は，代金完済まで所有権は売主に留まるのが原則であるから，目的物の引渡を受けた買主が代金完済前にそれを処分すれば，やはり本罪を構成する（最決昭55・7・15判時972号129頁）。目的物の所有権が債権者に移転する類型の**譲渡担保**においても同様である。

（ii）金銭の他人性　　**封金**は特定物として寄託されたものであり，受託者の費消を許さないことが前提であるから，所有権は寄託者にある。同様に，**使途が定められた金銭**も，寄託者の意思を尊重し，予定された使途に用いられることが保証されるべきであるから，やはり，所有権は寄託者に残っている（株式買付手付金につき，最判昭26・5・25刑集5巻6号1186頁）。したがって，どちらの場合においても，受託者がそれを費消したりすれば本罪を構成する。ただし，**使途が定められた金銭の一時流用**（確実に補完可能であることが前提）は，不法領得の意思を欠くから本罪とならない。これに対し，**不特定物として委託された金銭**（銀行預金といった消費寄託の場合）の所有権は，委託と同時に受託者に移転すると解されるから（最判昭29・11・5刑集8巻11号1675頁），受託者が消費したとしても返還がなされるかぎりなんら問題とならない（背任の可能性はある）。

（iii）委任された行為により取得された金銭　　委任者のために受け取った金銭の所有権は委任者にある。したがって，債権の取立を依頼された者が取り立てた金銭（大判昭8・9・11刑集12巻1599頁）や集金人が集金した売掛代金（大判大11・1・17刑集1巻1頁）は本罪の客体である。

（iv）不法原因給付・寄託　　**不法原因給付物**が本罪の客体となるかが従来から争われてきた。民法708条本文は「不法ノ原因ノ為メ給付ヲ為シタル者ハ其給付シタルモノノ返還ヲ請求スルコトヲ得ス」と規定している。したがって，「妾関係を継続するために建物を贈与した場合，贈与者は不当利得の返還を請求できない」ばかりか，「その反射的効果として，目的物の所有権は贈与者の手を離れて受贈者に帰属する」ことになる（最大判昭45・10・21民集24巻11号1560

頁)。この考え方によれば、「甲が乙に丙殺害を依頼し、その報酬を前渡ししたが、乙は丙を殺害せずに報酬を費消してしまった場合」、乙に本罪は成立しない (西田典之)。だが、近年は、不法原因給付物と区別して不法原因寄託物については本罪が成立すると有力に主張されている (ただし、反対説や占有離脱物横領罪成立説もあることに注意)。すなわち、「密輸出するための金地金を買い入れる資金として預かっていた金員を着服した場合」(大判昭11・11・12刑集15巻1431頁) や「贈賄の依頼を受けて預かった金銭を費消した場合」(最判昭23・6・5刑集2巻7号641頁) に、判例は本罪の成立を認めている。その根拠は、これらの場合には民法708条の適用がない、つまり所有権が寄託者から受託者に移転していないということにある。付言するなら、不法な原因に基づくとはいえ財物の委託信任関係は保護する必要があり、この点で委託信任関係のない不法原因給付の場合とは異なるものといえよう。したがって、盗品の売却代金の着服も本罪となる (最判昭36・10・10刑集15巻9号1580頁)。

(ⅴ) 公務所から保管を命ぜられた自己の物　本条2項の客体となるのは差し押さえられていない自己の物である。公務員による差押の後に保管を命じられた物は公務員の占有に属し、これを領得すれば窃盗罪となる。

(3) 行　為

(a) 横領の意義と不法領得の意思　横領とは、他人の物を自己の物のように処分し、もしくは処分しうべき状態に置くこと (大判明42・8・31刑録15輯1097頁)、すなわち、自己の占有する他人の物について不法領得の意思を実現する一切の行為 (大判大6・7・14刑録23輯886頁) である。そして、本罪にいう不法領得の意思とは「他人の物の占有者が委託の任務に背いて、その物につき権限がないのに所有者でなければできないような処分をする意思」とされる (最判昭24・3・8刑集3巻3号276頁)。

横領の意義については、越権行為説と領得行為説とが対立している。**越権行為説** (川端博、前田雅英など) は、横領を委託信任関係の破棄と解し、行為者が委託に基づき占有している他人の物に対し、委託の趣旨に反し、占有物に対して権限を越えた行為をすることであるとする。これに対し、**領得行為説** (通説・判例) は、横領とは自己の占有する他人の物を不法に領得することであり、不法領得の意思を実現するすべての行為であるとする。それゆえ、権限を越え

た処分であっても，それが委託者本人のためにする意思である場合は，本罪は成立しない（最判昭28・12・25刑集7巻13号2721頁）。ただこのように解すると，横領行為の客観面は不法領得の意思の発現行為であり，主観面は不法領得の意思ということになって，不法領得の意思と本罪の故意との間に違いが認められなくなる。それゆえ，故意とは本来別個の超過的主観的要素である不法領得の意思は不要であると主張されることとなる（前田雅英）。しかし，領得罪であることから，単に毀棄・隠匿する場合や一時使用の場合と区別するために，不法領得の意思は必要とされるべきであり，結局，横領行為の客観面としては権限を逸脱した不法な処分行為を観念し，主観面としては，不法領得の意思を要件とすべきであるとされる（大谷實）。

(b) 権限逸脱　本罪は委託信任関係に違背して財物を領得する点に本質があるから，まずは所有者でなければできない処分，つまり委託の趣旨に反して権限を逸脱した占有物に対する客観的な処分行為がなければならない（林幹人）。とはいえ，一般的な権限を越える行為であればよく，事実上の処分行為（費消，着服，拐帯など）であると法律上の処分行為（売却，貸与，贈与など）であるとを問わない。不作為でも犯しうる（警察官が職務上保管すべき他人の物を領置手続をせずに保管を続けた場合：大判昭10・3・2刑集24巻3号76頁）。

(c) 実行行為の性質　本罪に未遂犯処罰はない。権限を逸脱する行為があれば直ちに既遂となる。たとえば，建物の真の所有者を相手としてその占有者が虚偽の所有権を主張して民事訴訟を提起すればそれだけで本罪の既遂となる（最判昭25・9・22刑集4巻9号1757頁）。なお，本罪は所有権を保護法益とする罪であるから，たとえば「質権者から質物の保管を委託された者が，これをその所有者に交付」しても所有権の侵害に当たらないから，背任罪はともかく本罪は成立しない。また，共有者が共有金分割前に自己のためにその全額を費消した場合の横領額は，分割前である以上は持分が確定していないから，全体に横領が成立することになる（大判明44・2・9刑録17輯59頁）。

(4) 不法領得の意思

判例の定義は先述したが，「自己の占有する他人の物を毀棄・隠匿する行為」や「一時使用の目的で占有物を処分する場合（使用横領）」は，本罪不成立とされるべきであり，その観点からすると，横領罪における不法領得の意思

は「他人の物の占有者が委託の任務に反して，その物につき権限がないのに，その物の経済的用法に従って，所有者でなければできないような処分をする意思」とされるべきことになる。なお，もっぱら自己のために領得する意思に限ることを要するものではなく，第三者に利得させる意思（第三者横領）であってもよいとされている（大判大12・12・1刑録2輯895頁）。

(5) 二重売買

動産ないし不動産を売却した後（第一の売買），目的物を引き渡す前あるいは所有権移転登記の完了前に，売主が未だその占有があることをよいことに，これをさらに第三者に売却してしまった場合（第二の売買），本罪の成否が問われる。このような二重売買においては，売買契約の成立によって所有権は買主に移転するから（民法176条），契約成立後の売主の占有は他人の物の占有となり，売主がこれをさらに第三者に売却する行為は領得行為である。そして，動産については引渡し前に売主が第三者に売却することにより，また登記されている不動産にあっては所有権移転登記前に第三者に売却して登記を完了すれば横領罪になるとするのが通説・判例（最判昭30・12・26刑集9巻14号3052頁）である。

ただし，「第一の売買」と「第二の売買」の態様の違いが本罪の成否に影響を及ぼすことに留意すべきである。第一の売買が単なる意思表示にとどまっている場合に第二の売買がなされたとしても，可罰的違法性を備えているとはいえない。第一の売買において金銭の授受がなされ，第二の売買において売買の意思表示がなされたときは，権限逸脱行為が最初の買主の所有権を侵害する現実の危険が生じたか否かによって決すべきであり，まだ第一の売主に登記を行う余地が残っているときは横領未遂の段階というべく，不可罰とされるべきである。これに対し，第二の買主が契約の時点で二重売買の事実を認識していた者，すなわち民法上悪意者であったとしても登記によって所有権を取得し第三者に対抗できるから（民法177条），本罪は不成立とされるべきであるが，背信的悪意者（民法上保護される正常な取引の範囲を逸脱する信義則違反の行為者）である場合は，売主との間で本罪の共同正犯ないしは教唆犯が成立するものといえる（福岡高判昭47・11・22刑月4巻11号1803頁）。その際，身分なき者といえども65条1項により可罰的となるという趣旨を含んでいることに留意すべきである。なお，売主には登記名義移転協力義務があるから，その占有は委託信

任関係に基づくものといえる。

3 業務上横領罪

> 第253条（業務上横領）　業務上自己の占有する他人の物を横領した者は，10年以下の懲役に処する。

(1) 主　体
　本罪の主体は，委託を受けて他人の物を占有・保管する事務を反復または継続的に行う者である。つまり，占有者たる身分と業務者たる身分とが複合した身分犯である。252条の単純占有者に比して重く処罰される根拠として，法益侵害の範囲・程度の大きさに加えて，業務者による犯行可能性の高さに配慮した一般予防の見地からの責任加重が考えられる。

(2) 業　務
　業務とは，社会生活上の地位に基づいて，反復継続して行われる事務であり，必ずしも営業または職業として自己の生活を維持するものであることを要しない（大判大3・6・17刑録20輯1245頁）。換言するなら，他人の委託に基づき他人の物を継続または反復して保管・占有する事務であれば足りるものであり，かなり緩やかな概念といえる。その典型的なものは，質屋，倉庫業者，運送業者，修繕業者，一時預り業者，クリーニング業者などであり，さらには，職務上金銭を保管する者（銀行員，弁護士など）もこれに含まれる。本務に付随してなされる事務も業務とされる点で限界をはっきりと画することはかなり困難である。

4 占有離脱物（遺失物等）横領罪

> 第254条（占有離脱物横領）　遺失物，漂流物その他占有を離れた他人の物を横領した者は，1年以下の懲役又は10万円以下の罰金若しくは科料に処する。

(1) 客　体
　占有者の意思に基づかずに占有を離れ，誰の占有にも属していない物である

遺失物，それが水中にある場合の**漂流物**は本罪の客体である**占有を離れた他人の物**の例示である。必ずしもすべての人の占有を離れた物である必要はなく，「その他人」の占有を離れた物であればよい。したがって，**委託に基づかずに行為者が占有している物**も含まれる。たとえば，誤って手渡された物（「釣り銭事例」を想起せよ）や誤配された郵便物（大判大6・10・15刑録23輯1113頁）などである。養殖業者のいけすから湖沼中に逸出した鯉であっても，天然のものと区別できる以上は本罪の客体となる（最決昭56・2・20刑集35巻1号15頁）。**無主物**は本罪の客体とはならない。しかし，1500年以上経過した古墳に納められていた宝石鏡剣であっても，埋葬者の権利はその子孫によって承継される関係にあるから，本罪の客体である（大判昭8・3・9刑集12巻232頁）。

(2) 行　為

本罪の行為も横領であり，物の経済的用法に従って，所有権者でなければできない処分をすることをいう。主観的要件として，故意のほかに不法領得の意思が必要である。拾得したときは警察に届けるつもりであったが，後に不法領得の意思を生じたときは，その意思が外部的に実現した時点で本罪が成立する。被害者の占有に属する物を占有離脱物であると誤認して領得したときは，38条2項により，本罪が成立する（東京高判昭35・7・15下刑集2巻7＝8号989頁）。なお，本罪は状態犯であるから，たとえば，落とし物の乗車券を拾得した者が，これを精算所に提示して払戻しを受ける行為は，不可罰的事後行為である（東京地判昭36・6・14判時268号32頁）。

5　横領と背任の区別

横領罪は物の占有者を主体とし，背任罪は事務処理者を主体とする犯罪であるから，両罪の構成要件ははっきりと異なっている。しかし，任務違背に関する背信説（背任罪における通説）によれば，両罪は信義誠実違反という意味で，共通の性格を有している。そこで，他人のためにその事務を処理する者が，自己の占有する他人の財物（ここでは，財産上の利益は入らない）を信任関係に違背して自己または第三者の利益のために処分する場合，同じ任務違背行為である横領罪と背任罪のいずれが成立することになるかが争われることになる。この点に関する学説は，以下の諸説に分類される。

(1) 権限濫用説

背任は法上の処分権限（＝代理権）の濫用であり，横領はその逸脱であるとする。換言すれば，横領は権限濫用ではなく，特定物または特定の利益の侵害にすぎないとする。すなわち，この説は，背任と横領の区別の基準を「行為の性質」に求めている。

(2) 背信説

本説によると，背任と横領は，信任関係に違背して他人に財産上の損害を与えるという「行為の性質」の点で違いは認められないものとされる。そこで，「行為の客体」により区別を行う。すなわち，「財産上の利益」に対する場合が背任であり，個々の「財物」に対する場合が横領であるとする。そして，両罪は一般法・特別法の関係にあると論じる。

(3) 背信的権限濫用説

基本的に背信説によりつつ，背信説によった場合に背任の成立範囲が広がりすぎるため，その成立範囲を限定しようとする立場である。すなわち，背任罪の本質は，行為者が本人との信任関係に違背して，その権限を濫用し，本人に財産上の損害を与える点にあるとしつつ，その権限は代理権ないし法律上の処分権限に限らないとするものである。権限濫用を加味することによって，背任の範囲を権限逸脱たる横領からより明確に区別しつつ，かつ限定的に捉えようとするものである。換言すれば，本説は，処分行為が抽象的・一般的権限を越えるものであるかどうかを区別の標準とするものであり，委託物に関する権限を逸脱する処分行為を内容とするのが横領で，物の処分が本人のための事務処理として行為者の抽象的権限の範囲内でなされた場合が背任であるとする。

(4) 諸説の検討

権限濫用説は，一定の権限ないし代理権を有する者がその権限ないし代理権を濫用した場合のみ背任罪の成立を認めることから，背任罪の成立範囲がきわめて狭くなり，具体的妥当性に欠けるものである。これに対し，背信説は，事務処理者と本人との信頼関係の概念が不明確なことから，背任罪の成立範囲が不当に拡大する欠点がある。それらに対し，背信的権限濫用説は，両説の長所を生かして背任と横領の区別を論じているものといえる。すなわち，処分行為が一般的・抽象的権限内に属するか否かによって両罪を区別し，背任罪と横領

罪の一般法・特別法の関係を全面的には肯定しないで，択一関係または観念的競合を認めようとするものである。その細部において異同はみられるものの，諸家の多くは背信的権限濫用説にくみしており，通説といえる。

(5) 判　例

判例の立場は，区々に分かれており，統一的基準を見出しにくいが，基本的には，横領罪について領得行為説の立場に立ち，財物の処分行為が自己の名義ないし計算で行われた場合が横領罪となり，本人の名義ないし計算で行われた場合が背任罪となるものとしている。ただし，形式的には本人の名義で行われていても実質的には自己の名義で行われたとみられる場合は横領としていることに注意する必要がある（最判昭34・2・13刑集13巻2号101頁）。要は，不法領得の意思があると認められるか否かが区別の基準となっているといえよう。あるいは，権限の範囲内における濫用か権限の範囲を逸脱する処分かを判断するための基準の言い換えといってもよいと思われる。

［学説］
権限濫用説：行為の性質（逸脱か濫用か）による区別
背信説　　：行為の客体（財物か財産上の利益か）による区別
背信的権限濫用説（通説）：一般的・抽象的権限（その逸脱か濫用か）による区別
［判例］
本人の名義ないし計算による処分＝不法領得の意思なし＝権限濫用＝背任
自己の名義ないし計算による処分＝不法領得の意思あり＝権限逸脱＝横領

ワーク 19　演習問題

【問】　次の設例のうち，横領罪の成立しないものはどれか。

【法学検定試験3級程度】

(1) 兄と同居している弟甲は，兄の留守中その友人乙が返しに来た借金を兄に代わって受領したが，出来心から，兄が帰宅する前にその金を費消した。

(2) 商店主Aは，店員BにA名義の預金通帳と印鑑を渡し，銀行から10万

円下ろしてくるよう命じたところ，Bは，銀行に行く途中で悪心を起こし，銀行で20万円の払戻しを受け，うち10万円をAに渡し，残りの10万円は勝手に費消した。

(3) 甲は，乙から手形裏書譲渡の形式で手形金取立の委任を受けて，丙から手形金を取り立てたが，その現金を乙に渡さないで自己の借金返済に充てた。

(4) 宝石ブローカーのAは，Bにダイヤの指輪を売却して代金を受領したが，その指輪がなお自分の手元にあることを奇貨として，さらにそれをCに売却して引き渡した。

(担当：平澤　修)

Lesson 20　盗品等に関する罪

> 第256条（盗品譲受け等）　①　盗品その他財産に対する罪に当たる行為によって領得された物を無償で譲り受けた者は，3年以下の懲役に処する。
> ②　前項に規定する物を運搬し，保管し，若しくは有償で譲り受け，又はその有償の処分のあっせんをした者は，10年以下の懲役及び50万円以下の罰金に処する。
> 第257条（親族等の間の犯罪に関する特例）　①　配偶者との間又は直系血族，同居の親族若しくはこれらの者の配偶者との間で前条の罪を犯した者は，その刑を免除する。
> ②　前項の規定は，親族でない共犯については，適用しない。

1　総　説

　盗品等に関する罪は，従来，贓物罪と呼称されていたが，平成7年の刑法の改正で口語化され，「贓物（ぞうぶつ）」という用語に代わって，「盗品等」という用語が用いられている。なお，改正前と改正後では，収受が無償譲り受け，寄蔵が保管，故買が有償譲り受け，牙保（がほ）が有償の処分のあっせんにそれぞれ対応している。

2　本　質

　従来，贓物罪と呼ばれていた盗犯等に関する罪の本質をめぐっては学説上の争いがある。通説・判例はこれを本犯の被害者のその財物に対する追求権を困難にする点にその本質を求める（**追求権説**，大判大11・7・12刑集1巻393頁）。つまり，贓物が人から人へと転々と渡っていくことにより，追求権の実現が困難にされていくことに着目しているのである。これに対して，反対説は，本犯によって作り出された違法な状態を維持する点に贓物罪の本質を認めている（**違

法状態維持説)。本罪が財産犯の一つであることを考慮すれば，追求権説が基本的には正しいといえるが，それだけで本罪の罪質が言い尽くされているとはいえない。本罪は本犯行為を助長し，自らも利益に係わるという側面が認められる。このようなことから最近では，追求権説と違法状態維持説を融和させる折衷的見解が有力に主張されている (福田平, 前田雅英)。さらに，事後従犯の性質に着目し，「財産領得罪を禁止する刑法規範の実効性」に対する罪と解する見解も存在する (井田良)。この見解は，行為者が本犯行為者に加担している点を非常に重視しているのである。しかし，この見解では本罪が財産犯であるということが否定されてしまうため，批判も多い。

3 構成要件

(1) 客観的構成要件

(a) 主体　主体についての直接的な規定はないが，その性質上，本犯の正犯者以外が主体となれる。なぜなら，盗品等に関する罪は，本犯を前提とし，その本犯者あるいは第三者から当該盗品等を授受することによって成立する（これを伝来的取得ということもある）ので，自分自身が既に所持していることはなく，よって当該財産犯の正犯者は，主体にはなりえないのである。このことが構成要件該当性阻却を意味するのか，法条競合としての不可罰的事後行為（最近では共罰的事後行為とも呼ばれる）を意味するのかは，あまり明確には論じられていない。しかし，本犯の正犯者以外が主体になれるということからすれば，一種の身分犯（消極的身分犯と名づけられるかもしれない）で，よって，構成要件該当性阻却と考えるべきであろう。またここでいう本犯の正犯者には，共同正犯の場合も含まれると解されている。よって，本犯の共同正犯者が盗品等を運搬，保管等をしても，犯罪を構成しない。しかし，本犯を教唆，幇助した共犯者は，本罪の主体となりうる (福田)。

(b) 客体　客体は，盗品その他財産に対する罪にあたる行為によって領得された物である。「盗品その他財産に対する罪にあたる行為によって領得された物」とは，本犯行為たる当該犯罪行為により取得された財物それ自体を意味する。したがって，盗品等に関する罪は法的にも時間的にも，本犯たる事前行為に続くものである。しかし，たとえば，本犯行為が横領罪で，その財物を受

け取る行為が，事前行為としての横領罪への共犯にあたるのか，あるいは盗品等に関する罪にあたるのかは，難しい問題である。この点について判例は，盗品等に関する罪が問題になるとしている。また，取得された財物それ自体としての同一性が維持されていなければならず，盗品を売却して得た金銭や盗んだ金銭で購入した物品はここにいう客体には該当しない。しかし，金銭を両替した場合，判例によれば同一性は害されていないと解されている（大判大2・3・25刑録19輯374頁，大判大11・2・7刑集1巻34頁）。金銭に体現されている価値には何ら変更を加えていないと解されるのである（林幹人）。また，民法246条の加工を施した場合，同一性は失われると考えられるので，加工の程度に達しない場合が本条の客体にあたる。

(c) 行為　　行為は，無償で譲り受け，運搬し，保管し，もしくは有償で譲り受け，またはその有償の処分のあっせんをすることである。

(i) 無償譲受　　無償で譲り受け，事実上の処分権を得ることをいう。

(ii) 運搬　　有償・無償を問わない。契約をしただけでは足りず，現実に運搬したことが必要である。

(iii) 保管　　有償・無償を問わない。契約をしただけでは足りず，現実に保管したことが必要である。

(iv) 有償譲受　　有償で譲り受け，事実上の処分権を得ることをいう。

(v) 有償処分の斡旋　　盗品等の法律上の処分を媒介することをいう。この場合，これによって利益を得ることを必ずしも必要とはしていない。これに対して，売買等を媒介した事実があればそれだけで本条に該当するのか，それとも媒介にかかる売買契約が成立しなければならないのかということについては，争いがある。判例は，売買等を媒介した事実があればよく，媒介にかかる売買契約が成立しなくともよいとするが（最判昭23・11・9刑集2巻12号1504頁，最判昭26・1・30刑集5巻1号117頁），反対に，通説は盗品等の財物が実際に移転していなければならないとしている（西田典之，山口厚。さらに福田参照）。

(2) **主観的構成要件**

(a) 故意　　故意は，「盗品その他財産に対する罪にあたる行為によって領得された物」であることを認識していることが故意である。これはその物の受け渡しのときに存在しなければならない。したがって受け取った後，盗品であ

ることに気がついた場合は，盗品無償譲受罪等は成立しない。これに対して保管，運搬の途中で盗品であることに気がついたが，さらに保管，運搬を継続した場合，それ以降，盗品保管罪，盗品運搬罪が成立する。

　(b)　その他の主観的要素　　運搬と保管に関しては，本犯者のために行為する意思が必要とされる。判例では被害者宅へ物品を運搬したが，それは被害者のためではなく，窃盗犯人の利益のためになされた場合，盗品等運搬罪の成立が肯定されている（最決昭27・7・10刑集6巻7号876頁）。

4　親族等の間の犯罪に関する特例

　257条は，配偶者との間または直系血族，同居の親族もしくはこれらの者の配偶者との間で盗品等に関する犯罪がなされた場合，刑を免除を規定している。人的処罰阻却事由である。しかし，この条文の意味するところは必ずしも明確ではない。この身分関係が，本犯の被害者との間に要求されるのか（図1参照），あるいは本犯行為者との間に要求されるのか（図2参照）という問題である。前者の考え方からすると，たとえば，行為者が盗品であることを知りながら，ある物を受け取ったが，調べてみると，実はその盗品が自分の親から盗まれたものであったという事例が本条の問題となる。この見解には，「法は家庭に入らず」という考え方が背景にある。つまり，244条の親族相盗例と同様に考え，親族の財産を侵害する盗品等に関する罪の規定は，親族間には適用されないと考えるのである。これに対して，後者の考え方では，たとえば，親が窃盗をして家に持ち帰ったものを子供が盗品と知って受け取ったという事例が問題となる。さて，通説は後説に従い，本条の身分関係を本犯行為者と盗品等に関する罪の行為者との間に必要としている。その理由として，①被害者と盗品等の犯罪に関する罪の行為者との間には，本犯者が介在しているから，もはや「法は家庭に入らず」とはいえず，②被害者と盗品等に関する罪の行為者との間に親族関係が存在するのは非常にレアケースであり，単なる偶然の所産に過ぎず，立法者がそのような事例を想定して立法したとは考えにくく，さらに③もしそのようなことを想定していたのであれば，244条を準用せず，独立した条文を設けた意義が失われる，と理由付けており，判例もこの立場を採っている。この点について，改正刑法草案360条は両方のケースに処罰阻却事由の成立を認

めている。

図1

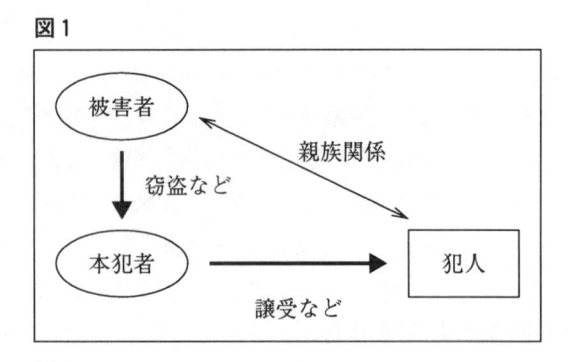

```
被害者
  │  ←——— 親族関係 ———→
  │ 窃盗など
  ↓
本犯者 ——— 譲受など ———→ 犯人
```

図2

```
被害者
  │
  │ 窃盗など
  ↓                 親族関係
本犯者 ←——————————→ 犯人
         譲受など
```

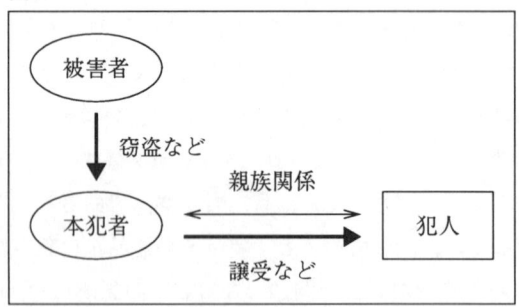

ワーク 20　演習問題

【問】 256条の盗品譲受け等の犯罪について257条では親族等の間の犯罪に関する特例が規定されている。A説はこの親族等の関係を本犯行為者と256条の犯人との間に認め，これに対してB説は財産犯の被害者と256条の犯人との間に認めている。A説からB説に対する批判のうち適切なものはどれか。　　　　　　　　　　　　　　　【法学検定試験3級程度】

(1)　257条は244条を準用していない。
(2)　257条は「刑を免除する」と規定している。
(3)　257条は「法は家庭に入らず」という考え方に基づいている。
(4)　257条は財産に対する罪が実行されたことが前提となっている。

(担当：小名木明宏)

Lesson 21　毀棄および隠匿の罪

1　総説

　毀棄および隠匿の罪は，財物に対する毀棄行為や隠匿行為により，財物の効用を消滅させその利用を妨げる罪である。保護法益は所有権その他の本権である。毀棄および隠匿の罪には，**公用文書毀棄罪**（258条），**私用文書毀棄罪**（259条），**建造物損壊罪・同致死傷罪**（260条），**器物損壊罪**（261条），**境界損壊罪**（262条の2），**信書隠匿罪**（263条）等の犯罪類型がある。また，昭和62年の刑法一部改正により，文書毀棄罪の客体として電磁的記録（7条の2参照）が加えられた。財物の毀棄・損壊は破壊的行為であり，財物の利用を永久に不可能にすることもあり，被害者にとって被害は重大ではあるが，不法領得の意思がなく一般予防的観点から，領得罪より軽く処罰されている。なお，器物損壊罪，私用文書毀棄罪，信書隠匿罪は**親告罪**とされている（264条）。

　毀棄（258条・259条），**損壊**（260条・261条），**傷害**（261条）とは，判例・通説によれば，物の効用を害する一切の行為をいう（効用侵害説）。判例によれば，食器に放尿する行為（大判明42・4・16刑録15輯452頁），養魚地の鯉を流出させる行為（大判明44・2・27刑録17輯197頁）等が毀棄・損壊・傷害に該当する。これに対して，客体の物質的な毀損を要求する見解（物質的毀損説）も主張されているが，この見解では，養魚地の鯉を流出させる行為や小鳥を逃がす行為等は毀棄・損壊・傷害に該当しないことになり，処罰範囲が限定されすぎ妥当ではない。

　隠匿（263条）とは，物の発見を妨げる行為をいう。判例・通説によれば，毀棄の概念には隠匿（物の発見を妨げることにより物の効用を害する）行為も含まれる。また，損壊の概念にも隠匿が含まれるとする。

2 公用文書毀棄罪・私用文書毀棄罪

> 第258条（公用文書等毀棄）　公務所の用に供する文書又は電磁的記録を毀棄した者は，3月以上7年以下の懲役に処する。
> 第259条（私用文書毀棄罪）　権利又は義務に関する他人の文書又は電磁的記録を毀棄した者は，5年以下の懲役に処する。

(1) 客　体

　公用文書毀棄罪の客体は「**公務所の用に供する文書又は電磁的記録**」である。155条の公文書とは異なり，公務所がその事務処理上保管している文書である。判例では，収税官吏が差し押さえた帳簿（最決昭28・7・24刑集7巻7号1638頁），村役場に保存された偽造の徴税書（大判大9・12・1刑録26輯921頁），国鉄の助役がチョークで列車案内を記載した急告版（最判昭38・12・24刑集17巻12号2485頁）等がこれに該当する。未完成文書も本罪の客体となりうる（最決昭32・1・29刑集11巻1号325頁）。なお，判例では，警察官による取り調べが違法であっても，作成中の供述調書がすでに文書としての意味内容を備えるに至っている以上，これを将来公務所において適法に使用することがあり，そのために公務所が保管すべきものであるとして本罪の客体とするものもある（最決昭52・7・14刑集31巻4号713頁）。電磁的記録の具体例としては，自動車登録ファイル，住民登録ファイル，不動産登記ファイル，特許原簿等がある。私用文書毀棄罪の客体は「**権利又は義務に関する文書又は電磁的記録（マーク）**」である。権利・義務の存否，得喪変更を証明するための文書をいう。私文書偽造罪とは異なり，事実証明の文書は含まない。債務証書，公務員の退職届け，有価証券（最決昭44・5・1刑集23巻6号907頁）等はこれに該当する。電磁的記録の例としては，銀行の口座残高ファイル，プリペイドカードの磁気情報部分等が挙げられる。

(2) 行　為

　毀棄である。物理的損壊の他隠匿も含む。電磁的記録については，媒体の損壊や記録の消去がこれに該当する。

3 建造物損壊罪・建造物損壊致死傷罪

第260条（建造物等損壊及び同致死傷）　他人の建造物又は艦船を損壊した者は，5年以下の懲役に処する。よって人を死傷させた者は，傷害の罪と比較して重い刑によって処断する。

(1) 客　体

他人の建造物又は艦船である。「**他人の**」とは他人の所有に属するものであり，所有権の帰属は民事法によって解決されるが，民法上所有権の帰属が争われている場合には，最高裁は「他人の所有権が将来民事訴訟等において否定される可能性がないことまでは要しない」と判断し，民事法上の所有権の帰属が確定されなくても，刑法上客体が他人の建造物であること認めた（最決昭61・7・18刑集40巻5号438頁）。その範囲では，民法上の権利関係にかかわらず，最高裁は刑法上の建造物の保護の必要性を認めている。

「**建造物**」とは，家屋その他これに類似する建造物をいい，屋根があり壁または柱によって土地に定着し，少なくともその内部に出入りすることのできるものをいう（大判大3・6・20刑録20輯1300号）。くぐり戸のついた門は建造物ではない。天井板や敷居や鴨居のように建造物の一部をなし容易に取り外せないものを損壊すれば本罪が成立するが，容易に取り外せる襖，障子，雨戸，ガラス窓等を損壊しても本罪にはあたらない（器物損壊罪が成立する）。「**艦船**」とは，他人の所有に属する現に自力ないし他力による航行能力のある船舶をいう。池のボート等はこれにあたらない（器物損壊罪の客体とみなすべきである）。

(2) 行　為

損壊である。物理的損壊だけではなく効用の喪失も含む。したがって，建造物に多数のビラを張る行為は建造物損壊にあたる（最決昭41・6・10刑集20巻5号374頁）。判例は，建造物の美観も建造物の効用に含まれると解釈している。損壊か否かは効用の侵害の大小によると考えられる。

建造物損壊致死傷罪は結果的加重犯であり，他人の建造物等を損壊して，その結果，人を死傷させた場合は，傷害（傷害致死）の罪と比較して，重い刑によって処断される。したがって，法定刑は致死の場合には2年以上（15年以

下）の有期懲役，致傷の場合には（1月以上）10年以下の有期懲役となる。

4 器物損壊罪

> 第261条（器物損壊等）　前3条に規定するもののほか，他人の物を損壊し，又は傷害した者は，3年以下の懲役又は30万円以下の罰金若しくは科料に処する。
> 第262条（自己の物の損壊等）　自己の物であっても，差押えを受け，物権を負担し，又は賃貸した物を損壊し，又は傷害したときは，前3条の例による

(1) 客　体

公用文書毀棄罪，私用文書毀棄罪，建造物損壊罪の客体とならないものは全て本罪の客体となりうる。他人の土地等の不動産，他人の動物・植物等の動産等である。電磁的記録については，その本体たる情報内容そのものは物には含まれないが，その記憶媒体は物であり，その毀棄行為は本罪に該当する。なお，自己の物であっても，差押えを受け，物権を負担し，または賃貸した物は，客体になりうる（262条）。たとえば，他人に対して，抵当権および地上権を設定してある自己の所有物等である。

(2) 行　為

損壊し**傷害**することである（Lesson 21　毀棄および隠匿の罪　1　総説　参照）。たとえば，敷地を掘り起こして工作物を植えつける行為（大判昭4・10・14刑集8巻477頁）は不動産の損壊であり，他人の動物を殺したり，逃がしたりする行為は傷害にあたる。

5 境界損壊罪

> 第262条の2（境界損壊）　境界標を損壊し，移動し，若しくは除去し，又はその他の方法により，土地の境界を認識することができないようにした者は，5年以下の懲役又は50万円以下の罰金に処する。

(1) 客　体

土地の境界であり，権利者を異にする土地の境界線を意味する。権利関係は，所有権，地上権等の物権，賃借権等の債権のような私法上のものでも，府県境等のような公法上のものでもよい。

(2) 行　為

境界標を損壊し，移動し，除去し，またはその他の方法により，土地の境界を認識することができなくすること，すなわち，土地の境界を不明にする一切の行為をいう。本罪が成立するためには，境界の認識ができなくなることが必要であり，境界標を損壊したが境界が不明にならなかった場合には，器物損壊罪が成立しても本罪は成立しない（最判昭43・6・28刑集22巻6号569頁）。事実上の境界が不明確にされれば足りる。したがって，登記簿等により，あらたに境界を確定する可能性がある場合にも本罪は成立しうる。

6　信書隠匿罪

> 第263条（信書隠匿）　他人の信書を隠匿した者は，6月以下の懲役若しくは禁錮又は10万円以下の罰金若しくは科料に処する。

(1) 客　体

他人の信書である。特定人から特定人にあてた意思を伝達する文書で，他人の所有に属するものをいう。封書の他葉書も含まれる。

(2) 行　為

隠匿することである。隠匿が毀棄・損壊に含まれるとすれば，信書の隠匿も文書毀棄罪または器物損壊罪にあたりうることになる。そこで，両者の関係をどう捉えるかが問題となる。通説は，隠匿は毀棄の一態様であるが，信書の財産的価値が低いことに着目した器物損壊罪の特別罪とみて，本罪の成立を認める。なお，毀棄・損壊に含まれる隠匿は発見を不可能または著しく困難にする場合であり，信書隠匿罪の隠匿は比較的軽微な隠匿行為をさすとする見解もある（団藤重光，大塚仁）。

ワーク 21　演習問題

【問】　以下の記述のうち，誤っているものを一つ選びなさい。

【法学検定試験3級程度】

(1)　市役所で課税台帳を閲覧中，その一枚を抜き取って持ち帰る行為は公文書毀棄罪にあたる。

(2)　抵当権を設定された自己の建造物を，債務の弁済ができなかったため明渡し請求された際に損壊する行為は建造物損壊罪にあたる。

(3)　自分で設定した自己の土地と隣地の土地との境界用の柵を引き抜き境界線を不明にする行為は境界損壊罪にあたる。

(4)　他人の養魚池の水門を開き，錦鯉を1,000余尾を流出させる行為は器物損壊罪にはあたらない。

(担当：末道康之)

第 2 編

社会的法益に対する罪

第1章　公共の安全に対する罪

Lesson 22　騒　乱　罪

1　総　説

　騒乱の罪は，多衆人の暴行・脅迫によって成立する**騒乱罪**と，その準備段階である**多衆不解散罪**から成立する。戦後，昭和20年代には，昭和24年の平事件，昭和27年のメーデー事件，吹田事件，大須事件等騒乱事件が続いたが，昭和43年の新宿駅騒乱事件を最後に騒乱罪は適用されていない。

　保護法益　　判例では，騒乱罪の保護法益を，**公共の平和・社会の平穏**と解している（最判昭35・12・8刑集14巻13号1818頁＝平事件）。ただし，学説では，個人主義的観点に立ち，処罰範囲を限定するために，本罪を**公共危険犯**として捉え，不特定・多数人の生命，身体，財産を侵害する危険を生ぜしめた場合に成立すると解する見解も有力である。騒乱罪と多衆不解散罪はいずれも**多衆犯**である（その意味で，内乱罪との共通性をもつが，内乱罪の成立には憲法の定める統治の基本秩序を壊乱するという目的が必要であり，この点で区別される）。また，憲法で保障された集会・表現の自由を害さないように，騒乱罪の適用は慎重でなければならない。

2　騒　乱　罪

> 第106条（騒乱）　多衆で集合して暴行又は脅迫をした者は，騒乱の罪とし，次の区別に従って処断する。
> 　一　首謀者は，1年以上10年以下の懲役又は禁錮に処する。
> 　二　他人を指揮し，又は他人に率先して勢いを助けた者は，6月以上7年以

下の懲役又は禁錮に処する
　三　付和随行した者は，10万以下の罰金に処する。

(1) 主　体

集合した多衆である。「**多衆**」とは一地方における公共の静謐を害するに足りる暴行・脅迫をなすに適当な多数人をいう（大判大2・10・3刑録19輯910頁，前掲最判昭35・12・8）。**一地方**とは，日常用語とは異なりある程度の広さのある場所的区域であればよく，新宿駅周辺も一地方であるとされる（新宿駅騒乱事件・最決昭59・12・21刑集38巻12号3071頁）。「**集合**」とは多数人が時と場所を同じくすることをいう。組織化されたものである必要はなく，単なる烏合の衆であってもよい。当初から共同の暴行・脅迫を行う目的で集合する場合の他，平和な集団が途中から暴徒化した場合にも本罪は成立する。本罪では，役割に応じて，首謀者，指揮者，率先助勢者，付和随行者に区別される。**首謀者**とは，騒乱行為を主唱・画策し，多衆にその合同力により暴行・脅迫をさせる者をいう（最判昭28・5・21刑集7巻5号1053頁）。**指揮者**とは，騒乱行為への参加者の全部または一部を指揮，誘導，煽動した者をいう（大判昭5・4・24刑集9巻265頁）。**率先助勢者**とは，衆に抜きんでて騒乱の勢いを増大させる行為をした者をいう（最決昭53・9・4刑集32巻6号1077頁＝大須事件）。自ら暴行・脅迫を行ったことは必要ではない。**付和随行者**とは，その他の者で付和雷同的にこれに参加した者をいう。自ら暴行・脅迫をしたか否かは問わない（大判大4・10・30刑録21輯1763頁）。また，判例・通説では，首謀者，指揮者，率先助勢者は，必ずしも騒乱の現場にいる必要はないとする。なお，本条では謀議参与者は処罰されていない。謀議に参与した者を本条所定の行為の共犯として処罰する必要があるかについては，学説の対立がある。判例・通説は不可罰とするが，首謀者等の騒乱行為を教唆・幇助したが，現場に赴かなかった者を不可罰とする合理性がないので，共犯規定を適用して処罰すべきだとする見解も有力である。

(2) 行　為

集団による（**最広義の**）**暴行または脅迫**である。判例では，暴行・脅迫は一地方の平穏を害する程度の危険を含むものでなければならないとされる。しかし，現実に一地方の平穏を害すること，すなわち，社会の治安に不安や動揺を

与えることは必要ではない。判例は本罪を**抽象的危険犯**であると捉えてきた。なお、本罪を公共危険犯として捉える見解からは、不特定・多数人の生命、身体、財産に危険を及ぼすに足りる程度の暴行・脅迫が必要であるとされ、本罪は具体的危険犯であるとする。

(3) 主観的要件

判例・通説では、本罪の主観的要件として、**共同意思**が必要であるとする。共同意思とは、多衆が集合して集団として暴行・脅迫をなす意思である。共同意思の内容として、判例・通説は、①多衆の合同力をたのんで自ら暴行または脅迫をなす意思ないし、これをなさしめる意思（多衆を構成する意思）と②このような暴行・脅迫に同意を表し、その合同力に加わる意思（多衆の一員として活動する意思）が必要であるとする（前掲最判昭35・12・8）。①の意思をもつ者と②の意思をもつ者によって集合した多衆が構成されている場合、多衆の共同意思がある。このような意思がある限り、多衆間における意思の連絡は不要である。また、共同意思は多衆集合の当初から存在する必要はない。共同意思は未必的なものでもよい（前掲最決昭53・9・4）。なお、共同意思は、騒乱罪の成立範囲を限定する機能をもつ。すなわち、共同意思が存在しなければ、集団構成員各人の暴行・脅迫がなされても、騒乱罪は成立しない。反面、共同意思が存在すれば、集団構成員各人の暴行・脅迫は騒乱罪における暴行・脅迫に高められることになる。騒乱罪の主観的要件として、第一次的には共同意思が必要であるが、各関与者には、それぞれの関与行為に対応した事実認識が必要であり、これが騒乱罪の故意として理解されている。学説では、共同意思は騒乱罪の構成要件的故意であり、騒乱罪の故意は責任要素としての故意であると理解し、前者は集団構成員全員がもつ必要はないが、後者は各関与者がもつ意思であるとする見解（団藤重光）や、騒乱罪の第一次的故意は共同意思であるが、第二次的には各関与者ごとに「多衆を構成する意思」（構成要件的故意）と「多衆の一員として活動する意思」（責任故意）が必要であるとする見解（大塚仁）がある。

(4) 他罪との関係

単純な暴行罪・脅迫罪は本罪に吸収される。暴行・脅迫が同時に他の罪名にも触れる場合、判例では、殺人罪、住居侵入罪、建造物損壊罪、公務執行妨害罪等との間に観念的競合を認める。

3　多衆不解散罪

> 第107条（多衆不解散）　暴行又は脅迫をするために多衆が集合した場合において，権限のある公務員から解散の命令を3回以上受けたにもかかわらず，なお解散しなかったときは，首謀者は3年以下の懲役又は禁錮に処し，その他の者は10万円以下の罰金に処する。

(1) 主　体

暴行・脅迫の目的で集合した多衆である（目的犯）。目的は当初から存在する必要はなく，途中から生じたものでもよいが，解散命令を受ける以前から存在しなければならない。本罪は騒乱罪の予備段階を独立して処罰するので，その後に集合した多衆が暴行・脅迫を開始して騒乱罪が成立する場合には，本罪は騒乱罪に吸収される。

(2) 行　為

権限ある公務員から**解散命令**を3回以上受けても，なお解散しなかったことである。不解散罪は**真正不作為犯**である（→『ワークスタディ刑法総論』Lesson 5 **不作為犯**　参照）。「**権限のある公務員**」とは，解散を命令しうる公務員，通常は警察官を意味する。通説は，その根拠を警察官職務執行法5条の警察官の制止権に求めている。解散の命令は適法なものでなければならない。通説では，解散命令を3回受ければ直ちに既遂に達するとする。

ワーク 22　演習問題

【問】　以下の記述のうち，誤っているものを一つ選びなさい。

【法学検定試験4級程度】

(1) 騒乱罪が成立するためには，一地方の平穏が現実に害されることが必要である。
(2) 内乱罪と異なり，騒乱罪には予備罪を処罰する規定はない。
(3) 騒乱罪の成立には主観的要件としての共同意思が必要である。
(4) 多衆不解散罪は真正不作為犯である。

(担当　末道康之)

Lesson 23　放　火　罪

1　総　説
(1)　公共の危険

　放火罪は**公共危険犯**であると一般に理解されている。**公共の危険**とは，不特定多数の人の生命，身体，財産に対する危険を意味するものと解されている。放火罪はその構成要件に放火行為および焼損を含むことから，火力による公共の危険を問題にするものといえる。そのかぎりで，個別の財産あるいは生命・身体の安全を保護するものではない。

　もっとも，108条および109条1項は公共の危険をその犯罪成立要件として要求していない。判例・通説はこれらの犯罪は**抽象的危険犯**であり，抽象的な危険の発生も要求されていないとする。放火による焼損の結果がいわば抽象的な公共の危険を擬制するものととらえるからである。これに対して，抽象的危険犯と解するとしても，なんらかの抽象的な公共の危険の発生が必要であるとの見解も有力である。いずれにせよ，公共危険犯と理解するため，一個の放火行為で複数の建造物を焼損しても放火罪は公共の危険の数に応じて，一罪しか成立しない。

　判例のなかには「静謐なる公共的利益の侵害」を問題にするものもある（大判大11・12・13刑集1巻754頁）が，公共の危険は社会的平穏とは異なるのであり，不特定多数の人あるいは財産に対する危険を問題とすべきである。この危険の判断について，判例・通説は一般人の感覚を基準として判断すべきであるとする。ただ，心理的な要素を問題にすることは，結局，放火罪を社会を騒がせたことについて処罰する犯罪にしてしまう可能性がある。それゆえ，公共の危険の有無は客観的に判断すべきである。

(2)　焼損の意義

　108条および109条1項の罪は**焼損**によって既遂に達する。また，109条2項

および110条の罪においても，焼損がその構成要件要素とされている。この焼損の概念については争いがある。

判例・通説は，**焼損**とは，犯人が点火した火が媒介物を離れ，燃焼の目的物に移り，独立して燃焼を継続する状態に達したことであるとする（**独立燃焼説**）。天井の板約30センチ四方を燃焼した場合にも焼損の結果が生じているとする（最判昭23・11・2刑集2巻12号1443頁）。この見解は，放火罪の公共危険罪としての性質を重視すべきことをその根拠とする。

独立燃焼説に対しては，既遂時期が早すぎ，中止犯の成立を認める余地がほとんどなくなるとの批判がある。そこで，火力によって目的物の重要な部分を失い，その本来の効用を喪失した時点を焼損とすべきであるとする**効用喪失説**が主張される。この見解は，財産的侵害の側面を重視するものであるが，公共危険罪としての側面を軽視する点に問題があるとの批判がある。また，目的物の主要部分が燃え上らなければならないとする**燃え上り説**，火力によって目的物が毀棄罪にいう損壊の程度に達する必要があるとする**毀棄説**が主張されている。しかし，いずれも公共危険罪としての放火罪の特質を説明するものとしては不十分である。

焼損概念について現在問題となっているのは，難燃性の素材で構成されている建築物についての放火である。このような建築物では，目的物が独立燃焼せずとも，その建築物の効用が害されたり，あるいは有毒ガスが発生して人の生命・身体の危険を生ぜしめることがありうる。鉄筋鉄骨コンクリートの建物に放火したが，コンクリート内壁表面のモルタルのはく離脱落，ダクトの塗料の焼損にとどまった事案では，放火の未遂とする判決がある（東京地判昭59・6・22刑月16巻5＝6号467頁）。「焼」損である以上，燃焼または目的物の燃焼に準じる高温状態が最低限必要であるとするのが妥当であろう。したがって，不燃性建築物でも，高温状態の継続により人の生命・身体に危険が発生するであろう事態により「焼損」を認めることができるといえる。なお，不燃性建築物と不可分一体化している可燃部分の独立燃焼状態が認められるときは，それにより「焼損」を認めることに問題はない（2(2)参照）。

2 現住建造物放火罪

> 第108条（現住建造物等放火） 放火して，現に人が住居に使用し又は現に人がいる建造物，汽車，電車，艦船又は鉱坑を焼損した者は，死刑又は無期若しくは5年以上の懲役に処する。

(1) 「現住」建造物の意義

　非現住建造物放火罪（109条）と現住建造物放火罪とでは法定刑に相当程度の差がある。たしかに**現在建造物**では，建造物内部にいる具体的な人の生命・身体に対する重大な危険が認められるのであり，刑の加重を説明することができる。では，**現住建造物**について加重根拠はどのように説明できるであろうか。たとえば，野中の一軒家で一人で住居に使用しているが，放火行為時にたまたま住人が不在で，かつ他の人の生命・身体・財産にもまったく危険が生じなかった場合に，本罪は成立するであろうか。

　判例によれば，**現住建造物**とは犯人以外の者が現に住居として使用する建造物をいう（大判昭9・9・29刑集13巻1245頁）。住居とは現に人の起臥寝食の場所として日常使用されるものをいい，昼夜間断なく人の現在することを要しない（大判大2・12・24刑録19輯1517頁）。そして，現住建造物であれば放火の時点において人が現在することは要しないとされるのである（大判昭4・2・22刑集8巻95頁）。住居であれば，いつ何時居住者や来訪者が中に立入り，放火により生命・身体に危険をこうむるかもしれないとの理由による。この点で，判例の理解によると，現住建造物放火罪は抽象的な公共危険犯であると同時に，建造物内部にいる可能性のある人の生命・身体についての抽象的危険犯でもあるということになる。

　ただ，上記事例のような場合についてまで現住建造物放火罪の成立を認めるとすると，抽象的な公共の危険も人の生命・身体に対する抽象的危険も擬制されたものでしかなくなる。そこで，現住建造物放火罪については，そこに居住する人の生活の拠点ないしは基盤を奪うことがその不法内容であるとの見解，さらには現住建造物とは生活の本拠であるとする見解がでてくる。これらの考えでは生活の拠点を保護するものとみることで，危険概念の擬制を回避するこ

とができる。

(2) 建造物の一体性

本罪の既遂となるには，現住建造物の焼損が必要であり，たとえ隣接した非現住建造物を焼損し，現住建造物への延焼可能性が高度に存在していも，現住建造物本体への焼損がない以上，未遂にとどまる。そこで，建造物の一部に現住性が認められるとき，その全体を現住建造物としてよいかということが問題となる。たとえば，マンションの空室に放火した場合，その部分に誰もいないし，居住していないことから，非現住建造物放火になるのか，それともマンション全体を一体として考え，現住建造物放火となるのであろうか。

耐火性建築物においても，延焼のおそれがまったくないとはいえないこと，有毒ガスの発生による人の生命・身体への危険の発生などを考慮して，現住建造物放火罪の成立を認める判例が多い（たとえば，東京高判昭58・6・20刑月15巻4＝6号299頁など）。延焼罪の規定が存する以上，物理的構造的一体性は必要となろう。この点，1階の商用部分と2階以上の居住部分に分離されているマンションで，1階の医院に放火した事案では，構造上，効用上の独立性から，非現住建造物放火罪としたものもある（仙台地判昭58・3・28刑月15巻3号279頁）。また，マンションのエレベーターのかごの壁面の一部を燃焼した事案では，現住建造物放火罪の成立が認められている（最決平元・7・7判時1326号157頁）。構造的にはマンションとの一体性があるものの，居室に比べ独立性はつよいのであるが，居住者の出入りに利用されていることによる人の生命・身体への危険を考慮したものと考えられる。

耐火性建築物では物理的一体性が認められる場合の内部における独立性が問題とされるが，物理的一体性それ自体が問題となる場合もある。社務所や守衛詰め所と回廊でつながれた平安神宮の祭具庫などに放火した事案で，物理的，機能的な一体構造であることを理由に，現住建造物放火罪とした判例（最決平元・7・14刑集43巻7号641頁）がある。

なお，物理的一体性が認められない場合には，現住建造物に延焼させる意図で非現住建造物に放火しただけのときは，現住建造物放火罪の未遂犯でしかない。

3 非現住建造物放火罪

> 第109条（非現住建造物等放火）① 放火して，現に人が住居に使用せず，かつ，現に人がいない建造物，艦船又は鉱坑を焼損した者は，2年以上の有期懲役に処する。
> ② 前項の物が自己の所有に係るときは，6月以上7年以下の懲役に処する。ただし，公共の危険を生じなかったときは，罰しない。
> 第111条（延焼）① 第109条第2項又は前条第2項の罪を犯し，よって第108条又は第109条第1項に規定する物に延焼させたときは，3月以上10年以下の懲役に処する。
> ② 前条第2項の罪を犯し，よって同条第1項に規定する物に延焼させたときは，3年以下の懲役に処する。

(1) 非現住建造物

本条の客体は人が現に住居に使用せず，かつ人が現に存在しない建造物等である。この場合，人とは犯人以外の者をいうから，居住者全員を殺害後に放火した場合，本罪が成立する。この規定は，人の生命・身体に対する直接的な危険ではなく，建造物等の財産的価値の保護を重視しているからである。

(2) 公共の危険とその認識

1項は公共の危険を要求しておらず，公共の危険がまったく発生しなかった場合でも，処罰すべきであるとするのが通説である。しかし，付近に誰もおらず，樹木等への引火のおそれもない山小屋のように，公共の危険がまったく発生していないときは，処罰すべきでないとの見解が有力である。

これに対して，2項は自己所有物に対する建造物の放火については，公共の危険の発生に処罰を依拠せしめている。このことから，109条2項の罪が成立するためには，**公共の危険の認識**が必要かどうかが議論される。同様に，110条も，その犯罪成立要件として公共の危険を要求していることから，同様の問題が生じる。理論的には，公共の危険を体系的にどのように位置づけるのかということが問題となる。また，**結果的加重犯**である延焼罪と故意犯である108条ないし109条1項との区別が実際的問題として議論される。

判例は公共の危険の認識を必要としないとの立場をとっている（大判昭6・7・

2刑集10巻303頁)。この理由として，公共の危険は108条ないし109条1項の客体への延焼する可能性を意味するから，その認識は109条ないし108条1項の故意にほかならないということが指摘される。この立場は109条2項における公共の危険を客観的処罰条件とすることにより理論的に基礎づけられることになる。

　これに対して，学説上は，公共の危険の認識を必要とする見解が多数である。109条2項の行為は本来違法行為ではなく，公共の危険によってはじめて違法となり，犯罪性を具備することから，具体的危険犯として構成すべきであることを理由とする。108条，109条1項の故意との区別については，公共の危険の発生についての予見はあるが延焼を容認することのない心理状態，または，一般人をして延焼の危惧感を与えることの認識を109条2項の公共の危険の認識とすることによって解決されるとする。しかし，その限界の不明覚さは否めない。もっとも，公共の危険は不特定多数の人の生命，身体または財産への危険をいうのであるから，必ずしも建造物への延焼可能性だけを公共の危険とする必要はなく，109条2項は主として不特定多数人への直接的な危険を問題にしていると解すれば，限界は明確になるが延燃の危険の認識があるときに，108条の故意を認めることに変りはない。

4　非建造物放火罪

> 第110条（建造物等以外放火）　①　放火して，前2条に規定する物以外の物を焼損し，よって公共の危険を生じさせた者は，1年以上10年以下の懲役に処する。
> ②　前項の物が自己の所有に係るときは，1年以下の懲役又は10万円以下の罰金に処する。

(1)　客　体

　本罪は108条および109条以外の客体についての放火を処罰する。形式的には有体物すべてを含みうるが，マッチ棒やごく少量の紙片，油など，他の物体に対する点火の媒介物として用いられ，それ自体の焼損では公共の危険の発生がありえないような物は除外される。

(2) 公共の危険

判例は，本条においても公共の危険の認識を不要とする。暴走族のリーダーが，対立する暴走族のオートバイを焼損するよう仲間に命じたが，その仲間が家屋のそばでオートバイを焼損させ公共の危険を発生させた事案で，具体的な公共の危険の発生の認識を欠くリーダーに放火罪の共謀共同正犯の成立を認めた（最判昭60・3・28刑集39巻2号28号）。この場合，本条の罪を結果的加重犯として構成し，公共の危険を加重結果とすることによって，理論的に理由づけることができる。

しかしながら，109条2項の場合と同様，学説上は公共の危険を**具体的危険犯**における結果として理解し，公共の危険の認識を要求する見解が多数である。公共の危険の発生がない場合，その実質的違法は器物損壊であり，それを公共危険罪の基本犯とすることは妥当でないこと，本条が器物損壊罪より重い法定刑を構成する理由が公共の危険の認識にある以上，その認識を要求すべきであるなどを理由とする。

ワーク 23　演習問題

【問】 次のうちもっとも適切なものはどれか。　　【法学検定試験3級程度】
(1) 山中の一軒家である他人の居宅を焼損した場合，およそ公共の危険は発生しえないので，現住建造物放火罪は成立しない。
(2) 他人の居宅を焼損させようとして隣接する空き家に放火したが，その居宅には燃え移らなかった場合，現住建造物放火未遂罪が成立する。
(3) 繁華街の路上に駐車していた不法駐車の自動車を焼損させるつもりで放火したところ，自動車が爆発炎上したため，付近の商店に延焼した場合，延焼罪が成立する。
(4) 鉄筋鉄骨コンクリートづくりのマンションの地下駐車場の自動車に放火し，炎上させ，地下駐車場内を高温で燃焼させたが，駐車場の内壁をはく離させ，配管等を焼損させたときは，現住建造物放火罪の既遂が成立する。

(担当：石井徹哉)

Lesson 24　出水および水利に関する罪

1　総説

保護法益　刑法典第10章は，**出水に関する罪**（**出水罪**）として現住建造物等浸害罪（119条），非現住建造物等浸害罪（120条），水防妨害罪（121条），過失建造物等浸害罪（122条）および出水危険罪（123条後段）を，**水利に関する罪**として水利妨害罪（123条前段）の規定を設けている。このうち，出水罪は，水力によって公衆の生命，身体，財産に危険を及ぼす公共危険罪であり，火力による公共危険罪である放火・失火罪と類似した性格を持つ。出水罪と放火罪とは規定の方式についても客体に応じて構成要件を個別化したり，抽象的公共危険犯と具体的公共危険犯の区別をするなど同様の部分が多いため，出水罪を勉強するにあたっては放火罪の解説も参照してほしい。また，出水罪も基本的には社会的法益に対する罪であるが，副次的に財産犯（毀棄罪）的側面も有している。とくに非現住建造物等浸害罪をみると，公共の危険を生じたときでも，自己の所有物に対する浸害は，それが差押え・物件・賃貸・保険の客体になっていなければ処罰されない点（120条2項）で，公共の危険を生じれば処罰される放火罪と比べて個人的法益である財産犯的色彩が一層濃い犯罪といえよう。

　これに対して，水利妨害罪の方は，個人の財産権の一種である水利権を保護法益とする個人的法益に対する罪である。水利の妨害となるべき行為をすれば公共の危険を生ずる場合が多いが，公共危険罪ではない。しかし，その手段が出水罪と共通しているので，両罪は併せて規定されているのである。

2　現住建造物等浸害罪

　第119条（現住建造物等浸害）　出水させて，現に人が住居に使用し又は現に人がいる建造物，汽車，電車又は鉱坑を浸害した者は，死刑又は無期若しくは3

> 年以上の懲役に処する。

　本罪は，手段に出水と放火の違いはあるものの，放火罪における現住建造物等放火罪（108条）に相当するもので，具体的な公共の危険の発生を要件としない抽象的公共危険犯である。本罪は日本国民が国外において犯した場合も処罰される（3条2号）。

(1) 客　　体

　艦船が除かれている以外は，108条と同じである。

(2) 行　　為

　「**出水させて**」とは，人の管理・制圧下にある水の自然力を解放して氾濫させる一切の行為を意味し，ダムや堤防を決壊させる行為，水流をせき止める行為等解放の方法・手段を問わない。すでに河水が氾濫し辺り一面浸水状態になっていても，堤防を決壊したためにさらに水量が増加して家屋を浸害した場合は本罪にあたる（大判明44・11・16刑録17輯1987頁）。「**浸害**」とは，水力により客体の流失・損壊し，またはその効用を害すること（一時的なものを含む）をいう。なお，出水させても客体を浸害するに至らない場合は本罪ではなく，123条後段の出水危険罪が成立するにとどまる。

3　非現住建造物等浸害罪

> 第120条（非現住建造物等浸害）　①　出水させて，前条に規定する物以外の物を浸害し，よって公共の危険を生じさせた者は，1年以上10年以下の懲役に処する。
> ②　浸害した物が自己の所有に係るときは，その物が差押えを受け，物権を負担し，賃貸し，又は保険に付したものである場合に限り，前項の例による。

(1) 客　　体

　119条の客体以外の物を浸害する罪である。本罪は非現住建造物等放火罪（109条），建造物等以外放火罪（110条）に相当する規定であるが，自己所有物以外の物の浸害についても公共危険の発生を要件とする具体的公共危険犯である

点，自己所有物に対する浸害の場合は，差押えを受け，物権を負担し，賃貸し，または保険に付したもの以外は処罰されない点で放火罪の場合よりも処罰範囲が狭い。

(2) **公共の危険の発生**

本条の「公共の危険を生じさせた」とは，出水させて本条所定の物権を浸害するにとどまらず，その結果119条に規定する物件に波及して不特定の多数人をしてその生命，身体，財産につき危険を感じさせる状態をいうとされている（大判明44・6・22刑録17輯1242頁。判例にあらわれた事案では，堤防を決壊して出水させ，他人所有の田畑を浸害し，よって他人の住家を流失の危険にさらしたというものであった。大審院は，現に流失の危険にさらされた家屋が1戸であっても，その程度が不特定の多数人をして危難を感じせしむべき性質のものであれば公共の危険の発生があったとみてよいと判示している）。本罪においても，109条2項や110条と同様，具体的公共危険犯の場合には公共の危険の発生についての認識が必要か否かが問題になるが，判例は不要説，学説の多くは必要説の立場である（この点に関しても放火罪の解説を参照のこと）。

4　水防妨害罪

> 第121条（水防妨害）　水害の際に，水防用の物を隠匿し，若しくは損壊し，又はその他の方法により，水防を妨害した者は，1年以上10年以下の懲役に処する。

本罪は消火妨害罪（114条）に相当し，水防とは水害を防止することを意味する。水防を妨害する一切の行為が水防妨害行為にあたる。水防用の物とは，水防のように供しうる一切の物であり，公有物であると私有物であるとを問わず，さらに自己の所有物であると他人所有の物であるとを問わない。また，本罪の成立には，行為の状況として，「**水害の際**」であることを要する。水害とは，水が氾濫し公共の危険が生じている状態のことをいい，人為的なものか自然災害かを問わない。水害発生以前の水防器具等の損壊等は本罪ではなく，水防法によって処罰される。水防用の物の隠匿，損壊，その他の方法による水防妨害

行為によって本罪が成立するが，現に水防活動が妨害されたことを要しないとするのが通説である（大塚仁。反対であるのは平川宗信）。

5 過失建造物等浸害罪

> 第122条（過失建造物等浸害）　過失により出水させて，第119条に規定する物を浸害した者又は第120条に規定する物を浸害し，よって公共の危険を生じさせた者は，20万円以下の罰金に処する。

本罪は失火罪 (116条) に相当する。ただし，自己所有以外の物を浸害した場合にも公共危険の発生を要する点，業務上過失，重過失といった刑の加重規定がない点が失火罪の場合と異なる。本条前段の過失建造物等浸害罪は抽象的公共危険犯，後段の過失非建造物等浸害罪は具体的公共危険犯であって，それぞれの故意犯である119条・120条に対応している。

6 出水危険罪

> 第123条後段（出水危険）　堤防を決壊させ，水門を破壊し，その他出水させるべき行為をした者は，2年以下の懲役若しくは禁錮又は20万円以下の罰金に処する。

「**出水させるべき行為**」とは，出水の危険を生じる程度の行為であり，堤防の決壊，水門の破壊はその例示である。現に出水しなくても本罪は成立する（大阪地判昭43・4・15下刑集10巻4号393頁）。119条および120条の未遂・予備にあたる行為も本罪に該当する。

7 水利妨害罪

> 第123条前段（水利妨害）　堤防を決壊させ，水門を破壊し，その他水利の妨害となるべき行為をした者は，2年以下の懲役若しくは禁錮又は20万円以下の罰

金に処する。

(1) 保護法益

本罪は水利権を侵害する罪であるが，現に水利が妨害されたことを要しない。水利権のない者に対しては本罪は成立しないとするのが通説・判例である（団藤重光，大塚仁，大判昭7・4・11刑集11巻337頁。反対であるのは前田）。**水利**とは，水の利用一般をいうが，水道による飲料水の利用や水上交通上の水の利用は本罪の保護法益ではなく，それぞれ水道損壊罪（147条）や往来危険罪（124条）の保護の対象となる。

(2) 行　為

「**水利の妨害となるべき行為**」とは堤防の決壊，水門の破壊のほか，水流の閉塞・変更，貯水の流失（大判昭9・5・17刑集13巻646頁）等がこれにあたる。なお，本罪は財産権の一種である**水利権**を保護法益とする個人的法益に対する罪であるので，被害者の承諾があれば違法性が阻却され，本罪は成立しない。

ワーク 24　演習問題

【問】　以下の記述のうち，正しいものを一つ選びなさい。

【法学検定試験3級程度】

(1)　故意に堤防を破壊して他人の田畑を浸害した場合に非現住建造物等浸害罪が成立するには，その物件を浸害すれば足り，その結果119条に規定する物件に波及して不特定多数人をして，その生命・身体・財産に危険を感じさせる状態になることを要しない。

(2)　水防を妨害した場合は常に水防妨害罪は成立する。

(3)　故意に出水させても，現住建造物を浸害するに至らなかった場合は123条後段の出水危険罪が成立する。

(4)　堤防工事中作業員が過失により出水させて，他人の住居を浸水させた場合は業務上過失建造物等浸害罪が成立する。

(担当：北川佳世子)

Lesson 25　往来を妨害する罪

1　総説

　保護法益　刑法典第11章に規定される「往来を妨害する罪（往来妨害罪）」は，交通ないし交通機関の安全を侵害する犯罪である。本罪の保護法益は，交通機関を利用する公衆の生命・身体・財産であり，放火罪，出水罪等と同様，公共危険罪である。刑法典中の規定は，立法当時に存在した汽車，電車，艦船等の重要な交通機関の安全に関する規定のみであり，十分とはいえない。自動車，航空機等，その後に発達した交通機関については，道路交通法，道路運送車両法，航空の危険を生じさせる行為等の処罰に関する法律等の特別法に規定がある。

2　往来妨害罪・同致死傷罪

> 第124条（往来妨害及び同致死傷）　①　陸路，水路又は橋を損壊し，又は閉塞して往来の危険を生じさせた者は，2年以下の懲役又は20万円以下の罰金に処する。
> ②　前項の罪を犯し，よって人を死傷させた者は，傷害の罪と比較して，重い刑により処断する。

(1) 客体

　客体は，陸路，水路，橋である。公有か私有かを問わず，公衆の用に供されているものをいう。「**陸路**」とは，公衆の通行に用いられる陸上の通路，すなわち道路の意味である。「**水路**」とは，船舶等の航行に用いられる河川，運河，港口などをいう。「**橋**」とは，公衆の通行に用いられる陸橋，桟橋等である。

(2) 行為

　行為は，損壊および閉塞である。「**損壊**」とは，物理的な毀損，「**閉塞**」とは，

障害物により道路等を塞ぐ（遮断する）ことである。道路を部分的に遮断するに過ぎない場合でも，陸路の閉塞に当たる（最決昭59・4・12刑集38巻6号2107頁）。「往来の妨害」とは，損壊または閉塞行為によって，人や車両の通行を不可能又は著しく困難にすることをいう。本罪は公共危険犯であるから，現実に往来が妨害されたという結果の発生は必要とされない。本罪の未遂は処罰される（第128条）。

(3) 往来妨害致死傷罪

124条2項の往来妨害致死傷罪は，同条1項の往来妨害罪の結果的加重犯である。往来妨害の結果人が死傷したことが必要であり，損壊または閉塞行為自体から人の死傷結果が生じた場合は含まれないとするのが，通説である（団藤重光，大谷實，中森喜彦，西田典之，林幹人等）。

3 往来危険罪

> 第125条（往来危険） ① 鉄道若しくはその標識を損壊し，又はその他の方法により，汽車又は電車の往来の危険を生じさせた者は，2年以上の有期懲役に処する。
> ② 灯台若しくは浮標を損壊し，又はその他の方法により，艦船の往来の危険を生じさせた者も，前項と同様とする。

(1) 行　為

鉄道もしくはその標識を損壊し，またはその他の方法により，汽車または電車の往来の危険を生じさせる行為，および，灯台もしくは浮標を損壊し，またはその他の方法により，艦船の往来の危険を生じさせる行為である。

「汽車」，「電車」とは，蒸気，電力により軌道上を走行する交通機関である。軌道上を走行するという共通点から，汽車にはガソリンカー，ディーゼルカーを含み（大判昭15・8・22刑集19巻540頁），電車にはモノレールやケーブルカー等も含まれる。しかし，軌道上を走行しないトロリーバス，ロープーウェイ等は含まれない。「鉄道」とは，線路だけでなく，汽車，電車の運行に必要な一切の施設をいい，枕木，トンネル等を含む。「標識」とは，汽車，電車の走行に必要な信号機等の標示物をいう。「その他の方法」とあるので，方法に限定は

なく，線路上に障害物を置く行為，無人電車を暴走させる行為（最判昭和30・6・22刑集9巻8号1189頁＝三鷹事件），正規ダイヤによらない電車の運行（最判昭和36・12・1刑集15巻11号1807頁＝人民電車事件）等も含む。

「灯台」とは，艦船の航行用の燈火による標識であり，「浮標」とは，「ブイ」と呼ばれる水上の標示物をいう。「艦船」とは軍用船および船舶一般を指し，小型船やモーターボート等も含まれる。

本罪の成立には，「往来の危険」を生じさせたことが必要であり，具体的危険犯である。

4 汽車転覆等の罪・同致死罪

> 第126条（汽車転覆等及び同致死）　①　現に人がいる汽車又は電車を転覆させ，又は破壊した者は，無期又は3年以上の懲役に処する。
> ②　現に人がいる艦船を転覆させ，沈没させ，又は破壊した者も，前項と同様とする。
> ③　前2項の罪を犯し，よって人を死亡させた者は，死刑又は無期懲役に処する。

(1) 汽車転覆等の罪（1，2項）

客体は，犯人以外の人が現在する汽車，電車，艦船である。走行中のほか，停車・停泊中のものも含むが，修理中のものは含まれない（大塚仁，大谷，中森，西田等）。人が現在する時期については，①実行の開始時とする説（大判大12・3・15刑集2巻210頁），②結果発生時とする説（団藤，内田文昭，林），③実行開始時から結果発生時のいずれかの時点とする説（大塚，大谷，中森，西田）が対立している。

行為は，汽車・電車の転覆・破壊，艦船の転覆・沈没・破壊である。「破壊」とは，「汽車または電車の実質を害して，その交通機関としての全部または一部を失わせる程度の損害をいう」（最判昭和46・4・22刑集25巻3号530頁＝横須賀線電車爆破事件）。「転覆」，「沈没」は横転することであり，単なる脱線，座礁では足りない。ただし，判例は，漁船を座礁させ，バブルを開いて海水を流入させ航行能力を失わせた事案について，「破壊」にあたるとした（最決昭和55・12・9刑集34巻7号513頁）。

(2) 汽車転覆等致死罪（3項）

3項は，1項，2項の罪の結果的加重犯である。汽車・電車の転覆・破壊，艦船の転覆・沈没・破壊の結果人が死亡したことが要件であるから，1項，2項の罪が未遂に終わった場合は適用がない。転覆・破壊等の行為自体から人が死亡した場合は含まれないとするのが学説上の多数説（平野龍一，大谷，中森，西田，林）であるが，含むとする裁判例がある（東京高判昭45・8・11高刑集23巻3号524頁）。「人を死亡させた」の「人」について，車船内の人に限るとする説（中山研一，曽根，中森）と，たとえば駅のホーム等その周囲にいた人も含むとする説（団藤，大塚，大谷，西田，前田，林，前掲最判昭和30・6・22＝三鷹事件）とが対立している。

殺意をもって電車，艦船等を転覆・破壊させ，人を死亡させた場合は，①本罪のみが成立し，死亡結果が生じなかった場合は，刑の均衡上126条1項，2項の罪と殺人未遂罪の観念的競合とする説（中山，大谷，西田，前田，林），②殺人罪と本罪（126条3項）の観念的競合とする説（団藤，香川達夫），③126条1項または2項と殺人罪または殺人未遂罪の観念的競合する説（大塚）が対立している。

5　往来危険による汽車転覆等の罪

> 第127条（往来危険による汽車転覆等）　第125条の罪を犯し，よって汽車若しくは電車を転覆させ，若しくは破壊し，又は艦船を転覆させ，沈没させ，若しくは破壊した者も，前条の例による。

本罪は，往来危険罪（125条）の結果的加重犯である。汽車，電車内に人が現在することを要するか否かについては，①第126条で人の現在性が要件とされているのだから，本罪においても人の現在性を要するという必要説（団藤，平野，中森，西田，前田）と，②法文上とくに人の現在性が要件とされていないので，不要であるとする不要説（内田，大谷）とが対立している。

往来危険による汽車転覆等の結果，人を死亡させた場合，126条3項の適用があるか否かについて，肯定説（前掲最判昭和30・6・22＝三鷹事件，内田，大谷）と否定説（団藤，平野，中森，前田，西田）とが対立している。

6　過失往来危険罪

> 第129条（過失往来危険）① 過失により，汽車，電車若しくは艦船の往来の危険を生じさせ，又は汽車若しくは電車を転覆させ，若しくは破壊し，若しくは艦船を転覆させ，沈没させ，若しくは破壊した者は，30万円以下の罰金に処する。
> ② その業務に従事する者が前項の罪を犯したときは，3年以下の禁固又は50万円以下の罰金に処する。

(1) 過失往来危険罪・過失汽車等転覆・破壊罪（1項）

　過失による往来危険罪，過失による汽車等転覆等の罪を処罰する規定である。汽車，電車等に人が現在することは必要でない。本罪の結果，人が死傷した場合は，本罪と過失致死傷罪との観念的競合となる。

(2) 業務上過失往来危険罪・業務上過失汽車等転覆・破壊罪（2項）

　主体は，「その業務に従事する者」であり，直接または間接に，汽車，電車または艦船の運行業務に従事・関与する者をいう。たとえば，運転手，乗務車掌，船長，保線係等である。

ワーク 25　演習問題

【問】　以下の行為のうち，往来危険罪（125条）にあたるものを選びなさい。
(1)　道路を障害物で遮断する行為
(2)　正規の運転ダイヤによらないで，電車を運行させる行為
(3)　空港の滑走路に障害物を置く行為
(4)　人が乗っている電車に投石し，窓ガラスを損壊する行為
(5)　電車の信号用の電気回路を切断する行為

(担当：島岡まな)

Lesson 26　公衆の健康に関する罪

1　総　説

　刑法典の中で**公衆の健康に対する罪**を規定するのは，第14章のあへん煙に対する罪と第15章の飲料水に関する罪である。いずれも個人の生命・身体を直接の保護法益とするのではなく，不特定多数の人々の健康を保護するためにある公共危険罪である。

　ところで，現行の公衆の健康に対する罪のほとんどは刑法典以外の法律に定められており，たとえば，同じく公衆の健康を守るために薬物の濫用を防止する目的をもつとはいえ，あへん煙以外の各種規制薬物については覚せい剤取締法，大麻取締法，あへん法，麻薬及び向精神薬取締法（これらを総称して薬物四法という）によって規制され，さらに近年では，暴力団等が薬物の不正取引によって得る薬物犯罪収益をはく奪するために，国際的な協力の下に規制薬物に係る不正行為を助長する行為等の防止を図るための麻薬及び向精神薬取締法等の特例等に関する法律（略して，麻薬特例法という）も立法されている。薬物犯罪を処罰するために現在実際に適用されているのは，ほとんどはこうした特別刑法である。その他，毒物等については毒物及び劇物取締法等が，公害・環境犯罪については人の健康に係る公害犯罪の処罰に関する法律や水質汚濁防止法等の各種環境規制法等があり，刑法典中の公衆の健康に対する罪が適用される事例は非常に少ない現状にある。

2　あへん煙に関する罪
(1)　あへん煙等の輸入・製造・販売・所持罪

> 第136条（あへん煙輸入等）　あへん煙を輸入し，製造し，販売し，又は販売の目的で所持した者は，6月以上7年以下の懲役に処する。

> 第137条（あへん煙吸食器具輸入等）　あへん煙を吸食する器具を輸入し，製造し，販売し，又は販売の目的で所持した者は，3月以上5年以下の懲役に処する。
>
> 第138条（税関職員によるあへん煙輸入等）　税関職員が，あへん煙又はあへん煙を吸食するための器具を輸入し，又はこれらの輸入を許したときは，1年以上10年以下の懲役に処する。
>
> 第140条（あへん煙等所持）　あへん煙又はあへん煙を吸食するための器具を所持した者は，1年以下の懲役に処する。

(a) 行為　あへん煙またはあへん煙を吸食するための器具を輸入，製造，販売，または販売目的で所持する行為を罰する。未遂も処罰される（141条）。**あへん煙**とは，けしの液汁が凝固したもの（生あへん）を吸食できるように加工したもの（いわゆる，あへん煙膏）であり，あへん煙以外のあへん（生あへん等）はあへん法で規制されている（あへん法3条2号）。**あへん煙を吸食する器具**とは，あへん煙を吸うための煙管等の器具を指す。

(b) 輸入　輸入罪がどの時点で既遂に達するかについては学説上争いがあり，領空・領海線を突破すれば既遂に至るとする領海説，税関線を突破しなければ既遂に達しないとする通関説，密輸入の形態毎に既遂時期が異なるとする個別化説もあるが，通説・判例は，あへん煙等輸入罪の保護法益である公衆の健康に対する危険はあへん煙等を領土に陸揚げまたは取り降ろした段階で発生するものと解している（陸揚説，大判昭8・7・6刑集12巻1125頁）。そして，これに合わせて，陸揚げに密接する行為が開始され，陸揚げに向けての現実的危険性が生じたときに未遂犯が成立するとしている。なお，薬物四法上の輸入罪規定とは異なり，本罪には予備や国外犯処罰規定はない。

(c) 所持　あへん煙またはあへん煙を吸食するための器具を所持した場合，販売目的の所持は136条・137条により，販売目的以外の所持（単純所持という。たとえば，自己使用のための所持等）は140条により処罰される。**所持**とは，人が物を保管する実力支配関係を内容とする行為であり（最大昭30・12・21刑集14巻2946頁参照），自分で直接物を管理・支配する場合のほか，物を直接所持している他人を通して間接的に物を管理・支配する場合も含まれる。

(d) 身分犯規定　**税関職員**があへん煙等を輸入した場合は刑が加重される。138条前段は不真正身分犯である。また，同条後段により，税関職員は輸入を許可した場合も処罰される。後段は税関職員のみが犯し得る真正身分犯である。

(2) あへん煙の吸食・場所提供罪

> 第139条（あへん煙吸食及び場所提供）　① あへん煙を吸食した者は，3年以下の懲役に処する。
> ② あへん煙の吸食のため建物又は室を提供して利益を図った者は，6月以上7年以下の懲役に処する。

本条1項はあへん煙を吸食する行為を処罰する。**吸食**とは，あへん煙を呼吸器または消化器によって消費することをいう。被害者自身が行為者であるため，薬物の自己使用や自己使用目的の所持に刑事罰を科すことの当否が問題にされることもあるが，ここでは，あへん煙の依存性・有害性を鑑み，被害者の自己決定権よりもパターナリズム（国家による保護）の見地を重視するとともに薬理作用による他害行為の防止が処罰根拠とされている。これに対して，2項はあへん煙の吸食のための場所を提供して利益を得る行為を処罰するが，他人の健康を犠牲にして利益を図る点でより当罰性が高い。現実に利益を得たことを要しない。いずれの未遂も処罰される（141条）。

3　飲料水に関する罪
(1) 浄水汚染・水道汚染罪

> 第142条（浄水汚染）　人の飲料に供する浄水を汚染し，よって使用することができないようにした者は，6月以下の懲役又は10万円以下の罰金に処する。
> 第143条（水道汚染）　水道により公衆に供給する飲料の浄水又はその水源を汚染し，よって使用することができないようにした者は，6月以上7年以下の懲役に処する。

(a) 客体　142条の客体は**人の飲料に供する浄水**である。不特定または多

数人の飲用に供せられる水に限られるので（大判昭8・6・5刑集12巻736頁），たとえば，特定の少人数の者だけが利用する飲料水は本罪の客体にはならない。**浄水**とは，人の飲用に供し得る程度の水を意味する。143条は水道により公衆に供給する飲料の浄水またはその水源をとくに厚く保護するための規定である。水道や水源の水が汚染された場合は影響を被る人々の数が格段に多いからである。

　(b)　行為　　汚染して使用できない状態にする行為を処罰する。本罪の成立には，浄水の清浄な状態を失わせただけでなく，**人の飲用に適さない状態**にすることが必要である。もっとも，飲用に適さない状態とは，物理的・生理的に飲めない状態に達している必要はなく，心理的に飲めない程度であれば足りるとするのが通説・判例の立場である。判例には，井戸水に食用紅を混入させて薄赤色に混濁させ，飲用を心理的に不能にした場合に浄水汚染罪の成立を認めたものがある（最判昭36・9・8刑集15巻8号1309頁）。このように健康に無害な場合であっても本罪の成立を認めるのであれば，本罪は公衆の健康に対する危険罪としての性格を有するだけでなく，浄水利用妨害罪としての側面もあることを肯定しなければならない（平川宗信）。なお，行為者の故意にも，単に汚染することだけでなく，使用できなくすることまでの認識が必要である。

　浄水汚染・水道汚染の罪を犯した結果，人を死傷させた場合は，145条により，傷害の罪に比較して，重い刑により処断される。通説によると，145条の致死傷罪は結果的加重犯であるので死傷の故意がある場合を含まず，行為者が死傷結果を認識していた場合には，浄水汚染・水道汚染の罪と殺人・傷害の罪が成立し，観念的競合になる。

(2)　浄水毒物混入・水道毒物混入罪

第144条（浄水毒物等混入）　人の飲料に供する浄水に毒物その他人の健康を害すべき物を混入した者は，3年以下の懲役に処する。
第146条（水道毒物等混入及び同致死）　水道により公衆に供拾する飲料の浄水又はその水源に毒物その他人の健康を害すべき物を混入した者は，2年以上の有期懲役に処する。よって人を死亡させた者は，死刑又は無期若しくは5年以上の懲役に処する。

(a) 客体　(1)と同じ。
(b) 行為　毒物その他人の健康を害すべき物を混入する行為を処罰する。**健康を害すべき物**とは，その飲用によって人の健康状態を不良に変更する性質をもつ一切の物質（性質上の有害物）を意味する。本罪の成立には，混入によって浄水を人の健康を害すべき程度に至らせたことが必要だが，現に人の健康を害したことは要しない（大判昭3・10・15刑集7巻665頁）。

　144条の浄水毒物混入の罪を犯した結果，現に人が死傷した場合は，145条により，傷害の罪に比較して，重い刑により処断される。145条は浄水汚染等の罪の結果的加重犯であるので故意のある場合を含まないとするのが通説である。これに対して，殺意をもって146条前段の水道毒物混入罪を犯した場合については，146条前段と殺人罪または殺人未遂罪の観念的競合になるとする説（大塚仁・各論）もあるものの，146条後段が殺人罪より重い法定刑を定めていることを鑑み，146条後段は殺意のある場合も併せて規定したものであると解する立場が通説である（団藤重光，前田雅英。さらに通説の中で，殺意のある場合は146条後段のみが成立するのか，それとも199条も成立して両罪は観念的競合になるのかについての争いもある。詳しくは大コンメンタール刑法第5巻〔古江頼隆〕384頁以下参照）。なお，146条後段は致死結果の発生する場合しか規定していない。そこで，水道毒物混入罪を犯して致傷の結果が発生した場合，水道毒物混入罪のほかに傷害罪・過失傷害罪も成立するかが問題になるが，通説は否定的である。

4　水道損壊罪

> 第147条（水道損壊及び閉塞）　公衆の飲料に供する浄水の水道を損壊し，又は閉塞した者は，1年以上10年以下の懲役に処する。

　本罪は，公衆の飲料に供する浄水の水道を損壊し，または閉塞する行為を罰する。**閉塞**とは有形の障害物で水道を遮断することであり，単に水道の制水弁を操作して閉鎖することにより送水を遮断しただけでは未だ水道の閉塞にはあたらない（大阪高判昭41・6・18下刑集8巻6号836頁）。さらに，損壊または閉塞により，給水を不能または著しく困難にする程度のものが必要であるとされてい

る（前田）。

> ワーク 26　演習問題

【問】　以下の記述のうち，正しいものを一つ選びなさい。
【法学検定試験3級程度】
(1)　清涼飲料水に青酸カリを混入すれば，浄水毒物混入罪が成立する。
(2)　浄水を食用紅で染めても物理的に飲める状態にあれば浄水汚染罪は成立しない。
(3)　あへん煙を直接携帯する場合以外は，あへん煙所持罪は成立しない。
(4)　あへん煙等の輸入罪は，あへん煙等を船舶から陸揚げし，あるいは航空機から取り降ろすことによって既遂に達する。

（担当：北川佳世子）

第2章　公共の信用に関する罪

Lesson 27　通貨偽造罪

第148条（通貨偽造）　① 行使の目的で，通用する貨幣，紙幣，又は銀行券を偽造し，又は変造した者は，無期又は3年以上の懲役に処する。
② 偽造又は変造の貨幣，紙幣又は銀行券を行使し，又は行使の目的で人に交付し，若しくは輸入した者も，前項と同様とする。
第151条（未遂罪）　未遂を罰する。

1　総　説
(1)　保護法益

　通貨偽造罪の保護法益は，通貨の真正に対する公共の信用，ひいては取引の安全である。国家的法益である**通貨高権**（発行権）も保護法益に含むかどうかについては争いがあるが，認めるとしても副次的な法益にとどまるであろう。

　通貨偽造罪は，公共の信用（取引の安全）に対する罪に分類される通貨偽造罪，文書偽造罪，有価証券偽造罪，印章偽造罪の中で刑罰が最も重く，通貨の偽造・変造だけでなく，その行使，交付・輸入行為，偽造通貨収得，収得後知情行使，通貨偽造準備行為をも広く処罰している。また，外国人が外国で犯した場合にも適用される（2条）。通貨偽造罪に至らない行為でも，「通貨及び証券模造取締法」によって処罰されることがありうる。

2 通貨偽造罪，偽造通貨行使罪

(1) 客　体
通貨偽造罪の客体は，「通用する貨幣，紙幣又は銀行券」である。

(2) 偽造行為
通貨偽造とは，権限のない者が，**真正の通貨**であると人々が誤信するほどの外観を有するものを新たに作り出すことである。変造とは，真正の通貨に変更を加え，通貨の外観を有するものを作ることである。たとえば，千円札の表示を改ざんして五千円札とする行為は変造となる。ただし，真正の通貨を使用して別個の通貨を新たに作り出す場合は，変造ではなく偽造となる。

(3) 行使等
行使とは，真正な通貨として流通に置くことをいう。賭博の賭金に使用するのは行使であるが，自己の資産状態を信用させるための「**見せ金**」に使用することは，流通に置くのではないから行使とはならない。行使の目的は，自己のみならず，他人をして流通に置かせる目的をも含む（最判昭34・6・30刑集13巻6号985頁）。交付とは，偽貨であるという事情を知る者に交付することをいう。

(4) 真貨の存在
本罪の成立には，偽貨に対応する真貨が存在することが必要であるか否かに関しては，条文の「通用する」と言う文言を根拠とする必要説と「一般人が真貨であると誤信する程度のものでよい」とする不要説とが対立しているが，不要説が通説である。

3　外国通貨偽造罪，偽造外国通貨行使罪

> 第149条（外国通貨偽造及び行使等）　①　行使の目的で，日本国内に流通している外国の貨幣，紙幣，又は銀行券を偽造し，又は変造した者は，2年以上の有期懲役に処する。
> ②　偽造又は変造の外国の貨幣，紙幣，又は銀行券を行使し，又は行使の目的で人に交付し，若しくは輸入した者も，前項と同様とする。
> 第151条（未遂罪）　未遂を罰する。

(1) **客　体**

本条の客体は，「日本国内に流通している外国の貨幣，紙幣又は銀行券」である。

(2) **偽造，変造，行使等**

通貨偽造罪と同様である。

4 偽造通貨収得罪，収得後知情行使罪

> 第150条（偽造通貨等収得）　行使の目的で，偽造又は変造の貨幣，紙幣，又は銀行券を収得した者は，3年以下の懲役に処する。
> 第151条（未遂罪）　貨幣，紙幣，又は銀行券を収得した後に，それが偽造又は変造のものであることを知ってこれを行使し，又は行使の目的で人に交付した者は，その額面価格の3倍以下の罰金又は科料に処する。ただし，2千円以下にすることはできない。

収得とは，偽貨であると知りつつ自己の所持に移すことをいう。「行使」の準備段階の行為を早くから処罰する規定である。収得後知情行使罪の法定刑が非常に低い理由は，偽貨の取得によって生じる損害を他人に転嫁しようとする行為は，適法行為の期待可能性が低いことを考慮したものといわれている。

5 通貨偽造準備罪

> 第153条（通貨偽造等準備）　貨幣，紙幣又は銀行券の偽造又は変造の用に供する目的で，器械又は原料を準備した者は，3月以上5年以下の懲役に処する。

通貨偽造罪の予備または幇助にあたる行為の一部を独立罪として規定したものである。

ワーク 27　演習問題

【問】　以下の記述のうち，正しいものを一つ選びなさい。

【法学検定試験3級程度】

(1)　偽造通貨を使用したペンダントを作り，他人に贈る行為は，偽造通貨行使罪を構成する。

(2)　高価な絵画を詐取するために「見せ金」の目的で通貨を偽造した場合，通貨偽造罪が成立する。

(3)　教師が数学の教材に使用するために，本物そっくりの紙幣を多量に作る行為は，通貨偽造罪を構成する。

(4)　偽造の500円硬貨を自動販売機に投入して飲み物を取得する行為は，偽造通貨行使罪を構成する。

(担当：島岡まな)

Lesson 28　有価証券偽造罪

> 第162条（有価証券偽造等）①　行使の目的で，公債証書，官庁の証券，会社の株券その他の有価証券を偽造し，又は変造した者は，3月以上10年以下の懲役に処する。
> ②　行使の目的で，有価証券に虚偽の記入をした者も，前項と同様とする。

1　総　説
(1)　保護法益

有価証券偽造罪の保護法益は，有価証券に対する公共の信用である。有価証券は権利・義務に関する文書の一種だが，現代社会においては経済的取引手段として，通貨に近い重要な機能を果たしている。そこで刑法は，第17章「文書偽造の罪」と区別して第18章「有価証券偽造の罪」を規定し，私文書偽造以上に重い刑を定め，通貨偽造罪と同様，偽造・変造有価証券の交付・輸入行為をも処罰している。

2　有価証券偽造罪
(1)　客　体

有価証券偽造罪の客体は，「公債証書，官庁の証券，会社の株券その他の有価証券」である。公債証書は国または地方公共団体の債務（国債，地方債）を証明する証券，官庁の証券は大蔵省証券，郵便為替証書などであり，株券とは株式会社の発行する株主たる地位を表象する証券である。その他の有価証券とは，「**財産上の権利が証券に表示**され，その表示された財産上の権利の行使または移転につき**証券の占有を必要とするもの**」（最判昭32・7・25刑集11巻7号2037

頁）をいい，取引上の流通性を有するかどうかを問わない。手形，小切手，船荷証券など商法上の有価証券のほか，乗車券，馬券（勝馬投票券），宝くじ，商品券なども含まれる。

(2) 有価証券の文書性

従来，有価証券は**文書の一種**と解されてきた。しかし，1980年代以降のコンピュータの発達により電磁的記録の文書性が問題となり，判例，学説上も激しい争いとなったことから立法的解決が図られ，昭和62年の刑法一部改正により，161条の2電磁的記録不正作出罪（Lesson **30** 文書偽造の罪 参照）が新設された。そこで，テレホンカードやキャッシュカード等の磁気情報部分を改ざんしたような場合は，159条私文書偽造罪ではなく，161条の2電磁的記録不正作出罪が適用されることとなった。また，偽造又は変造カードを公衆電話機や現金自動支払機等に使用する行為は，従来偽造文書等行使罪が予定していたような人に対する使用とはいえず行使という概念になじみにくいため，それと区別して供用という言葉を用い，161条の2第3項不正作出電磁的記録供用罪が適用されることとなった。

ところが，電磁的記録不正作出罪は単なる交付行為を処罰していないため，改ざんされたテレホンカードの交付を受けて情を知る者に売却したような場合（いわゆる中間転売者）は，自ら改ざんしたわけではないので同罪は成立せず，改ざんしたテレホンカードであることを明かにして売却しているので詐欺罪にも問えず，処罰できないおそれが生じた。そこで，そのような行為には変造有価証券交付罪（後述「3 偽造有価証券行使罪」参照）を適用する必要があり，そのためにテレホンカードが有価証券であるかどうかが問題となったのである。

(3) テレホンカードの有価証券性

〔判例〕 この点につき，下級審判例では肯定説と否定説とに結論が分かれていたが，最高裁平成3年4月5日決定（刑集45巻4号171頁）は，テレホンカードはカード式公衆電話機を利用できる財産上の権利を表示しているが，その権利の具体的内容であるカードの利用度数は，カードを電話機に挿入することによって度数カウンターに表示される残度数として表示されるから，テレホンカードは券面上の記載と磁気記録部分の情報があいまって一定の権利を表示した有価証券であるという，いわゆる**一体説**を採用してテレホンカードの有価証

券性を肯定した。

〔学説〕 2001年の刑法一部改正以前，テレホンカードの有価証券性に関する学説は，大きく①**（無限定）肯定説**，②**一体説**，③**否定説**に分かれていた。①無限定肯定説は，「有価証券は財産上の権利が化体されていれば足り，必ずしも文書である必要はなく，可視性・可読性の要件は不要である」とした。この説によれば，券面上に財産権がまったく表示されていないいわゆるホワイトカードも，有価証券に含まれるとされていた。②一体説は，「テレホンカードは券面上に利用可能度数等財産権が表示されており，さらに磁気情報部分を機械（電話機）で読み取ることによって財産権の内容が明らかになるから，券面上の記載と磁気情報部分が一体となって有価証券性が肯定できる」としていた（大谷實，前田雅英など）。③否定説は，昭和62年の刑法一部改正で，電磁的記録と通常の文書が区別され，電磁的記録について立法的解決がなされた以上，磁気情報部分を含むテレホンカードは有価証券には当たらないとしていた（山口厚，西田典之，団藤重光，中森喜彦，曽根威彦等）。その後，「支払用カード電磁的記録に関する罪」（Lesson 29 参照）が新設され，この問題は立法的に解決された。

(4) 偽 造 行 為

有価証券偽造罪における偽造とは，①狭義の偽造（有形偽造）と，②虚偽記入（無形偽造）とに分けられる。狭義の偽造とは，作成権限のない者が，他人名義の有価証券を作成する行為であり，さらに最狭義の偽造と変造とに分けられる。

偽造 最狭義の偽造とは，作成権限のない者が，他人名義を冒用して有価証券を作成する行為である。一般人に真正の有価証券であると誤信させるような外観を備えていればよく，有価証券としての法的要件をすべて備えている必要はない。

変造 変造とは，権限のない者が，真正に成立した他人名義の有価証券に不正に変更を加えることである。本質的部分に変更を加えれば，変造ではなく，偽造となる。

虚偽記入 虚偽記入とは，作成権限を有する者が有価証券に不実の記載をすることである。

3 偽造有価証券行使罪

> 第163条（偽造有価証券行使等）① 偽造若しくは変造の有価証券又は虚偽の記入がある有価証券を行使し，又は行使の目的で人に交付し，若しくは輸入した者は，3月以上10年以下の懲役に処する〔未遂処罰―2項〕。

客体 偽造，変造，虚偽記入の有価証券である。
行使 本条の行使は，内容の真実な有価証券として使用することをいい，偽造通貨行使罪（Lesson 27 通貨偽造罪 参照）のように流通におく必要はない。

ワーク 28 演習問題

【問】 次のうち，刑法上の有価証券に争いなくあたらないものを一つ選びなさい。

【法学検定試験4級程度】

(1) 宝くじ
(2) テレホンカード
(3) 郵便貯金通帳
(4) デパートの商品券

（担当：島岡まな）

Lesson 29　支払用カード電磁的記録に関する罪

1　総説

　2001年に刑法の一部が改正され，第18章「**有価証券偽造の罪**」の後に第18章の2「**支払用カード電磁的記録に関する罪**」が設けられた。この立法の背景として，クレジットカードやプリペイドカード等が支払手段として社会に普及するにつれ，カードの偽造，偽造カードの不正利用等の犯罪が発生し，昭和62年に新設された電磁的記録不正作出罪（161条の2→Lesson 30　文書偽造の罪　参照）および電子計算機使用詐欺罪（246条の2→Lesson 16　詐欺罪　参照）で処罰されることとされていたが，それだけでは対処しきれない新たな不正行為の出現があった。

　それは，第一に，電磁的記録不正作出罪は単なる交付行為を処罰していないため，偽造されたテレホンカードの交付を受けて情を知る者に売却したような場合（いわゆる中間転売者）は，自ら改ざんしたわけではないので同罪は成立せず，改ざんしたテレホンカードであることを明かして売却しているので詐欺罪にも問えず，処罰できないおそれが生じた。そこで，そのような行為には変造有価証券交付罪（163条→Lesson 28　有価証券偽造罪　参照）を適用する必要が生じ，そのためにテレホンカードが有価証券であるかどうかが問題となった。判例は，テレホンカードの有価証券性を認めたが，券面の記載と電磁的記録部分が一体となって有価証券を構成するといういわゆる一体説を採用したため，券面上に何の記載もないホワイトカードの電磁的記録部分のみを改ざんした場合と適用上の差異を生じさせるという批判もあり，立法的解決が待たれていた。第二に，その後，他人がクレジットカードで支払いをする際等に，機械的手段により磁気情報のみをひそかに取得するスキミングといわれる行為が増加し，その情報を用いたカードの偽造，偽造カードの不正使用事例が相次いだ。

　そこで，①電磁的記録不正作出罪には上述のような問題がある（輸入や交付

罪がない）こと，②電磁的記録不正作出罪の法定刑が有価証券偽造罪に較べて低いこと，③カード情報の不正取得（スキミング等）自体も処罰する必要があること，④偽造カードの所持自体も処罰する必要性が高いこと，などの理由から，これらをカバーする新たな立法が行われたのである。

保護法益　本章の罪の保護法益は，支払用カードに対する公共の信用である。今日支払用カードは，通貨・有価証券に準ずる重要な社会的機能を果たすようになってきている。すなわち，通貨・有価証券と同様に，支払用カードの真正やカード支払いシステムに対する社会の信頼を保護することは，時代の要請といえる。そして，文書である有価証券とは異なり，電磁的記録を構成部分とする支払用カードに特有の立法が必要であることから，第18章「有価証券偽造の罪」と区別して第18章の2「支払用カード電磁的記録に関する罪」を規定し，有価証券偽造罪と同等の懲役刑を定めるとともに罰金刑をも規定し，通貨偽造罪と同様，偽造カードの交付・輸入行為をも処罰するほか，支払用カードに特有のカード情報取得および偽造カードの所持自体に対する処罰規定も新設した。

2　支払用カード電磁的記録不正作出罪・同供用・同交付罪

第163条の2　①　（支払用カード電磁的記録不正作出等）　人の財産上の事務処理を誤らせる目的で，その事務処理の用に供する電磁的記録であって，クレジットカードその他の代金又は料金の支払用のカードを構成するものを不正に作った者は，10年以下の懲役又は100万円以下の罰金に処する。預貯金の引出用のカードを構成する電磁的記録を不正に作った者も，同様とする。
②　（不正作出支払用カード電磁的記録供用）　不正に作られた前項の電磁的記録を，同項の目的で，人の財産上の事務処理の用に供した者も，同項と同様とする。
③　（交付等）　不正に作られた第1項の電磁的記録をその構成部分とするカードを，同項の目的で，譲り渡し，貸し渡し，又は輸入した者も，同項と同様とする。
第163条の5　（未遂罪）　未遂を罰する。

(1) 客体

　支払用カード電磁的記録不正作出罪および不正作出支払用カード電磁的記録供用罪の客体は，「人の事務処理の用に供する電磁的記録であって，クレジットカードその他の代金又は料金の支払用のカードを構成するもの」および「預貯金の引出用のカードを構成する電磁的記録」である。161条の2の電磁的記録不正作出罪の客体は，「人の事務処理の用に供する権利，義務又は事実証明に関する電磁的記録」とかなり広い概念となっているのに対し，本条の客体は支払用カードに限定されており，その意味で本条は電磁的記録不正作出罪の特別法的性格を持っている。また，163条の2第3項交付罪の客体は，「不正作出電磁的記録をその構成部分とするカード」である。

　具体的には，クレジットカード，テレホンカード・イオカード・パスネット等のプリペイドカード，キャッシュカードとプリペイドカードの機能を併せもつデビットカード等，支払い決済を目的とするカードすべてが，本条にいう支払用カードに含まれる。将来的には，電子マネーも含まれると思われる。問題となるのは，キャッシュカードと同様，CD機（キャッシュディスペンサー）に使用しうるローンカードが支払用カードに含まれるか否かであるが，クレジットカードやプリペイドカード等の支払用カード以外については，163条の2第1項後段でキャッシュカードに限定された趣旨から，ローンカードは本条の客体に含まないとされている。

(2) 不正作出

　本条で処罰の対象となる行為は，支払用カードを構成する電磁的記録を不正に作ることである。電磁的記録は，文書のように名義人が明らかではなく，その作出過程における他人名義の冒用ということも考えにくいため，文書偽造罪における偽造，変造，虚偽記入という区別をせず，包括して不正作出とされている（→Lesson 30　文書偽造の罪　参照）。

(3) 供用

　「人の財産上の事務処理の用に供した」とは，不正に作出された電磁的記録を，財産上の事務処理のために使用される電子計算機で使用しうる状態におくことである。具体例として，偽造のクレジットカードを使用して飲食代金を支払ったり，商品を購入する行為（本罪と詐欺罪とは牽連犯となる），偽造のテ

レホンカードを電話機に使用する行為（本罪と電子計算機使用詐欺罪とは牽連犯となる），偽造のパスネットで駅の改札機を通過する行為（本罪と電子計算機使用詐欺罪とは牽連犯となる）等が挙げられる。

(4) 譲渡し・貸渡し・輸入

第163条の2第3項は，不正に作られた電磁的記録を構成部分とするカードの譲渡し，貸渡し，輸入を，1項・2項の罪と同様の法定刑で処罰する。この規定により，偽造テレホンカードを金券ショップに持ち込むような行為も，テレホンカードの有価証券性を無理に認める解釈を必要とせず，またホワイトカードを除外することもなく，すべて処罰可能となった。

(5) 目 的 犯

本罪の成立には，電子計算機使用詐欺罪と同様「人の財産上の事務処理を誤らせる目的」が必要であり，通貨偽造罪，文書偽造罪などと同様，目的犯である。

3　不正電磁的記録カード所持罪

第163条の3（不正電磁的記録カード所持）　前条第1項の目的で，同条第3項のカードを所持した者は，5年以下の懲役又は50万円以下の罰金に処する。

(1) 客　　体

本条の客体は，「不正に作られた第163条の2第1項の電磁的記録をその構成部分とするカード」である。

(2) 所　　持

従来刑法典に規定されていた各種偽造罪には，偽造された客体の所持を処罰する規定は存在しなかったが，今回の改正により，不正作出支払用カード電磁的記録の所持を5年以下の懲役または50万円以下の罰金で処罰する本条が新設された。その理由は，不正作出支払用カードは偽造文書や偽造通貨等と異なり何度でも反復使用が可能であるため，その所持による法益侵害の危険性がきわめて高く，不正作出支払用カードの機械に対する使用（供用）の段階で発見・検挙することが非常に困難である点に求められている。

しかし，これに対しては，本罪が不正作出支払用カード電磁的記録供用罪（163条の2第2項）の予備罪的性格を持つことから，支払用カード電磁的記録不正作出罪（163条の2第1項）の予備罪的性格を持つ支払用カード電磁的記録不正作出準備罪（163条の4）の法定刑（3年以下の懲役または50万円以下の罰金）に較べて重過ぎるとか，「人の財産上の事務処理を誤らせる目的」が要求されているが，むしろより直接的に「人の財産上の事務処理に供する目的」を要求すべきではないか等の批判がある。

(3) 目 的 犯

本罪も，163条の2と同様，「人の財産上の事務処理を誤らせる目的」が要求される目的犯である。

4　支払用カード電磁的記録不正作出準備罪

> 第163条の4　①（支払用カード電磁的記録情報取得）　第163条の2条第1項の犯罪行為の用に供する目的で，同項の電磁的記録の情報を取得した者は，3年以下の懲役又は50万円以下の罰金に処する。情を知って，その情報を提供した者も，同様とする。
> ②（不正取得電磁的記録情報保管）　不正に取得された第163条の2第1項の電磁的記録の情報を，前項の目的で保管した者も，同項と同様とする。
> ③（器械・原料準備）　第1項の目的で，器械又は原料を準備した者も，同項と同様とする。
> 第163条の5（未遂罪）　第1項の罪の未遂は罰する。

(1) 電磁的記録情報の取得・保管

今回の改正により，従来刑法では不処罰とされてきた情報窃盗の一部を処罰するような規定が新設された。すなわち，163条の4第1項は，支払用カードの電磁的記録情報を取得・提供した者を，および同条第2項はその情報を保管した者を，3年以下の懲役または50万円以下の罰金で処罰している。

情報取得の例として，他人がクレジットカードを使用する際，または窃取したクレジットカードを**電子機器（スキマー）**に通して，カードの電磁的記録情報を複写するスキミングと呼ばれる行為が考えられている。

なお，本条1項の未遂が処罰されていることについては，支払用カード電磁的記録不正作出罪（163条の2第1項）の予備罪的性格を持つ本条の未遂を罰することは，現行法上不可罰とされている予備の未遂を処罰することに類似するとの批判が考えられる。

(2) 器械・原料準備

163条の4第3項は，1項の目的で，カード原板や不正作出のための器械または原料を準備した者も，3年以下の懲役または50万円以下の罰金で処罰している。153条の通貨偽造等準備罪と同様の規定である。

ワーク 29　演習問題

【問】　次の行為のうち，支払用カードに関する罪で処罰されないものを一つ選びなさい。　　　　　　　　　　　　　　【法学検定試験4級程度】

(1) 50度数のテレホンカードの度数情報を1998度に改ざんし，それを用いて公衆電話をかける行為

(2) レストランで飲食代金を支払った客のクレジットカードの磁気情報を機械に読み込み，ひそかに取得する行為

(3) 消費者金融会社の発行するローンカードを偽造し，それを用いて不正にキャッシングをする行為

(4) 偽造したキャッシュカードをCD機に使用して振込み決済を行う行為

(5) 友人が偽造したイオカード100枚を預かり，自宅に保管する行為

　　　　　　　　　　　　　　　　　　　　　　　　　（担当：島岡まな）

Lesson 30　文書偽造の罪

1　総　説
(1)　保護法益

　文書偽造罪の保護法益は，「**文書に対する社会一般の信頼**」，「**公共的信用**」である。文書は，社会生活上，一定の事項を「証明する手段」としてきわめて重要な機能を営んでいるが，それは，一定の意思内容が「**書面化**」されることによって「永続性」，「不可変性」を得るからである。文書は「証拠力」・「証明力」を背景に「制度」化されている。「制度としての文書」の有する「証明手段としての証拠価値」が文書に対する社会一般の信頼の基礎となっているのである（川端博・文書偽造罪の理論）。

　近時，これまで文書によってなされてきたことが，電子計算機を介した情報処理に代替されてきている。そうした情報処理の用に供される「電磁的記録」に対する公共の信用も，文書同様に保護されなければならない。そこで，昭和62年の刑法一部改正により，「電磁的記録」の「不正供出」罪等が新設された。「文書」と「電磁的記録」は，「永続性」，「不可変性」という点で，その性質を大きく異にしている。したがって，本章の罪においては，伝統的な「文書偽造」罪は「証拠」犯罪として，新設された「電磁的記録不正作出」罪は「情報」犯罪として性格づけられる（川端）。

(2)　客　体

　本章の罪の客体は，文書・図画（両者をあわせて広義の文書という），および電磁的記録である。「**文書**」とは，文字またはこれに代わるべき符号を用い永続すべき状態においてある物体上に記載した意思表示をいうが（大判明43・9・30刑録16輯1572頁），一定の思想の表示があれば足り，必ずしも意思表示に限定されない。「符号」とは，点字や速記記号などをいい，「**図画**」とは，文字またはこれに代わるべき符号以外の形象（象形的符号）によるものをいう。「電

磁的記録」とは，電子的方式，磁気的方式，その他人の知覚をもって認識できない方式によって作られ，電子計算機による情報処理の用に供されるものをいう（7条の2）。

(3) 偽造と行使

最広義の偽造には，広義の偽造のほか，偽造文書・虚偽文書の行使が含まれる。「**行使**」とは，偽造文書を真正な文書として使用し，あるいは虚偽文書を内容の真実な文書として使用することをいう（大判明44・3・24刑録17輯458頁）。当該文書によって公共的信用を害するか否かが問題となるため，行使といえるためには，偽造文書等を相手方に提示・交付・送付し，または一定の場所に備え付けることによって，相手方をしてその内容を認識させ，または認識しうる状態におくことが必要である（大判大12・10・13刑集2巻700頁）。したがって，偽造運転免許証を携帯しているにとどまる場合には，いまだこれを他人の閲覧に供しその内容を認識しうる状態においたものとはいえないので，偽造公文書行使罪にあたらないとされる（最大判昭44・6・18刑集23巻7号950頁）。

(4) 行使の目的

「行使の目的」とは，偽造文書を真正な文書と誤信させ，虚偽文書を内容の真実な文書と誤信させる目的をいう。行使の目的は，必ずしも文書を本来的用法に従って真正なものとして使用する目的に限られず，真正な文書としてその効用に役立たせる目的であれば足りる（最決昭29・4・15刑集8巻4号508頁）。

(5) 有形偽造と無形偽造

広義の偽造は，狭義の偽造（有形偽造）と虚偽文書作成（無形偽造）に分かれる。「**有形偽造**」とは，適法に文書を作成する権限を持たない者が，他人の名義をいつわって文書を作成すること，いいかえると，「不真正な文書」を作成することをいう（「名義人の同一性についてのいつわり」）。「**無形偽造**」とは，文書の作成名義にいつわりはないが真実に反する内容を含む文書（「虚偽文書」）を作成すること，すなわち，自己名義の真実と異なる内容を記載した文書を作り出すことをいう。

(6) 偽造と変造

狭義の偽造は，さらに最狭義の偽造と変造に分かれる。「偽造」とは，他人名義を冒用して不真正文書を作出することをいう。「変造」とは，真正に成立

した文書の外形または内容に権限なしに変更を加えることをいう。変造は，文書の同一性を害しない程度の変更を加えた場合に限られ，既存の文書に変更を加えた場合であっても，文書の同一性を失い，新たな文書を作出したものと認められるときは，偽造となる。たとえば，運転免許証の写真を貼り替え生年月日欄の記載を変更する行為は，公文書の変造ではなく偽造とされる（最決昭35・1・12刑集14巻1号9頁）。

(7) **変造と毀棄**

文書の一部を削除した場合，効用の全部または一部を喪失させたときは「毀棄」であり，新たな証明力を作り出したときは変造である。

(8) **形式主義と実質主義**

有形偽造を本来の偽造行為として処罰する，いいかえれば，名義人の同一性（作成名義人の真正性）にいつわりがあれば，内容に虚偽がなくても，文書に対する社会一般の信頼が害されるから処罰するとする立法主義を形式主義といい，無形偽造を本来の偽造行為として処罰する，いいかえれば，内容虚偽の文書によって「事実の真相」が害されるために処罰するとする立法主義を実質主義という。わが国は原則として形式主義を採り，一定の範囲で内容虚偽の文書に関しても処罰している。

(9) **文書の作成権限・名義人**

有形偽造の本質的要素は，文書の作成権限がないこと，他人の名義を使用すること（「名義人」の人格をいつわること）である。

(a) 文書の作成権限とは，その文書を作る法律上の権限ではなくて，名義人との関係において「有効な名義人名義の文書として成立させうる権限」をいう（平野龍一）。

作成権限の問題の背景には，偽造行為の理解をめぐる「**事実説（物体化説）**」と「**観念説（精神性説）**」との対立がある。事実説は，文書における意思表示主体を「名義人」として，その名義人の意識を現実に文書に記載した者を「作成者」として捉え，これが一致しない場合を有形偽造とする。したがって，他人名義の文書の作出は，つねに文書偽造の構成要件に該当するが，行為者に文書作成権限がある場合には，名義人の承諾に基づいて違法性が阻却されるとする。これに対して観念説は，文書に記載されている意識内容が「精神的に見

て」その者から発していると認められる者を「作成名義人」とし，作成名義人がその文書を精神的に「作成」したものと評価される基礎となるのが「文書の作成権限」であるとする。したがって，ある者が文書を現実に（物理的に）作出した場合，その文書がなお名義人によって作成されたものと解しうるかどうかが問題となる。社会生活上重要な意味をもつのは，作成名義人の名称・商号等の主体が文書に表示されていることである。それゆえ，観念説が通説となっている。

(b) 有形偽造の第2の要件は，他人名義の使用である。文書の「名義人」とは，「文書に表示された意識内容の主体」である。文書は一定の意識内容が記載されているものであるから，その意識内容の主体が誰かという点が重要となる。すなわち，文書の「公共的信用」はその文書化に関する責任の主体が文書に明示されることによって得られるのである。したがって，有形偽造の本質は，「文書化の責任の所在」をいつわることによって文書の「公共的信用」を侵害することであると捉えられる（川端・理論）。したがって，たとえ同姓同名であっても，それを利用し他人になりすまして文書を作成して行使した場合には，私文書偽造罪・同行使罪が成立するが（最決平5・10・5刑集47巻8号7頁），本名ではなく，芸名・雅号・ペンネームや社会的に広く通用している通称名などを使用しても，有形偽造とならない場合がある。ただし，通称の使用については，それがたまたまある限られた範囲において行為者を指称するものとして通用していた程度では有形偽造となるとされる（最決昭56・12・22刑集35巻9号953頁）。

(10) **代理・代表名義の冒用**

たとえば，Xの代理人でないAが勝手に「X代理人A」という名義を用いて文書を作成した場合，私文書についての無形偽造は原則として不可罰なので，Aの行為が有形偽造か無形偽造かが重要な問題となる。ここで，代理名義文書の「名義人」は表意者たる代理人自身であると解すると，名義人Aは「X代理人」という「肩書」すなわち文書の「内容」の一部をいつわったものとして無形偽造となる（無形偽造説）。これに対して，「文書の表示する法律効果の帰属主体」が「本人」であることから「名義人」は「本人」Xであると解すると，Aは本人Xの名義をいつわったものとして有形偽造となる（有形偽造説）。代理名義の冒用は，「文書の形式」として「文書作成の責任」が帰属する「名義

人」の名義をいつわることによって，文書に対する公共的信用を害するものであると解されるべきであり（川端・理論），有形偽造説が通説・判例となっている。

(11) **名義人の実在性**

実在しない架空の公務所や公務員または私人の名義，死者の名義を使用して文書を作成する行為が，「他人」名義の冒用として有形偽造を構成するかが問題となる。「名義人」を「意思表示の主体」とすると，架空人や死者は名義人たりえないとされうるが，判例・通説は「他人」は必ずしも実在しなくてもよいとする（架空人名義については，最判昭28・11・13刑集7巻11号2096頁；死者名義については，最判昭26・5・11刑集5巻6号1102頁）。文書は，意思表示を物体化・有体化することによって，時間的・空間的制約を超克するので，その作用の基礎が必ずしも現実の人格に依存しなくなっている。文書の名義人とされた者に対して，究極的に文書化の責任を追及できることが制度的に保障されていれば足りるのである。したがって，架空人や死者名義の文書を作成する行為は，現実に文書を作成した者がその文書作成の責任を自己以外の者に転嫁するものであるから，文書の存在についての責任の所在をいつわる行為であり，文書偽造罪を構成することになる（川端）。

(12) **写真コピーの作成と文書偽造罪の成否**

「写し」の作成が手書きなどの方法によることが一般的であった時代には，文書偽造罪の客体は「**原本**」に限られていた。「写し」の作成者は自己名義の私文書として作成しているのであって，作成権限がある以上は，その内容が虚偽であったとしても無形偽造の問題が生ずるにすぎないとされていたのである。しかし，今日のように，電子複写機によって原本のコピーが機械的に，正確になされ，社会においても原本に代わる証明文書として通用し，その公共的信用も高まってくると，こうした「写し」の作成が，文書偽造罪を構成しうるかが問題となる。これに関して，コピーは，原本との間にコピー作成者の意識が介入混在する余地はなく，その内容，筆跡，形状が原本とまったく同じく正確に再現されるので，原本と同一の意識内容を保有し，証明文書としてこれと同様の社会的機能と信用性を有することから，文書偽造罪の客体となりうるとされている（最判昭51・4・30刑集30巻3号453頁，最決昭54・5・30刑集33巻4号324頁，最

決昭58・2・25日刑集37巻1号1頁，最決昭61・6・27刑集40巻4号340頁）。したがって，無権限に名義を冒用したコピーを作成する行為は有形偽造として文書偽造罪を構成することになる。

2 詔書等偽造罪

> 第154条（詔書偽造等） ① 行使の目的で，御璽，国璽若しくは御名を使用して詔書その他の文書を偽造し，又は偽造した御璽，国璽若しくは御名を使用して詔書その他の文書を偽造した者は，無期又は3年以上の懲役に処する。
> ② 御璽若しくは国璽を押し又は御名を署した詔書その他の文書を変造した者も，前項と同様とする。

(1) 意　義
詔書など，天皇名義の文書の偽造・変造を処罰する規定である。
(2) 客　体
「詔書」とは，天皇の国事に関する意思表示を公示するために用いられる一定の形式の公文書である。「その他の文書」とは，証書以外の天皇名義の公文書をいい，国事に関するものに限られない。「御璽」とは天皇の印章，「国璽」とは日本国の印章，「御名」とは天皇の署名をいう。
(3) 目 的 犯
偽造，変造が行使の目的をもってなされることが必要である。

3 公文書偽造罪

> 第155条（公文書偽造等） ① 行使の目的で，公務所若しくは公務員の印章若しくは署名を使用して公務所若しくは公務員の作成すべき文書若しくは図画を偽造し，又は偽造した公務所若しくは公務員の印章若しくは署名を使用して公務所若しくは公務員の作成すべき文書若しくは図画を偽造した者は，1年以上10年以下の懲役に処する。
> ② 公務所又は公務員が押印し又は署名した文書又は図画を変造した者も，前

項と同様とする。
③　前2項に規定するもののほか，公務所若しくは公務員の作成すべき文書若しくは図画を偽造し，又は公務所若しくは公務員が作成した文書若しくは図画を変造した者は，3年以下の懲役又は20万円以下の罰金に処する。

(1) 意　義

公文書は，私文書よりも証拠力・信用力が高く，偽造によって生ずる被害の程度も大きいので（大判昭14・7・26刑集18巻444頁），私文書偽造罪よりも法定刑が重くなっている。

(2) 客　体

公文書とは，**公務所**または**公務員**がその名義をもってその権限の範囲内において，所定の形式に従ってその職務執行上作成すべき文書をいう（大判明45・4・15刑録18輯464頁，最決昭38・12・27刑集17巻12号2595頁など）。しかし，文書が公務所・公務員の職務権限内において作成されたものと一般人が信じるに足りる形式・外観を備えている場合には，実際にその権限がなくても公文書偽造罪が成立するとされる（最判昭28・2・20刑集7巻2号426頁）。

(3) 行　為

有印公文書偽造とは，公務所・公務員の印章や署名を使用し，または偽造した公務所・公務員の印章や署名を使用して公文書を偽造することであり，**無印公文書偽造**とは，印章・署名を使用せずに公文書を偽造することである。公務員の印章は，公印や私印であってもよく（大判明44・3・21刑録17輯427頁），また職印や認印であってもよい（大判昭9・2・24刑集13巻160頁）。署名には記名（印刷などによる氏名表記）も含むとされる（大判大4・10・20新聞1052号27頁）。

(4) 目　的　犯

本罪は行使の目的でなされることを要する目的犯である。

4　虚偽公文書作成罪

第156条（虚偽公文書作成等）　公務員が，その職務に関し，行使の目的で，虚偽の文書若しくは図画を作成し，又は文書若しくは図画を変造したときは，印

> 章又は署名の有無により区別して，前2条の例による。

(1) 意　義
公文書の無形偽造・変造を一般的に処罰する規定である。

(2) 主　体
文書・図画を作成する職務権限を有する公務員に限られるので，真正身分犯である（最決昭29・4・15刑集8巻4号508頁）。

(3) 虚偽公文書作成罪の間接正犯
157条（公正証書原本不実記載罪）は，虚偽公文書作成罪の間接正犯の特殊な場合を処罰の対象としているが，157条が規定しない公文書を，作成権限のない者が同条に規定する以外の方法で情を知らない公務員をして公文書を作成させた場合に，本条の間接正犯が成立するか否かが問題となる。これに関しては，本条の間接正犯は157条によって処罰される場合を除いて原則として不可罰であり（最判昭27・12・25刑集6巻12号1387頁参照），例外的に，公文書の作成補助者については本条の間接正犯が成立するとする（最判昭32・10・4刑集11巻10号2464頁参照）消極説が多数説であるが，本条の間接正犯の成立を一般的に認め，157条に該当するときには法条競合により157条の罪だけが成立するとする積極説も有力である（川端）。

(4) 目　的　犯
本罪は行使の目的でなされることを要する目的犯である。

5　公正証書原本不実記載罪

> 第157条（公正証書原本不実記載等）　①　公務員に対し虚偽の申立てをして，登記簿，戸籍簿その他の権利若しくは義務に関する公正証書の原本に不実の記載をさせ，又は権利若しくは義務に関する公正証書の原本として用いられる電磁的記録に不実の記録をさせた者は，5年以下の懲役又は50万円以下の罰金に処する〔未遂処罰—3項〕。
> ②　公務員に対し虚偽の申立てをして，免状，鑑札又は旅券に不実の記載をさせた者は，1年以下の懲役又は20万円以下の罰金に処する〔未遂処罰—3項〕。

(1) 意　義

　本罪は，公務員を利用して行う間接的な公文書の無形偽造を処罰する規定である。本罪が成立するためには，公務員に情を明かさないで虚偽の申立てをして不実の記載をさせることを要する。

(2) 客　体

　本条1項の「権利若しくは義務に関する公正証書」とは，公務員がその職務上作成する文書であって，権利・義務に関する一定の事実を証明する効力を有するものをいう（大判明43・11・8刑録16輯1895頁，最判昭36・3・30刑集15巻3号605頁）。登記簿，戸籍簿のほか，土地台帳，住民基本台帳法に基づく住民票の原本（最決昭48・3・15刑集27巻2号115頁），外国人登録原票（名古屋高判平10・12・14判時1669号152頁，判タ999号294頁）もこれにあたる。なお，道路運送車両法に規定する電子情報処理組織による自動車登録ファイルは，昭和62年の本条の改正以前には，公正証書の原本にあたるとされたが（最決昭58・11・24刑集37巻9号1538頁），現在では，「**電磁的記録**」にあたることになる。電磁的記録の例としては，ほかに，電子情報処理組織による登記事務処理の円滑化のための措置等に関する法律による不動産登記・商業登記・その他の登記ファイル，特許法による特許原簿ファイル，住民基本台帳法による住民基本台帳ファイルなどがある。

　2項の「**免状**」とは，狩猟免状，自動車運転免許証，医師免許証など一定の行為をおこなう権利を付与する証明書，「**鑑札**」とは，犬の鑑札や質屋・古物商の許可証など公務所の許可や登録があったことを証明する文書，「**旅券**」とは，外務大臣または領事館が外国に渡航する者に対して旅行を認許したことを示す文書である。

6　偽造公文書行使罪

第158条（偽造公文書行使等）　第154条から前条までの文書若しくは図画を行使し，又は前条第1項の電磁的記録を公正証書の原本としての用に供した者，その文書若しくは図画を偽造し，若しくは変造し，虚偽の文書若しくは図画を作成し，又は不実の記載若しくは記録をさせた者と同一の刑に処する〔未遂処罰―2項〕。

(1) 意　義

有形偽造・無形偽造にかかる公文書をそれと認識して行使する行為を処罰する規定である。

(2) 客　体

有印・無印の偽造・変造の公文書や虚偽公文書が本条の客体となる。前4条の行為によって生じたものに限られるが（最判昭27・12・25刑集6巻12号1387頁），行使の目的で作成されたものであることを要さない。また，行使者みずからが偽造・変造等したものである必要はない。

(3) 行　為

偽造通貨の場合とは異なり，本条の「行使」は文書の本来的用法に従った使用に限られないが，文書等の内容を認識させるか，またはいつでも認識できる状態におくことを要する。したがって，相手方に呈示する行為，たんに備え付けておく行為であっても，本条の行使にあたる（前出「偽造と行使」の項を参照）。「電磁的記録を公正証書の原本としての用に供する」とは，当該電磁的記録を公務所に備えて，利害関係人の申立てにより，一定の権利・義務に関して公証できる状態におくことをいい，現に公証を行ったことを要さない。

7　私文書偽造罪

> 第159条（私文書偽造等）　① 行使の目的で，他人の印章若しくは署名を使用して権利，義務若しくは事実証明に関する文書若しくは図画を偽造し，又は偽造した他人の印章若しくは署名を使用して権利，義務若しくは事実証明に関する文書若しくは図画を偽造した者は，3月以上5年以下の懲役に処する。
> ② 他人が押印し又は署名した権利，義務又は事実証明に関する文書又は図画を変造した者も，前項と同様とする。
> ③ 前2項に規定するもののほか，権利，義務又は事実証明に関する文書又は図画を偽造し，又は変造した者は，1年以下の懲役又は10万円以下の罰金に処する。

(1) 意　義

私文書の場合，法律上あるいは取引上重要な文書でなければ，偽造・変造に

よって公共的信用が侵害されることがないので，権利，義務または事実証明に関する文書に限定して，その偽造を処罰している。

(2) 客　　体

「他人」とは，公務所または公務員以外の者をいい，私人に限られず，自然人でも法人やその他の団体でもよい（大判大7・5・10刑録24輯578頁）。外国の公務所または公務員の作成すべき文書は本罪の客体となりうる（最判昭24・4・14刑集3巻4号541頁参照）。権利，義務に関する文書とは，権利・義務の発生・存続・変更・消滅の効果を生じさせる意思表示を内容とする文書をいい，借用証書や，債権譲渡証などがこれにあたる。事実証明に関する文書について，判例は，実社会生活に交渉を有する事項を証明するに足りる文書とするが（大判大9・12・24刑録26輯938頁，最決昭33・9・16刑集12巻13号3031頁），学説は，法律上もなんらかの意味を有するような社会生活上の重要な利害に関係する事実を証明しうる文書に限定すべきであると解している（通説）。郵便局に対する転居届，書画の箱書，私立大学の入学試験の答案（最決平8・11・29刑集48巻7号453頁）などが，これにあたる。

(3) 行　　為

私文書・私図画を偽造・変造することである。

(4) 目　的　犯

本罪は行使の目的を要する目的犯である。

8　虚偽診断書等作成罪

> 第160条（虚偽診断書等作成）　医師が公務所に提出すべき診断書，検案書又は死亡証書に虚偽の記載をしたときは，3年以下の禁錮又は30万円以下の罰金に処する。

(1) 意　　義

私文書は公文書に比して公共的信用の程度が低いので，刑法上，私文書の無形偽造（虚偽私文書の作成）は原則として不可罰となっているが，本条によって例外的に，医師が作成すべき文書について処罰される。

(2) 主　体

私人である医師に限られる身分犯である。公務員である医師の場合には，虚偽公文書作成罪が成立する（最判昭23・10・23刑集2巻11号1386頁参照）。

(3) 客　体

「診断書」とは，医師が診察の結果に関する判断を表示して，人の健康上の状態を証明するために作成する文書，「検案書」とは，医師が死体について死因，死期，死所などに関する事実を医学的に確認した結果を記載した文書，「死亡証書」とは，生前から診療に従事していた医師が，その患者が死亡したときに，死亡の事実を確認して作成する診断書をいう。

(4) 行　為

「虚偽の記載」とは，真実に合致しない記載を意味する（大判大5・6・26刑録22輯1179頁）。

(5) 目 的 犯

本罪は，行使（公務所への提出）の目的を要する目的犯である。

9　偽造私文書等行使罪

> 第161条（偽造私文書等行使）　①　前2条の文書又は図画を行使した者は，その文書若しくは図画を偽造し，若しくは変造し，又は虚偽の記載をした者と同一の刑に処する〔未遂処罰—2項〕

(1) 意　義

私文書偽造罪，虚偽診断書等作成罪にあたる文書等を行使した者を処罰する規定である。

(2) 客　体

偽造・変造された権利，義務または事実証明に関する私文書・私図画，または，医師が虚偽の記載をした診断書が本条の客体であるが，行使の目的でなされたものであることを要さない（大判明45・4・9刑録18輯445頁）。また，行使者みずからが偽造・変造等したものである必要はない。

(3) 行　為

行使は，文書本来の用法に従って使用する場合でなくてもよく，公文書と同様に，交付・呈示・備え付け等がこれにあたるが，虚偽診断書等は，公務所へ提出することが行使となる。行使は，相手方が閲覧できる状態におくだけで足りる。

10　電磁的記録不正作出罪

> 第161条の2（電磁的記録不正作出及び供用）　①　人の事務処理を誤らせる目的で，その事務処理の用に供する権利，義務又は事実証明に関する電磁的記録を不正に作った者は，5年以下の懲役又は50万円以下の罰金に処する。
> ②　前項の罪が公務所又は公務員により作られるべき電磁的記録に係るときは，10年以下の懲役又は100万円以下の罰金に処する。

(1) 意　義

電磁的記録は，電子計算機で処理することによって一定の証明機能を有することから，文書と同様の保護を与えるために新設された規定である。文書のように有印・無印の別はないが，有印文書偽造・変造罪と同程度の法定刑を定めている。また，公電磁的記録の方が私電磁的記録よりも，一般に，証明力が高く，それに対する公共の信頼も厚いことから，前者にかかる場合には，後者にかかる場合よりも法定刑が重くなっている。

(2) 客　体

作出者が公務所・公務員か私人かによって，私電磁的記録（1項）と公電磁的記録（2項）に分かれる。ここにいう「人」とは，行為者以外の私人を意味し，法人を含む。「事務」とは，財産上，身分上その他，人の社会生活に影響を与えることができる性質の仕事を意味する。私電磁的記録は，私文書の場合と同様に，権利，義務または事実証明に関する内容をもったものに限定されている。公電磁的記録は，公務所または公務員の職務の遂行として作出される電磁的記録である。

(3) 行　為

「不正に作る」とは，電磁的記録の作出権限を有する者，すなわちコンピュータシステムを設置，管理し，それによって一定の事務処理を行おうとする者の本来的な意図に反する電磁的記録を，権限なしに，あるいはその権限を濫用して，作出して存在させることである。電磁的記録はその作出過程において，文書のように名義人の名義の冒用という観点をもちにくいため，文書偽造罪における偽造，変造，虚偽文書の作成の各行為に相当する行為を包括して作出行為として捉えている（米澤慶治，川端・理論）。

(4) 目　的　犯

本罪は，人の事務処理を誤らせる目的で行われることを要する目的犯である。この目的は，文書偽造罪における行使の目的に相当する。「人の事務処理を誤らせる」とは，当該電磁的記録に基づいて行われる他人の事務の処理が，電磁的記録の作出権限を有する者の本来意図していたものとは異なるものとする目的をいう。したがって，電磁的記録のたんなる無権限コピーはこの目的を欠くため，本罪を構成しないことになる。

11　不正作出電磁的記録供用罪

第161条の2　③　不正に作られた権利，義務又は事実証明に関する電磁的記録を，第1項の目的で，人の事務処理の用に供した者は，その電磁的記録を不正に作った者と同一の刑に処する〔未遂処罰—4項〕。

(1) 意　義

偽造文書等行使罪およびその未遂罪に相当する犯罪類型である。公電磁的記録の場合は2項に従って法定刑が重くなる。

(2) 客　体

不正に作られた権利，義務または事実証明に関する電磁的記録である。

(3) 行　為

「人の事務処理の用に供した」とは，不正に作出された電磁的記録を，他人の事務処理のために，これに使用される電子計算機で使用しうる状態におくこ

とをいい、文書に関する行使に相当するものである。2001年の刑法一部改正以前は、不正作出されたキャッシュカードを銀行のATMに差し込む行為などがこれにあたるとされていたが、「支払用カード電磁的記録に関する罪」(Lesson 29 支払用カード電磁的記録に関する罪 参照)の新設により、キャッシュカードを含む支払用カードの構成部分を除く電磁的記録の供用行為に限定されることとなった。

(4) **目 的 犯**

本罪は、人の事務処理を誤らせる目的でなされることを要する目的犯であり、この点で、偽造文書の行使罪の場合と異なる。本条において、とくに目的が要求されるのは、電磁的記録の性質上、その供用の内容が、文書における行使ほど明瞭ではないために、目的によって本罪の成立範囲を限定しようとする趣旨によるものである（大塚仁）。

(5) **既遂・未遂**

本罪は、電磁的記録の証明作用を不正に利用しようとする行為を対象としているために、不正作出した電磁的記録をたんに他人に交付しただけでは既遂とはならず、事務処理に使用しうる状態を作り出したときに既遂に達する（川端博）。

| ワーク 30 | 演習問題 |

【問】 次の犯罪について、目的犯であるものを一つ選びなさい。

【法学検定試験3級程度】

(1) 偽造公文書行使罪 (158条)
(2) 虚偽診断書等作成罪 (160条)
(3) 不正作出電磁的記録供用罪 (161条の2第3項)
(4) 偽造私文書等行使罪 (161条)
(5) 公正証書原本不実記載罪 (157条)

(担当：對馬直紀)

Lesson 31　印章偽造の罪

1　総　説
(1)　保護法益
　印章偽造罪の保護法益は，印章や署名の真正に対する公共の信用であり，本罪は抽象的危険犯である。印章・署名は文書・有価証券の作成にあたって用いられ，その一部を構成することが多い。というのも，印章・署名は，特定人の人格とその同一性を示すために，文書等に使用することによって，その文書等と特定人との間に存する一定の関係を証明することができるからである。したがって，文書等の形式的信頼性は，その名義人の印章・署名の信用性に依存することになる。そこで，刑法上，印章・署名の真正に対する公共の信用を保護し，法律上の取引の安全を確保するために，印章偽造の罪が設けられた。印章・署名の偽造は，文書・有価証券の偽造手段として行われることが多いが，文書・有価証券偽造罪が成立する場合にはそれらの罪に吸収され，文書・有価証券の偽造が未遂に終ったときにのみ，本罪が成立する。

(2)　印章・署名
　「**印章**」とは，人の同一性を証明するために顕出された象形（文字または符号）をいう。印章には，印影のほか，判例によれば，印顆（いんか）そのものも含まれるとされる（大判明43・11・21刑録16輯2093頁）。「**印影**」とは，人の同一性を証明するために，文書・有価証券などの上に顕出された文字その他の符号の影蹟（押印）をいい，「**印顆**」とは，印影を作成する手段としての文字その他の符号を刻した物体（判子・印形）をいう。「**署名**」とは，その主体たる者が，自己を表影する文字によって氏名その他の呼称を表記したものをいう（大判大5・12・11刑録22輯1856頁）。自署だけでなく記名（印刷・代筆等）も含む（大判明45・5・30刑録18輯790頁）。氏名を表記するのが一般的であるが，氏または名のみの記載，カタカナ，商号，略号，屋号，雅号（前出・大判大5・12・11）などの記載も署名

である。本章の罪における印章・署名は，法律事項に限られず，人類の社会生活に交渉を有する事項を証明するものであれば足りるから，書画の印章落款もこれにあたる（大判大14・10・10刑集4巻599頁）。

(3) 印章と記号

「記号」とは文字以外の符号をいうが，印章との区別について，「押捺(おうなつ)物体標準説（使用目的物標準説）」と「表示内容標準説（証明目的標準説）」とに見解が分かれている。押捺物体標準説は，押捺される物体が文書であるときは印章であり，その他の物体であるときは記号であるとする見解である（大判大3・11・4刑録20輯2008頁，その他，最判昭30・1・11刑集9巻1号25頁，選挙ポスターに押捺すべき選挙管理委員会の検印を印章とした事案；最決昭32・6・8刑集11巻6号1616頁，商品ラベルに押捺された物品税表示証の検印を公務所の記号とした事案）。これに対して，表示内容標準説は，主体の同一性を表示するのが印章であり，その他の事項を表示するのが記号であるとする見解である（大判昭17・9・28新聞4803号14頁，織物が合法的に製織された旨を確認し，検査済みであることを証する繊維需給調整協議会の「検査済」の表示を印章とした事案）。公共的信用という観点から実質的に見ると，主体の同一性を表示した場合の方が公共の信用が高く，より厚い保護を受けるべきものとされることから，表示内容を基準とする見解が妥当である。

(4) 印章と省略文書

「省略文書」とは，一定の意思・観念を簡略化して表示する文書をいう。「印章」か「文書」かが問題とされたものに「郵便日付印」があり，これを公務所の印章と解する説（大判明42・6・2刑録15輯848頁，大判大11・3・15刑集1巻147頁）と郵便局の署名のある文書と解する説（大判明43・5・13刑録16輯860頁，大判昭3・10・9刑集7巻683頁）とに分かれている。印章と文書を区別する基準は，名義人の一定の意思・観念を表示するものであるか，人の同一性を表示するものであるかの点にあるので，郵便日付印が使用される場合によって，金員領収の趣旨など一定の意思を表示する場合には文書に，たんに郵便物が郵便局を経由したことを表示するにすぎない場合には印章にあたるとされよう。ほかに，省略文書とされたものに，物品税証紙（最決昭29・8・20刑集8巻8号1363頁）がある。

(5) 偽造・不正使用

印章の「偽造」とは，権限なしに他人の印章・署名を作り出すことをいい，代理権・代表権のない者が，代理・代表名義で署名・押印すれば，本人の署名・印章の偽造になる（大判明44・6・23刑録17輯1277頁）。実在者の印章・署名と誤信させるような形式・外観を具備するならば，架空人の印章・署名であってもよい（最決昭32・2・7刑集11巻2号530頁）。「不正使用」とは，権限を有しない者が，あるいは権限を有する者が権限を越えて，署名または印章・記号の影跡を真正なものとして，その用法に従って他人に対して示すことをいい（大判大5・7・3刑録22輯1221頁），他人が現に閲覧することまでは要さないが，少なくとも閲覧できる状態におくことを要する（大判大7・2・26刑録24輯121頁）。

2　御璽等偽造・不正使用罪

> 第164条（御璽偽造及び不正使用等）　① 行使の目的で，御璽，国璽又は御名を偽造した者は，2年以上の有期懲役に処する。
> ② 御璽，国璽若しくは御名を不正に使用し，又は偽造した御璽，国璽若しくは御名を使用した者も，前項と同様とする〔未遂処罰—168条〕。

意義　本罪は，次節の公印等偽造罪，公印等不正使用罪の特別罪である。
客体　御璽・国璽・御名の意義については，Lesson 30（文書偽造の罪）を参照すること。
行為　偽造・不正使用の意義については前出の1（総説）を参照すること。
目的犯　本条1項は，行使の目的を要する目的犯である。

3　公印等偽造・不正使用罪

> 第165条（公印偽造及び不正使用等）　① 行使の目的で，公務所又は公務員の印章又は署名を偽造した者は，3月以上5年以下の懲役に処する。
> ② 公務所若しくは公務員の印章若しくは署名を不正に使用し，又は偽造した公務所若しくは公務員の印章若しくは署名を使用した者も，前項と同様とする

〔未遂処罰—168条〕。

客体 公務所または公務員の印章・署名が本罪の客体である。
行為 偽造・不正使用の意義については前出の 1（総説）を参照すること。
目的犯 本条1項は，行使の目的を要する目的犯である。行使の目的は，行為者自身が行使する目的に限られず，他人をして行使させる目的であってもよい（大判大9・10・28刑録26輯753頁）。この場合の「行使」は，公印等不正使用罪での「使用」と同義である（大判昭16・10・9刑集20巻547頁）。

4　公記号偽造・不正使用罪

第166条（公記号偽造及び不正使用等）　①　行使の目的で，公務所の記号を偽造した者は，3年以下の懲役に処する。
②　公務所の記号を不正に使用し，又は偽造した公務所の記号を使用した者も，前項と同様とする〔未遂処罰—168条〕。

意義 記号は，印章に比べると，公共の信用を保護する程度が低いので，公務所の記号のみが処罰の対象とされ，私的な記号は処罰の対象から除かれている。
客体 公務所の記号が本罪の客体である。記号と狭義の印章との区別は，前出の1（総説）を参照すること。公務所の記号とされたものとして，県産米の包装に押捺する合格等級を示す検査印（大判大6・2・15刑録23輯65頁），商品ラベルに押捺された物品税表示証の検印（前出・最決昭32・6・8）などがある。
行為 偽造・不正使用の意義については前出の1（総説）を参照すること。
目的犯 本条1項は，行使の目的を要する目的犯である。

5　私印等偽造・不正使用罪

第167条（私印偽造及び不正使用等）　①　行使の目的で，他人の印章又は署名を偽造した者は，3年以下の懲役に処する。

② 他人の印章若しくは署名を不正に使用し，又は偽造した印章若しくは署名を使用した者も，前項と同様とする〔未遂処罰—168条〕。

客体 他人の印章・署名が本罪の客体である。「他人」とは，私人である他人をいい，自然人や法人のほか，法人格のない団体であってもよく（大判大8・12・17刑録25輯1383頁），また，外国の公務所・公務員も他人に含まれる。本条の印章は，公印偽造（165条）とは別に公記号偽造（166条）が処罰され，他方，私記号に関する特別の処罰規定がないことから，狭義の印章に限られると解されるが，判例では，記号を含むとされる（前出・大判大3・11・4）。

行為 偽造・不正使用の意義については前出の1（総説）を参照すること。具体的には，画家の許諾を得ないで，日本画の複製銅版画を多数製作した際，勝手に作成した著作権者の名を刻した印鑑を冒捺した行為（東京地判昭63・4・19判タ680号240頁），司法警察員作成の供述調書末尾の供述人欄に他人の氏名を署名して指印し提出した行為（京都地判昭56・5・22判タ447号157頁）などが本罪の行為にあたる。なお，他人の署名の下に自己の指印をした場合には，署名偽造のほかに印章偽造罪が成立しうる（東京高判平7・5・22判タ918号260頁）。

目的犯 本条1項は，行使の目的を要する目的犯である。

> ワーク 31　演習問題

【問】 印章偽造の罪において，判例によれば，印章とされていないものを一つ選びなさい。　　　　　　　　　　　【法学検定試験3級程度】
 (1) 織物が合法的に製織された旨を確認し，検査済みであることを証する繊維需給調整協議会の「検査済」の表示
 (2) 物品税証紙
 (3) 選挙ポスターに押捺すべき選挙管理委員会の検印
 (4) 県産米の包装に押捺する合格等級を示す検査印
 (5) 書画の印章・落款

（担当：對馬直紀）

第3章　風俗に対する罪

Lesson 32　わいせつ罪

1　公然わいせつ罪

> 第174条（公然わいせつ）　公然とわいせつな行為をした者は，6月以下の懲役若しくは30万円以下の罰金又は拘留若しくは科料に処する。

　「公然と」とは，不特定または多数人の認識し得る状態をいう（判例・通説）。したがって，公然性が否定されるのは，特定かつ少数の人の前でわいせつな行為をした場合に限られる。

　「わいせつな行為」とは，行為者またはその他の者の性欲を刺激，興奮または満足させる動作であって，普通人の正常な性的羞恥心を害し，善良な性的道義観念に反するものをいう（東京高判昭27・12・18高刑集5巻12号2314頁）。不特定または多数人の面前での性器の露出や性交の実演がこれに当たる。性器以外の尻，ももその他身体の一部を露出するのは軽犯罪法1条20号に触れるが，本罪には該当しない。また，乳房の露出や接吻も本罪には当たらないとされている。

　本罪とわいせつ物公然陳列罪（175条）とでは，後者の法定刑の方が重い。そこで，ストリップショーの興行主に対してはわいせつ物公然陳列罪の成立を考えるべきであるとする見解がある。しかし，判例・通説は，「人」を「物」と解するのは疑問であるとして，演技者には公然わいせつ罪の正犯が成立し，興行主にはその共犯（教唆犯または従犯）が成立するとしている。

2 わいせつ物頒布罪

> 第175条（わいせつ物頒布等）　わいせつな文書，図画その他の物を頒布し，販売し，又は公然と陳列した者は，2年以下の懲役又は250万円以下の罰金若しくは科料に処する。販売の目的でこれらの物を所持した者も，同様とする。

(1) 保護法益

判例は，本罪の保護法益について，健全な性的風俗，性道徳，性秩序と解している（最大判昭32・3・13刑集11巻3号997頁）が，これには異論が少なくない。有力説は，わいせつ物を見たくない人の性的自己決定の自由および性的に未発達な未成年者の保護を図るための罰則と解し，成人が自由意思によりわいせつ物を受け取るなどした場合には本罪は成立しないとするが，この見解に対しては現行法の解釈としては無理であるとの批判が加えられている。

(2) わいせつの意義

本罪における「わいせつ」の意義について，判例は，「徒に性欲を興奮又は刺激せしめ且つ普通人の正常な性的羞恥心を害し善良な性的道義観念に反するもの」と定義し（最判昭26・5・10刑集5巻6号1026頁），これに当たるか否かは社会通念すなわち平均的一般人の意識を基準として判断されるとしている（前掲・最大判昭32・3・13）。このようなわいせつ性判断基準に対しては戦後の早い時期から曖昧であるとか，憲法で保障された**表現の自由**に抵触するとの批判が加えられてきた。

わいせつ物の頒布等の処罰がとくに疑問となるのは，作品が芸術的あるいは科学的な価値を有する場合である。前掲・最大判昭32・3・13は芸術性とわいせつ性とは次元を異にするから，芸術作品といえども作品のわいせつ性を解消するとはいえないと判示した。これに対して，有力な学説は，一般読者の卑俗な興味にさらすために描かれたならばわいせつ性を認めうる事項であっても，これを科学的あるいは芸術的研究のために専門の研究者の間だけで発表したような場合には，わいせつ性を帯びるものではないと主張する（**相対的わいせつ文書の概念**）。

相対的わいせつ文書の概念は最高裁により必ずしも採用されてはいないが，

わいせつか否かは個々の章句のみを取り上げて部分的に判断すべきではなく，文書全体との関連において判断すべき（**全体的考察**）だという点に関するかぎり，最高裁もこれを承認する（最大判昭44・10・15刑集23巻10号1239頁）。そこで，全体的考察の観点から次のようなわいせつ性判定基準が示されるに至っている。すなわち，文書のわいせつ性は，「当該文書の性に関する露骨で詳細な描写叙述の程度とその手法，右描写叙述の文書全体に占める比重，文書に表現された思想等と右描写叙述との関連性，文書の構成や展開，さらには芸術性・思想性等による性的刺激の緩和の程度，これらの観点から該文書を全体としてみたときに，主として，読者の好色的興味にうったえるものと認められるか否か」（最判昭55・11・28刑集34巻6号433頁）などの諸点を検討して判断されなければならない，と。

なお，本罪が成立するためには行為者が文書等のわいせつ性を認識していることを要するが，この点につき判例は，「175条の罪における犯意の成立については問題となる記載の存在とこれを頒布販売することの認識があれば足り，かかる記載のある文書が同条所定の猥褻性を具備するかどうかの認識まで必要としているものでない」とする（前掲・最大判昭32・3・13）。

(3) 客　体

本罪の客体は，わいせつな文書，図画その他の物である。「文書」としてふつう問題となるのは小説である。「図画」の例としては，絵画，写真，映画が挙げられる。これには未現像の映画フィルム（名古屋高判昭41・3・10高刑集19巻2号104頁）およびビデオテープ（最決昭54・11・19刑集33巻7号754頁）も含まれる。「その他の物」の例としては，録音テープ（東京高判昭46・12・23高刑集24巻4号789頁）が挙げられる。

コンピュータやインターネットの普及に伴い，**わいせつな音声や画像**の提供が本罪に該当するかどうかが問題となっている。ダイヤルQ^2に接続されたデジタル信号による録音再生機や，パソコンネットにおけるわいせつ画像のデータを記憶・蔵置させたコンピュータのハードディスクも，本罪にいう「わいせつ物」にあたるとした下級審判例（大阪地判平3・12・2判時1411号128頁，京都地判平9・9・24判時1638号160頁）に続き，最高裁も，画像データを蔵置したハードディスクを「わいせつ物」として，わいせつ物公然陳列罪の成立を認めた（最

決平13・7・16刑集55巻5号317頁)。このように，本罪にいう「わいせつ物」とは有体物に限られるとするのが従来の判例であったが，コンピュータのハードディスクまでわいせつ物とみることは不自然かつ技巧的すぎるとして，情報としての画像データ自体をわいせつ図画に当たると解すべきであるとの見解が主張されており，これに従う下級審判例も現れている（岡山地判平9・12・15判時1641号158頁）。

(4) 行　為

行為は，頒布，販売し，公然と陳列し，または販売の目的で所持することである。頒布，販売，公然陳列の相手方は，わいせつ物の販売を執拗に迫るなどの特別な事情のないかぎり，本罪の教唆犯または従犯として処罰されることはない。

「頒布」とは，不特定または多数人に対して無償で交付することをいい，「販売」とは，不特定または多数人に対して有償で交付することをいう。「公然と陳列する」とは，不特定または多数人が鑑賞できる状態におくことをいう。映画の上映，録音テープの再生のほか，ダイヤルQ^2の回線を利用したアダルト番組の再生や，パソコンネットのホストコンピュータのハードディスクに記憶・蔵置させたわいせつ画像のデータを電話回線によるパソコン通信により再生・閲覧可能な状態を設定することも公然陳列に当たるとされている（前掲・最決平13・7・16，前掲・大阪地判平3・12・2，前掲・京都地判平9・9・24)。

「所持」とは，事実上の支配をいい，握持は必ずしも必要ではない。所持は，販売目的を有する場合にのみ処罰される。複製物を販売する目的でわいせつビデオのマスターテープを所持した場合に，販売目的所持罪の成立を認めた判例がある（富山地判平2・4・13判時1343号160頁等)。ただし，本罪はわが国における健全な性風俗を維持することを目的とする犯罪であるから，日本国外で販売する目的の場合には本罪は成立しない（最判昭52・12・22刑集31巻7号1176頁)。

3　淫行勧誘・重婚罪

第182条（淫行勧誘）　営利の目的で，淫行の常習のない女子を勧誘して姦淫させた者は，3年以下の懲役又は30万円以下の罰金に処する。

第184条（重婚）　配偶者のある者が重ねて婚姻をしたときは，2年以下の懲役

に処する。その相手方となって婚姻した者も，同様とする。

(1) 淫行勧誘罪

本罪は，営利の目的で，淫行の常習のない女子を勧誘して第三者と性交させる行為を処罰するものである。「営利の目的」とは，財産的利益を取得する目的をいう。「淫行の常習のない女子」とは，不特定の者を相手として性交を行うことを常習とする女子以外の女子をいう。「勧誘」とは，女子をして性交の決意を生じさせる一切の行為をいう。女子が勧誘に基づき実際に性交を行うことによって既遂に達する。

本罪の保護法益については，営業犯的な行為を防止する風俗犯罪とみる見解と，女子の性的自由や情操とみる見解とが対立している。もっとも，売春防止法の制定により，売春の周旋をした者は処罰されることになったので（売春防止法6条），本罪が適用される例はほとんどなくなっている。

(2) 重婚罪

本罪の法益は，民法732条の定める一夫一婦制の維持である。「配偶者のある者」とは，法律上の婚姻関係にある者を意味し，内縁関係又は事実婚の関係にある者は含まれない（通説）。同様に，本罪にいう「婚姻」は法律婚に限られる。本罪は，新たな婚姻届けの受理によって既遂に達する。

本罪にいう「婚姻」は法律婚を意味するため，本罪が成立するのは，役所の戸籍係と通謀するとか，その錯誤を利用して婚姻届を受理させるなどの稀な場合に限られる。

ワーク 32　演習問題

【問】　次の文章のうち，判例からみて正しいものはどれか。

【法学検定試験3級程度】

(1)　夜間密閉した部屋で，客引きなどにより集めた不特定の5名の観客の前でわいせつな行為を行った場合，公然わいせつ罪は成立しない。

(2)　わいせつなストリップショーを公然と行った場合，演技者には公然わいせつ罪が成立し，興行主にはわいせつ物公然陳列罪が成立する。

(3) 日本国外で販売する目的でわいせつな図画を所持する場合，わいせつ図画販売目的所持罪は成立しない。

(4) わいせつな映画を上映したが，行為者はわいせつ性を具備しないと思っていた場合，わいせつ物公然陳列罪の故意が欠ける。

（担当：萩原　滋）

Lesson 33　賭博および富くじに関する罪

1　総　説

賭博および富くじに関する罪は，**偶然の事情**（偶然に左右される事柄の成り行き：たとえば，勝負事の勝敗，天気の雨晴，抽選の当たりはずれ）によって財産的利益を獲得しようとする行為を処罰する犯罪である。

(1) 保護法益

本罪の保護法益は，財産の獲得は勤労その他の正当な原因によるべきであるという「健全な経済生活上の風俗」である（最大判昭25・11・22刑集 4 巻11号2380頁参照）。

(2) 処罰根拠

本罪の処罰根拠は，偶然の事情によって財産的利益を獲得しようとする行為が横行すると，国民の射幸（倖）心があおられ，怠惰浪費の弊風が生じ，健康で文化的な社会の基礎をなす健全な経済的風俗が害される点に求められる（最大判昭25・11・22刑集 4 巻11号2380頁参照）。

(3) 処罰の例外

本罪に該当するような行為であっても，特別法によって許容されるものが多い。たとえば，証券取引（証券取引法）や商品取引（商品取引法）等の賭博行為，宝くじ（当せん金附証票法），競馬（競馬法），競輪（自転車競技法），競艇（モーターボート競走法）等の富くじ行為は，許容される。

2　単純賭博罪

> 第185条（賭博）　賭博をした者は，50万円以下の罰金又は科料に処する。ただし，一時の娯楽に供する物を賭けたにとどまるときは，この限りでない。

(1) 賭博行為

賭博行為とは，財産上の利益を賭け，行為者には確実に予想できない偶然の事情に関して勝敗を決し，その勝敗に基づいて財産上の利益の獲得および喪失を確定することをいう。たとえば，いわゆる野球賭博のように，プロ野球や高校野球の勝敗に金銭を賭ける場合や，いわゆる麻雀賭博のように，金銭を賭けて行為者みずからゲームを行う場合である。

(2) 一時の娯楽に供する物

一時の娯楽に供する物とは，関係者が即時娯楽のために費消するようなものをいう（大判昭4・2・18新聞2970号9頁）。たとえば，その場にある飲食物や煙草等を賭けの対象とする場合である。金銭は，少額であっても，一時の娯楽に供する物には含まれない（大判大13・2・9刑集3巻95頁）。

3 常習賭博罪

> 第186条①（常習賭博） 常習として賭博をした者は，3年以下の懲役に処する。

(1) 主 体

本罪の主体は，賭博の常習性を有する者（賭博常習者）である。本罪は，行為者の常習性を理由に，単純賭博罪に比較して法定刑が加重された類型である。

(2) 賭博常習者

賭博常習者とは，賭博を反復累行する習癖のある者をいう（最判昭23・7・29刑集2巻9号1067頁）。

4 賭博場開帳図利罪・博徒結合図利罪

> 第186条②（賭博場開帳等図利） 賭博場を開帳し，又は博徒を結合して利益を図った者は，3月以上5年以下の懲役に処する。

(1) 賭博場開帳行為

賭博場を開帳するとは，賭博の主催者となって，その支配のもとに賭博をさ

せる場所を提供することをいう（最判昭25・9・14刑集4巻6号1652頁）。電話で賭けを受け付ける野球賭博の開催のように，賭博参加者が特定の場所に集合しなくてもよい（最判昭24・6・18刑集3巻7号1094頁）。

(2) 賭博場開帳図利

賭博場を開帳して利益を図るとは，入場料，手数料，寺銭等の名目で，賭博場開設の対価として，賭博参加者からの財産的利益獲得を目的としていることである（最判昭24・6・18刑集3巻7号1094頁参照）。

(3) 博　徒

博徒とは，常習的または職業的に賭博を行う者をいう。

(4) 博徒結合行為

博徒を結合するとは，みずから中心となって博徒の間に親分・子分的な人的関係を築き，一定の区域（縄張り）内で賭博を行うことについて，博徒に便宜を提供することをいう。

(5) 博徒結合図利

博徒を結合して利益を図るとは，上述の便宜提供の対価として，博徒からの財産的利益獲得を目的としていることである。

5　富くじに関する罪

> 第187条（富くじ発売）　①　富くじを発売した者は，2年以下の懲役又は150万円以下の罰金に処する。
> （富くじ発売取次ぎ）　②　富くじ発売の取次ぎをした者は，1年以下の懲役又は100万円以下の罰金に処する。
> （富くじ授受）　③　前2項に規定するもののほか，富くじを授受した者は，20万円以下の罰金又は科料に処する。

(1) 富くじ

本罪の客体である**富くじ**とは，発売者が番号札（くじ）を発売して購買者から金銭その他の財物を集め，その後，くじ引き，抽選その他の偶然的方法の結果に基づいて，くじ引きに当たった者，当選者だけに利益を付与することによ

り，購買者の間に不平等が生じる利益分配を行うことを内容とするものである。賭博が参加者全員が賭けた財産を失うリスクを負担するのに対して，富くじの場合，財産喪失のリスクを負担するのは購買者だけで，発売者はリスクを負担しない点が異なる。

(2) 発売行為

富くじを発売するとは，発行者自身の計算において，富くじを発行・売却することをいう。

(3) 発売取次行為

富くじ発売の取次ぎをするとは，富くじの発売者と購買者との中間に介在して，売却の周旋を行うことをいう。

(4) 授受行為

富くじを授受するとは，富くじの発売および発売取次を除き，富くじの購入をはじめ，富くじの所有権を移転する行為すべてを指す。

ワーク 33　演習問題

【問】　次のうち，賭博罪として処罰されるものを一つ選びなさい。

【法学検定試験4級程度】

(1)　銀行員と顧客が，顧客が負けた場合は銀行に口座を開設する約束で，トランプ・ゲームをした。
(2)　敗者が酒を一気飲みする約束で，トランプ・ゲームをした。
(3)　勝者が負けた者の持ち物から好きな物をもらえる約束で，トランプ・ゲームをした。
(4)　参加者のワリカンで購入したワインを勝者だけが飲むことができるという約束で，トランプ・ゲームをした。

(担当：内山良雄)

Lesson 34　礼拝所および墳墓に関する罪

1　総　説

　礼拝所および墳墓に関する罪の保護法益は，宗教生活における善良な風俗ないし国民の宗教感情である。本罪は，特定の宗教を前提とせず，宗教生活における風俗ないし国民感情一般を保護しようとするものであるから，憲法20条の保障する「信教の自由」に反しない。本罪には，宗教感情一般をひろく保護する類型である礼拝所不敬罪，説教等妨害罪，墳墓発掘罪と，とくに死者に対する敬慕感情を保護する類型の死体等損壊罪，同遺棄罪，同領得罪，さらに両類型の複合類型である墳墓発掘死体等損壊罪等がある。なお，変死者密葬罪は，死体に関係するため便宜上本罪に含めて規定されているが，行政取締目的から規定されたものであって，宗教上の風俗・国民感情とは関係ない。

2　礼拝所不敬罪

> 第188条①（礼拝所不敬）　神祠(し)，仏堂，墓所その他の礼拝所に対し，公然と不敬な行為をした者は，6月以下の懲役若しくは禁錮又は10万円以下の罰金に処する。

(1)　客　体

　本罪の客体は，**礼拝所**である。神祠(し)（神道の神を祭り礼拝の対象となっている施設），仏堂（仏教の仏を祭り礼拝の対象となっている施設），墓所（人の死体・遺骨を埋葬・安置し，死者に対する宗教的崇敬の対象となっている場所）は，礼拝所の例示である。礼拝所とは，以上のほか，キリスト教等における教会を含め，いかなる宗教であるかにかかわらず，一般的宗教感情に基づく礼拝の対象となっている施設および場所を総称するものである。

(2) 公　　然

公然とは，不特定または多数の人に認識可能な状態をいう。

(3) 不 敬 行 為

不敬な行為とは，礼拝所の神聖・尊厳を汚し，宗教感情一般を害する行為である。たとえば，礼拝所や礼拝の対象となるもの（神体，仏像，キリスト像等），墓石，墓碑等を損壊し，転倒させたり，これらの物に侮辱的言動を行い，汚物をかけ，落書きをする等の行為である。

3　説教等妨害罪

> 第188条②（説教等妨害）　説教，礼拝又は葬式を妨害した者は，1年以下の懲役若しくは禁錮又は10万円以下の罰金に処する。

(1) 客　　体

本罪の客体は，説教，礼拝，葬式である。**説教**は，宗教の教義を説き聞かせること，**礼拝**は，神仏等に対する宗教心を表明する動作（おがむこと），**葬式**は，死者を葬る儀式である。

(2) 妨 害 行 為

説教等を**妨害**するとは，説教，礼拝，葬式の平穏・円滑な遂行に支障をきたす一切の行為をいう。

4　墳墓発掘罪

> 第189条（墳墓発掘）　墳墓を発掘した者は，2年以下の懲役に処する。

(1) 墳　　墓

本罪の客体である**墳墓**とは，人の死体，遺骨，遺髪，遺品等を埋葬して死者を祭祀し，礼拝の対象となっている場所をいう。古墳も墳墓ではあるが，祭祀礼拝の対象となっていないものについては，本罪の墳墓には含まれない（大判昭9・6・13刑集13巻747頁）。

(2) 発 掘 行 為

墳墓を発掘するとは，墳墓を覆っている土の全部または一部を除去し，または墓石等を破壊解体して，墳墓を損壊する行為をいい，墳墓内の棺桶，遺骨，死体等を外部に露出させなくてもよい（最決昭39・3・11刑集18巻3号99頁）。

5　死体損壊等の罪

> 第190条（死体損壊等）　死体，遺骨，遺髪又は棺に納めてある物を損壊し，遺棄し，又は領得した者は，3年以下の懲役に処する。

(1) 客　　体

本罪の客体は，死体，遺骨，遺髪，および棺に納めてある物である。**死体**とは死亡した人の身体の全部ないし一部ならびにその内部臓器・脳漿をいい（大判大14・10・16刑集4巻613頁），人体としての形状をそなえていれば死胎も含む（大判明44・10・23刑録17輯1752頁）。**遺骨・遺髪**とは，死者を祭祀・祈念するため保存される骨・頭髪をいう（大判明43・10・4刑録16輯1608頁）。**棺に納めてある物**とは，死体，遺骨，または遺髪とともに棺に納められる副葬品である。

(2) 損 壊 行 為

死体等を損壊するとは，死体等を物理的に損傷・破壊することである。

(3) 遺 棄 行 為

死体等を遺棄するとは，死体等を場所的に移動させて放置することであるが，死体等を埋葬するべき義務を負っている者については，場所的移動を伴わずに埋葬する意思なく死体等を放置して立ち去る行為も遺棄に含まれる（大判大6・11・24刑録23輯1302頁）。

(4) 領 得 行 為

死体等を領得するとは，死体等の占有を取得する一切の行為をいう。死体等領得行為について，別途，財産罪が成立することはない（大判大4・6・24刑録21輯886頁参照）。

6 墳墓発掘死体損壊等の罪

> 第191条（墳墓発掘死体損壊等） 第189条の罪を犯して，死体，遺骨，遺髪又は棺に納めてある物を損壊し，遺棄し，又は領得した者は，3月以上5年以下の懲役に処する。

　本罪は，墳墓発掘罪と死体損壊等の罪との結合犯であるから，それぞれの項目の解説を参照されたい。同一機会に連続して両罪を犯した場合は，両罪の牽連犯として処断されるのではなく，本罪によって重く処罰される。

7 変死者密葬罪

> 第192条（変死者密葬） 検視を経ないで変死者を葬った者は，10万円以下の罰金又は科料に処する。

(1) 変死者

　本罪の客体である**変死者**とは，犯罪を死因とする死体，死因不明の不自然死による死体，およびその疑いのある死体をいう。つまり，自然死によることが明白な死体以外の死体である。

(2) 行為

　本罪の行為は，変死者を，検視を経ないで葬ることである。検視とは，死体に対する検証をいい，犯罪に基づく死亡の疑いがある場合に行われる司法検視と，それ以外の場合に行われる行政検視がある。**葬る**とは，埋葬することである。

ワーク 34　演習問題

【問】 次のうちで説教等妨害罪にあたらないものを一つ選びなさい。

【法学検定試験4級程度】

(1) 教会の入り口に「神父急病のため，本日のミサは中止」と嘘を書いた

紙を貼付した。
(2)　仏式の葬式で，焼香をする代わりに，キリスト教式の十字を切った。
(3)　仏式の葬式の開始直前に，僧侶の数珠を隠した。
(4)　神道の礼拝中に，大声で聖歌を歌った。

（担当：内山良雄）

第3編 国家的法益に対する罪

第1章 国家の存立および国交に対する罪

Lesson 35　内乱罪・外患罪・国交に関する罪

1　総　説

　刑法は，国家の存立を保護法益とするものとして「内乱に関する罪」(77条〜80条) と「外患に関する罪」(81条・82条・87条・88条) を規定し，国の外交作用に関わるものとして「国交に関する罪」(92条〜94条) を規定している。前二者と後者とでは保護法益を異にするが，本書では，便宜上，同一の章で扱うことにする。

2　内乱の罪

第77条（内乱）　①　国の統治機構を破壊し，又はその領土において国権を排除して権力を行使し，その他憲法において定める統治の基本秩序を壊乱することを目的として暴動をした者は，内乱の罪とし，次の区別に従って処断する。
　一　首謀者は，死刑又は無期禁錮に処する。
　二　謀議に参与し，又は群衆を指揮した者は無期又は3年以上の禁錮に処し，その他諸般の職務に従事した者は1年以上10年以下の禁錮に処する。
　三　付和随行し，その他単に暴動に参加した者は，3年以下の禁錮に処する。
②　前項の罪の未遂は，罰する。ただし，同項第3号に規定する者については，この限りでない。
第78条（予備及び陰謀）　内乱の予備又は陰謀をした者は，1年以上10年以下の禁錮に処する。
第79条（内乱等幇助）　兵器，資金若しくは食糧を供給し，又はその他の行為により，前2条の罪を幇助した者は，7年以下の禁錮に処する。

> 第80条（自首による刑の免除）　前2条の罪を犯した者であっても，暴動に至る前に自首したときは，その刑を免除する。

(1) 性　　格
本罪は，憲法の定める国家の基本的な政治組織を暴力により変革しようとすることにより，統治機構としての国家の存立そのものを危うくする罪である。一方，本罪は政治犯ないし確信犯の典型的な場合であり，懲役刑に代えて禁錮刑が規定されているのはそのためだとされる。

(2) 目　　的
本罪は，目的犯であって，国の統治機構を破壊したり，国権を排除して自ら権力を行使するなどの統治の基本秩序を壊乱する目的が必要とされる。国の統治機構の破壊とは，代表民主制や議院内閣制などの統治の基本制度の停止を意味し，単に個々の内閣を打倒することは含まれない（大判昭10・10・24刑集14巻1267頁）。行為者が単に内心でこの目的を抱くだけでは足りず，客観的に国の統治機構を破壊するに足りる程度の暴動がなされることが必要である。

(3) 暴　　動
暴動とは，多数の者による暴行脅迫をいう。ここでの暴行は，人に対するものだけでなく，物に対するものも含む（最広義の暴行概念）。暴動の内容として行われた殺人，傷害，放火，器物損壊等は，本罪に吸収され，別罪を構成しないものとされる。

(4) 関　与　者
本罪は，多数の者の関与を予定する集団犯である。騒乱罪（106条）とは異なり，ある程度組織化された集団でなければならない。**関与者**は，その役割に応じて，①首謀者，②謀議に参与した者および群衆を指揮した者，③諸般の職務に従事した者，④付和随行者およびその他の暴動参加者として罰せられる。④の刑が軽いのは，群集心理によって暴動へと駆り立てられたものであり責任が軽微だからである。集団の外部から各関与者に対して働きかけた者については，本罪が必要的共犯であることを理由に総則の共犯規定は適用されないとする見解と，必要的共犯として予定された範囲を超えるものであって総則規定により共犯として罰すべきだとする見解が対立している。

(5) 内乱予備・陰謀

内乱の予備とは，資金や武器の調達といった内乱の準備行為一般を指し，内乱の陰謀とは，2人以上の者が内乱を計画して合意することをいう。

(6) 内乱幇助

本罪は，内乱罪および内乱の予備・陰謀の幇助を独立罪として規定したものである。本罪の成立については，正犯に内乱罪または内乱予備・陰謀罪が成立することを必要とする見解と，これを不要とする見解が対立している。

3 外患の罪

> 第81条（外患誘致） 外国と通謀して日本国に対し武力を行使させた者は，死刑に処する。
> 第82条（外患援助） 日本国に対して外国から武力の行使があったときに，これに加担して，その軍務に服し，その他これに軍事上の利益を与えた者は，死刑又は無期若しくは2年以上の懲役に処する。
> 第87条（未遂罪） 第81条及び第82条の罪の未遂は，罰する。
> 第88条（予備及び陰謀） 第81条又は第82条の罪の予備又は陰謀をした者は，1年以上10年以下の懲役に処する。

(1) 性格

内乱罪が国の内部からその存立を危うくする罪であるのに対して，外患罪は，外国に武力を行使させたり，外国の武力行使に加担したりすることにより，外部から国家の存立を危うくする罪である。

(2) 外患誘致

本罪は，外国と通じてわが国に対し武力を行使させることを罰するものである。「外国」とは，外国の国家機関を指し，私的団体を含まない。本罪の成立には，実際に外国により軍事力が行使されたことが必要とされる。

(3) 外患援助

本罪は，外国から武力行使があった際に（構成要件的状況）これを援助する行為を罰するものである。

(4) 外患予備・陰謀

本罪は，外患誘致および外患援助に備えて準備行為をなし，あるいは2人以上の者でその計画を立てて合意することを罰するものである。

4 国交に関する罪

> 第92条（外国国章損壊等） ① 外国に対して侮辱を加える目的で，その国の国旗その他の国章を損壊し，除去し，又は汚損した者は，2年以下の懲役又は20万円以下の罰金に処する。
> ② 前項の罪は，外国政府の請求がなければ公訴を提起することができない。
> 第93条（私戦予備及び陰謀） 外国に対して私的に戦闘行為をする目的で，その予備又は陰謀をした者は，3月以上5年以下の禁錮に処する。ただし，自首した者は，その刑を免除する。
> 第94条（中立命令違反） 外国が交戦している際に，局外中立に関する命令に違反した者は，3年以下の禁錮又は50万円以下の罰金に処する。

(1) 相互主義と単独主義

諸外国の立法例には，相手国も自国に対して同様の保護を与えている場合に限って処罰するという相互主義（ドイツなど）と，そのような限定を付さない単独主義とがあるが，わが国の刑法は後者を採用している。

(2) 保護法益

国交に関する罪の性格に関しては，かつては国家の対外的安全を害することによってひいては国家の存立を脅かすという危険性を処罰根拠とする対外的安全説が支配的であったが，今日では，外国の法益そのものを保護法益と解する外国法益説と，わが国の外交作用を保護法益とする外交作用説とが有力となっている。外国法益説は，現在の国際協調主義の下では，各国は自国の利益のみならず他国の利益をも尊重することが義務づけられていること，92条2項が外国政府の請求を訴訟条件としていることなどを理由に挙げる。これに対して，外交作用説は，もっぱら他国の利益を保護するのは国内法としての刑法の任務を超えており，とりわけ単独主義の下で他国の利益を一方的に保護するというのは行き過ぎであるとし，外国政府の請求という要件も外交作用に対する危険

の徴表として説明できるとする。

(3) 外国国章損壊等

本罪は，外国を侮辱する目的で国旗等の国章を損壊，除去，汚損することによって成立する。「**外国**」には，未承認国も含まれるが，国連などの超国家的組織は含まれない。「**国章**」とは，国の権威を象徴するものをいい，国旗のほか軍旗や元首旗などがこれに当たる。「国章」の範囲に関しては，①当該国家によって公的に掲揚されたものに限られるとする見解，②私人によって掲揚されたものも含むとする見解，③私人による場合には国の権威を象徴するものとして公的な場所（国際的な博覧会，競技会等）に掲揚されたものに限られるとする見解が対立している。「損壊」とは，器物損壊罪におけるよりも狭く，物理的損壊に限られるとする見解が有力である。「除去」とは，場所的に移転することを意味すると解するのが文言に忠実であるが，判例は，国章の効用を減却するものであれば足りるとして総領事館入口の国章をベニヤ板で遮蔽した行為を国章の「除去」に当たるとしている（最決昭40・4・16刑集19巻3号143頁）。「汚損」とは，ペンキ等を付着させることにより汚すことをいう。本罪は「外国に対して侮辱を加える目的」を必要とする目的犯である。この目的の性格については，行為者の主観的な意図ないし傾向として捉える見解と，客観的に外国を侮辱するに適する行為であること（確定的）認識を意味するとの見解が対立している。なお，本罪に当たる行為は，しばしば器物損壊罪（261条——3年以下の懲役又は30万円以下の罰金若しくは科料）にも該当するが，両罪の関係については，①両罪の保護法益の違いから観念的競合として処断すべきとする観念的競合説と，②本罪が国章の財産価値が類型的に小さいことを理由に器物損壊罪より軽い法定刑を規定している趣旨を没却しないために本罪の成立のみを認めるべきとする法条競合説がある。

(4) 私戦予備・陰謀

私的に外国と戦闘行為をする目的での予備・陰謀を独立に罰するものである。私戦そのものは，処罰されていない。

(5) 中立命令違反

外国が交戦している際に，中立命令に違反して一方の国の利益を図ることを罰するものである。具体的にいかなる行為が処罰対象となるかは，中立命令の

内容によって初めて確定する（白地刑罰法規）。

ワーク 35　演習問題

【問】　次の記述のなかで正しいものを選びなさい。【法学検定試験3級程度】
(1)　時の閣僚を殺害することによって政権交代を実現しようと企て，数百人で蜂起することは内乱罪に当たらない。
(2)　政府の政策に不満を持つ労働者団体の集会が暴徒化して，数百人で大規模な放火や傷害，器物損壊を繰り返すことは，内乱罪に当たる。
(3)　A国が外国の国旗の損壊等を処罰していないという場合には，A国の国旗を日本で損壊しても国章等損壊罪は成立しない。
(4)　外国のゲリラ組織と通謀して，わが国に攻撃を仕掛けさせようとするのは，外患誘致罪に当たる。

（担当：松原芳博）

第2章　国家の作用に対する罪

Lesson 36　公務の執行を妨害する罪

1　総　説

　刑法第2編第5章は，「公務の執行を妨害する罪」として，①公務執行妨害罪（95条1項）・職務強要罪（95条2項），②封印等破棄罪（96条），③強制執行妨害罪（96条の2）および④競売入札妨害罪（96条の3第1項）・談合罪（96条の3第2項）を規定している。「公務の執行を妨害する罪」は，公務員自体を保護するものではなく，国または地方公共団体の作用としての公務の円滑かつ公正な遂行を保護するものである。それ故，公務員は，犯罪の客体（行為の客体）ではあるが，保護法益ではない。

2　公務執行妨害罪（狭義）

> 第95条①（公務執行妨害）　公務員が職務を執行するに当たり，これに対して暴行又は脅迫を加えた者は，3年以下の懲役又は禁錮に処する。

(1)　客　体

　公務員である。刑法7条1項は，「この法律において『公務員』とは，国又は地方公共団体の職員その他法令により公務に従事する議員，委員その他の職員をいう」と規定している。特別法により公務員とみなされる者（みなし公務員・準公務員）も「公務員」に含まれる（たとえば，日本銀行の任命委員・職員（日銀法13条の4・19条1項），国民金融公庫の役職員（国金法17条）など）。しかし，本罪はわが国の公務を保護するものであるから，外国の公務員は含まれな

い。

　最判昭35・3・1（刑集14巻3号209頁）は，単純な肉体的・機械的労務に従事する者は本罪の客体たる公務員に含まれないとしつつも，郵便集配人は民訴法，郵便法等の諸規定に基づく精神的労務をも担当していることから公務員に当たるとした。しかし，学説では，肉体的・機械的労働に従事する者であっても，その事務が権力的なものである場合や，国または公共団体の機関としての事務である場合には，公務員と解すべきものとする見解が有力である（大谷實，曽根威彦，中森喜彦，林幹人，平野龍一）。

(2) 職務の範囲

　①通説・判例は，広く公務員の行う職務一般を含むとしている。しかし，最近では，②本罪の職務は**非現業的公務**に限られ，現業的公務は業務妨害罪（233条・234条）により保護されるとする見解（団藤重光）や，③本罪の職務は国民に対し権利を制限し義務を課す**権力的公務**に限定され，非権力的公務は業務妨害罪により保護されるとする見解（曽根，中山研一，平川宗信）が有力である。しかし，他方，④たとえば文部省の役人のデスクワークが本罪の対象とされないのは妥当でないとして，本罪の職務に強制力を行使する権力的公務のほか，非現業的なもので，かつ職務妨害の国民への影響の特に大きい非私企業的公務を含める見解（前田雅英），また，⑤権力的でも非現業的でもない郵便集配人の業務も本罪の保護を要するとし，権力的公務や非現業的公務に限定することなく，類型的に公共性が認められる公務を本罪の対象とすべきとする見解（林），さらには，⑥判例の立場を基礎としつつ，自力執行力を有する権力的公務を業務妨害罪の業務から排除する見解（西田典之）が主張されている。

(3) 職務の適法性

　公務の円滑な執行という国家的利益と，基本的人権の保障という個人的利益の調和を図る見地から，職務行為は「適法」なものであることが要求される。通説は，職務の適法性を**書かれざる構成要件要素**と解している。違法な職務行為に対する反撃は，正当防衛となり得る。

　(a) 職務の適法性の要件　　職務の適法性の要件として，(Ⅰ)職務行為が当該公務員の**一般的・抽象的職務権限**に属すこと，(Ⅱ)当該公務員が**具体的職務権限**を有すること，(Ⅲ)当該職務行為の有効要件である法律上の**重要な手続・**

方式を履んでいることが必要である（通説）。たとえば，警察官が入場料金の支払示談斡旋を行うことは要件(I)を欠き，その場合にはそもそも職務行為ともいえない。要件(II)との関係では，とくに，職務執行につき割当・指定・委任などがある場合には，その範囲内の職務執行でなければならない。たとえば，適法な強制執行は当該執行官に委任された事件についてのみ認められる。要件(III)との関係では，たとえば，通常逮捕において逮捕状の提示が必要となる。

要件(III)は，手続・方式の法定要件を完全には具備していない職務をどこまで本罪により保護すべきかという問題である。これについては，とりわけ，①重大な方式違反ではなく軽微な手続違反であれば，なお職務の適法性が認められるとする見解（中山），②任意規定や訓示規定の違反に限って職務の適法性を認める見解（大塚仁，曽根），③公務の保護と国民の人権保護の調和という観点から，職務執行の相手方の権利・利益の保護のために必要かつ重要な手続要件違反がないかぎり適法な職務と解する見解（西田）がある。

最高裁昭27・3・28判決（刑集6巻3号546頁）は，収税官吏が法定の検査章を携帯せずに所得税調査をしたとしても，納税義務者等が検査章の不携帯を理由として収税官吏の検査を拒んだような事実がない以上，これに対して暴行・脅迫を加えたときは本罪を構成するとした。しかし，前記要件(III)に関する①説からは，検査章不携帯は重大な方式違反であるとされている。また，②説からは，収税官吏に検査章携帯を命ずる規定は単なる訓示規定ではないことから，職務の適法性が否定されることになる。これに対し，③説からは，本件では職務の適法性が肯定されよう。また，職務の適法性は許された危険の法理に基づいて，行為時における最高度の認識を基礎とし，個人的法益の侵害の危険性と職務の有用性を衡量して決定すべきであるとする立場から，本件の法的瑕疵が相手に与える影響はそれほど大きなものではないとし，全体として適法と解するものがある（林）。

(b) 職務の適法性の判断基準　職務の適法性，とくに前記要件(II)の有無を判断する基準については，①当該職務を執行している公務員自身が適法と信じていたか否かを標準とする**主観説**（公務員標準説），②行為当時において一般人の立場からみて適法な職務執行とみられるか否かを標準とする**折衷説**（一般人標準説），③裁判所による法令解釈により定めるべきであるとする**客観説**

（裁判官標準説）が対立している。①説では，ほとんどの場合に適法性が認められ，公務員の恣意を許すおそれがある。②説は，一般人という標準が漠然としており，また，法令をよく知らない一般人は公務員の職務執行を外見だけで適法と判断しがちであり，結果的に①説に近づく。そこで，現在では③説が通説となっている。しかし，その内部では，裁判所はどの時点を基準とし何を判断基底において判断するか，という点につき争いがある。すなわち，職務行為時における具体的状況に照らした客観的判断によるべきであるとする**行為時標準説**（緩やかな客観説）と，裁判時における事後審査であるべきものとする**裁判時標準説**（純客観説）がある。前説と後説とでは，逮捕時には逮捕要件を満たしていたが裁判時に無実と判明した誤認逮捕の場合に，結論の相違が生ずる。前説は，行為時の外観を重視することから，②説に接近することになる。

(c) 職務の適法性に関する錯誤　客観的には適法な職務執行であるのに違法だと誤信して反抗した場合に，故意が認められるか否かが問題となる。学説は，①事実の錯誤として故意を阻却する見解（村井敏邦，平川など），②違法性の錯誤として故意を阻却しない見解（藤木英雄，齊藤信宰），③適法性を基礎づける事実と適法性の評価自体を区別し，前者の誤認のみを事実の錯誤とする二分説（曽根，西田など）に大別される。①説は，行為者が軽率に違法な職務であると誤信した場合にも，常に故意が阻却されることになり妥当ではないとの批判がある。②説は，事実を誤認したために違法と信じた場合にも，事実の錯誤ではなく違法性の錯誤とされる点で問題がある。また，職務の適法性を構成要件要素とする通説からは，②説は採用できない。そこで，③説は，たとえば，逮捕状による逮捕において，(I)公務員が逮捕状を呈示したのに，行為者がそれを見ていなかったため違法逮捕と誤信した場合には，適法性を基礎づける事実の誤認（事実の錯誤）であり故意が阻却されるが，(II)行為者が逮捕状を見ても自分は無実だから違法逮捕だと誤信した場合には，適法性自体の誤認（違法性の錯誤）であり，必ずしも故意は阻却されないとしている。

(4) **「職務を執行するに当たり」の意義**

職務を執行するに「当たり」とは，「際して」という意味であり，特定の職務の執行を開始してから終了するまでの時点をいう。単に将来の職務執行を予想して暴行・脅迫を加えた場合はこれに当たらないが，まさに職務の執行に着

手しようとしたときはこれに含まれる。最近の判例は，職務の実質的な一体性（密接性・継続性）を緩やかに解して本罪の成立を認める傾向にある。本罪の「職務」に非権力的公務をも広く含める場合には，職務の特定や時間的限定が緩やかになりやすい（平川）。

〔判例〕　否定例──旧国鉄の駅の助役が点呼終了後に事務引継ぎのために助役室に赴く途中で暴行を受けた場合（最判昭45・12・22刑集24巻13号1812頁）。肯定例──①旧国鉄の運転士が列車の運転室内で他の運転士と事務引継ぎ・交替を行った後，当直助役のもとに赴いて終業点呼を受けるため駅ホームを歩行していた際に暴行を受けた場合（最決昭54・1・10刑集33巻1号1頁），②統轄的職務を担う電報局長が被告人に対応するため余儀なく執務を一時中断した際に暴行を受けた場合（最判昭53・6・29刑集32巻4号816頁），③県議会委員長が，被告人らの抗議により議事が紛糾したため，委員会の休憩を宣言して退出しようとした際に暴行を受けた場合（最決平元・3・10刑集43巻3号188頁）。

(5) **暴行・脅迫**

本罪の**暴行・脅迫**は，職務の執行を妨害するに足りる程度のものであることを要するが，現実に妨害の結果が生じたことを要しない。それ故，通説は，本罪を抽象的危険犯と解している。もっとも，本罪の暴行・脅迫は積極的な行為でなければならない。また，職務執行を妨害するに足りる程度のものか否かについては，職務の性質に応じて相対的に判断すべきであり，可罰的違法性の程度をも考慮する必要がある。また，行為時の状況と暴行・脅迫の具体的態様から客観的に判断されるべきである。権力的公務に対しては，かなりの程度の暴行・脅迫でなければ職務執行を妨害しにくいことから，たとえば，警察官の実力行動や逮捕に対して軽微な暴行・脅迫を行っても本罪は成立しないとする見解（西田，林）が有力である。

〔判例〕　肯定例──①無許可のデモ行進を解散させようとしていた警察官に対して瞬間的に1回投石したが命中しなかった場合（最判昭33・9・30刑集12巻13号3151頁），②県職員に対する抗議行動の過程でパンフレットを丸め職員の顔面に2，3回突きつけ，1回は顎に接触させた場合（最判平元・3・9刑集43巻3号95頁）。

本罪の暴行は，暴行罪（208条）の暴行よりも広く，公務員の身体に加えられ

たものに限られず，直接・間接を問わず公務員に向けられた有形力の行使をいう。また，暴行・脅迫の相手方は，公務員自身である必要はなく，公務員の指揮に従い職務執行に密接不可分に関与する補助者であってもよい。

〔判例〕　肯定例──③（旧）専売局事務官が押収してトラックに積み込んだ煙草を路上に投げ捨てた行為（最判昭26・3・20刑集5巻5号794頁），④覚醒剤取締法違反の現行犯逮捕の現場で，適法に差し押さえ整理のために置いていた覚醒剤注射液入りアンプルを足で踏みつけ損壊した行為（最決昭34・8・27刑集13巻10号2769頁）。

しかし，95条1項が，暴行を公務員に「対して」加えられるものに限定していること，また，単なる威力を本罪の手段から除いていることから，前記判例③④に対しては疑問が寄せられている。それ故，直接には物や第三者に加えられた暴行であっても，それが間接的に公務員の身体に物理的な影響を与える場合でなければならないとする見解（曽根，中森，平川など）が有力である。この見解によれば，間接暴行とされるのは，当該行為が公務員の面前で行われた場合に限られることになる（西田）。

(6) **罪数・他罪との関係**

本罪の罪数を決定するには，①公務員の数を標準とする見解もあるが，②本罪の保護法益は公務であるから，妨害された公務の数を標準とする見解が通説である。本罪の手段たる暴行・脅迫は別罪を構成せず本罪に吸収される。もっとも，本罪における暴行・脅迫が傷害罪，逮捕監禁罪，強盗罪，恐喝罪，騒乱罪等に当たる場合には，本罪とそれらの罪との観念的競合となる。

3　職務強要罪

> 第95条②（職務強要）　公務員に，ある処分をさせ，若しくはさせないため，又はその職を辞させるために，暴行又は脅迫を加えた者も，前項と同様とする。

(1) **本罪の性格**

本罪は，公務員に一定の作為・不作為または辞職を強要する目的で暴行・脅迫を行った場合に成立する（目的犯）。暴行・脅迫を加えることにより既遂に

達し，公務員が処分をしたこと等を要しない。

本罪の性格に関して，①判例は，広く公務員の職務上の地位の安全をも保護するもの（強要罪の特別規定）と解している。しかし，学説では，②公務員だけがその地位の安全を刑法により特別に保護される理由はないとして，本条項は将来の職務行為の適正な執行を保護するもの（公務執行妨害罪の補充規定）と解する見解（曽根，中森）がある。また，折衷的立場として，③本罪を公務員の職務上の地位の安全をも保護するものと解することは疑問であるとしながらも，基本的に強要罪の特別罪と捉え，かつ公務執行妨害罪を補充する機能をも認める見解（西田），逆に，④基本的には公務執行妨害罪の補充規定と捉えつつも，強要罪の特別罪でもあるとする見解（大塚，齊藤（信））がある。

(2) 処　分

第一に，違法な処分をするよう強要した場合に本罪が成立するか否かが問題となる。前記①説からは，本条項の「処分」とは，当該公務員の職務に関係ある処分であれば足り，職務権限の有無を問わないとしている（最判昭28・1・22刑集7巻1号8頁）。これに対し，特に前記②説・④説からは，「処分」は公務員の職務権限内のもの（曽根）または少なくとも抽象的職務権限内のもの（大塚，齊藤（信））に限られるとされている。また，本罪に公務執行妨害罪の補充機能を認めるとしても，公務員に違法な処分をするよう強要する場合には，公務の適正な遂行を妨害することになり，また一層非難されるべきであるから，職務権限外の処分も含まれるとする見解がある（中森，西田）。

第二に，適法な処分をするよう強要した場合における本罪の成否が問題となる。この点に関しては，①適法な処分をさせる行為は他罪（たとえば脅迫罪）を構成することはあっても，本罪は構成しないとする見解（曽根，中山，平野），②適法な処分であっても，公務員には裁量の余地が認められるから，正当な手続によらないかぎり本罪が成立するとする見解（中森，西田，前田など），③処分をしないことが違法な場合に処分をさせる行為は，本罪に当たらないとする見解（平川）がある。

〔判例〕　肯定例——不当な課税方法を是正させる目的で税務署長を脅迫した行為について本罪の成立を認めた（最判昭25・3・28刑集4巻3号425頁）。

第三に，違法な処分をさせないために暴行・脅迫を加えた場合には，本罪は

成立しないとする見解（齊藤（信），中森，西田，平川など）と，違法性が一見明白でないかぎり，それを阻止するには平和的な方法しか許されず，原則的に本罪を構成するとする見解（前田）とがある。

4 封印等破棄罪

> 第96条（封印等破棄）　公務員が施した封印若しくは差押えの表示を損壊し，又はその他の方法で無効にした者は，2年以下の懲役又は20万円以下の罰金に処する。

(1) 客　体

封印とは，物に対する任意の処分を禁止するため，その外装に施した封緘その他の物的設備をいう。印章が押捺されている必要はない。**差押えの表示**とは，公務員が職務上の保全処分として強制的に物を自己の占有に移すために，その物に表示した物件をいう。封印・差押えの表示は適法に施されたものでなければならない。

〔判例〕　肯定例——①執行官が立てた公示札を何者かが包装紙とひもで記載内容を知ることができないようにしていた場合であっても，容易にこれらを除去して記載内容を明らかにすることができる状態にあるときは，有効な差押えの表示であるとした（最決昭62・9・30刑集41巻6号297頁）。②占有者を誤認してなされた仮処分の執行についても，瑕疵が重大かつ明白でないかぎり，本罪により保護されるとした（最決昭42・12・19刑集21巻10号1396頁）。

(2) 行　為

「損壊」とは，物質的な毀損により事実上の効力を失わせることをいう。「無効にする」とは，事実上の効力を滅却することをいい，法律上の効力を失わせることを意味するものではない。たとえば，差し押さえられた物の中身を取り出す行為や，公示札を無視して利用する行為などがその他の方法の例として挙げられる。

5　強制執行妨害罪

> 第96条の2（強制執行妨害）　強制執行を免れる目的で，財産を隠匿し，損壊し，若しくは仮装譲渡し，又は仮装の債務を負担した者は，2年以下の懲役又は50万円以下の罰金に処する。

(1) 本罪の性格

①第一次的には国家の強制執行作用を保護し，併せて債権者の債権を保護するものと解する見解（団藤，大塚など）と，逆に，②第一次的には債権者の債権の保護に重点があり，その限度で国家の強制執行作用を保護するものと解する見解（大谷，曽根，中森など）が対立している。

(2) 強制執行を免れる目的

判例は前記②説に立っており，本条の「強制執行」を，民事執行法上の強制執行または同法を準用する強制執行に限定している。最決昭29・4・28（刑集8巻4号596頁）は，国税徴収法による滞納処分は本条の「強制執行」には当たらないとした。また，最判昭35・6・24（刑集14巻8号1103頁）は，刑事訴訟の審理過程において基本たる債権の存在が肯定されなければならないとしている。これに対し，前記①説によれば，民事上の権利の存在は必ずしも必要ではなく，たとえば罰金・科料・没収等の執行も本条の「強制執行」に当たると解されることになる。本罪は目的犯であり，本罪が成立するためには，現実に強制執行を受けるおそれのある客観的状態の下で，強制執行を免れる目的で本条所定の行為をする必要がある。しかし，強制執行の全部または一部が行われたことは，必ずしも必要ではない。

(3) 行　為

「隠匿」とは，財産の発見を不能または困難にすることをいう。「損壊」とは，財産を物質的に破壊し，またはその価値を減少させることをいう。**仮装譲渡**とは，実際には譲渡する意思がないのに，相手方と通謀して表面だけ譲渡が行われたように装うことをいう。**仮装の債務**を負担するとは，実際には債務がないのに，債務を負担しているように装うことをいう。

6　競売入札妨害罪・談合罪

> 第96条の3①（競売入札妨害）　偽計又は威力を用いて、公の競売又は入札の公正を害すべき行為をした者は、2年以下の懲役又は250万円以下の罰金に処する。
> ②（談合）　公正な価格を害し又は不正な利益を得る目的で、談合した者も、前項と同様とする。

「**偽計**」とは、他人の正当な判断を誤らせるような策術をいい、「**威力**」とは、人の意思を制圧するに足りるような勢力をいう。**競売**とは、売主が口頭で買受けの申出をし、最高価格の申出人（競落者）に承諾を与えて売買することをいい、**入札**とは、競争に参加する者の中で最も有利な申出をした者（落札者）を相手として契約を結ぶために、文書で契約内容を表示させることをいう。**公正を害すべき行為**とは、公の競売・入札に不当な影響を及ぼす行為をいい、現実に公正が害されたことを要しない（抽象的危険犯）。

〔判例〕　肯定例──①不動産競売の開始決定がされた不動産について、その売却の公正な実施を阻止するため、所有者との間で当該決定前に短期賃貸借契約が締結されていた旨の内容虚偽の賃貸借契約書写しを裁判所に提出したときは、偽計による競売入札妨害罪が成立するものとした（最決平10・7・14刑集52巻5号343頁）。②不動産の競売における入札により最高価買受申出人となった者に対し、威力を用いてその入札に基づく不動産の取得を断念するよう要求したときは、威力による競売入札妨害罪が成立するものとした（最決平10・11・4刑集52巻8号542頁）。

談合とは、特定の者を競落者・落札者とするために、競売人・入札者が互いに通謀して一定の価格以下または以上に入札または付け値をしないことを協定することをいう。談合罪は必要的共犯であるが、必ずしも競売・入札参加者の全部により談合が行われることは必要ではなく、一部の参加者によって行われた場合にも本罪が成立する。「公正な価格」とは、当該競売・入札において談合によらない公正な自由競争によって形成されたであろう競落価格・落札価格をいう。「不正な利益」とは、公正な価格を害することによって取得される利益をいう。談合罪は目的犯である。所定の目的をもって談合行為を行えば直ち

に既遂に達し，実際に公正が害されたことは必要ではない（抽象的危険犯）。

ワーク 36　演習問題

【問】　以下の記述のうち，誤っているものを一つ選びなさい。

【法学検定試験3級程度】

(1)　会社業務の妨害の現行犯として検挙に向かった警察官に対して，労働者らがスクラムを組み労働歌を高唱して気勢をあげた場合には，公務執行妨害罪が成立する。
(2)　税務署員が差し押さえて自動車に積み込んだ密造酒の瓶を割って酒を流失させた行為は，公務執行妨害罪を構成する。
(3)　強制執行に赴いた執行官の補助者として，執行官の指示に従いつつ，被告人方の家財道具を屋外に搬出していた運送業者に対し暴行を加え，その搬出を妨害した場合には，公務執行妨害罪が成立する。
(4)　現行犯逮捕の際，共同して逮捕行為に当たった警察官2名に対しそれぞれ暴行を加えた場合にも，1個の公務執行妨害罪が成立する。

(担当：勝亦藤彦)

Lesson 37 汚職の罪

1 職権濫用罪

> 第193条（公務員職権濫用） 公務員がその職権を濫用して，人に義務のないことを行わせ，又は権利の行使を妨害したときは，2年以下の懲役又は禁錮に処する。
> 第194条（特別公務員職権濫用） 裁判，検察若しくは警察の職務を行う者又はこれらの職務を補助する者がその職権を濫用して，人を逮捕し，又は監禁したときは，6月以上10年以下の懲役又は禁錮に処する。
> 第195条（特別公務員暴行陵虐） ① 裁判，検察若しくは警察の職務を行う者又はこれらの職務を補助する者が，その職務を行うに当たり，被告人，被疑者その他の者に対して暴行又は陵辱若しくは加虐の行為をしたときは，7年以下の懲役又は禁錮に処する。
> ② 法令により拘禁された者を看守し又は護送する者がその拘禁された者に対して暴行又は陵辱若しくは加虐の行為をしたときも，前項と同様とする。
> 第196条（特別公務員職権濫用等致死傷） 前2条の罪を犯し，よって人を死傷させた者は，傷害の罪と比較して，重い刑により処断する。

　刑法は第25章で汚職の罪として職権濫用罪と賄賂罪を規定する。公務員による違法行為がその職務を汚すことに注目したからである。しかしながら，その罪質ないし保護法益については必ずしも同じであるとはいえない。というのも，職権濫用罪は個人に対する侵害を内包しているからである。また，法定刑をみても，職権濫用罪は禁錮刑をその法定刑に含むが，賄賂罪は禁錮刑を法定刑に含まない。これは職権濫用罪を破廉恥罪としての賄賂罪に対置しているものとみることも可能である。
　職権濫用罪は，公務員職権濫用罪（193条），特別公務員職権濫用罪（194条），

特別公務員暴行陵虐罪（195条）および後二者の結果的加重犯（196条）から構成される。

(1) 保護法益

職権濫用罪の保護法益に関して，戦前はこれを純粋に国家的法益に対する罪であると理解するのが通例であった。公務員が職務熱心のあまり犯すものだとの理解があったからである。しかし，戦後は，個人的法益に対する罪であるとの側面が協調されるようになっている。それでも，現在の多数説は，公務の公正に対する国民の信頼をその法益の中心であるとし，個人的利益の侵害はその副次的法益にすぎないと理解する。この点で，本罪の罪質は公務の清廉性であることになる。公務員の全体の奉仕者である憲法の規定は公務の清廉性および公務の公正性に対する信頼を公務員に保持すべきことを求めるものということがこの見解の根拠となる。これに対して，本罪をあくまで個人的法益に対する罪として理解すべきであるとの見解も有力である。この立場によれば，公務の公正性に対する信頼は個人的法益の侵害に伴って侵害されるものでしかないこととなる。

(2) 職権の濫用

193条および194条の職権濫用罪は「**その職権を濫用して**」ということをその成立要件とする。しかし，職権の濫用の概念は明らかではない。判例は「公務員が，一般的職務権限に属する事項につき，職権公使に仮託して実質的，具体的に違法，不当な行為をすること」であるとする（最決昭57・1・28刑集36巻1号1頁）。そこで，裁判官が刑務所長などに対し正当な調査行為であるかのように装って身分帳簿の閲覧・写しの交付を求めた事案で，一般的職務権限は事実上義務なきことを行わせまたは行うべき権利を妨害するにたりる権限であればたりるとして，職権濫用罪の成立を認めた。このほかにも，裁判官が刑事事件の被告人である女性に対し，被害弁償のことで会いたいなどといって，交際を求める意図で喫茶店に呼びだし同席させた事案でも，権利行使としての外観を備えているとして職権濫用罪の成立を認めた（最決昭60・7・16刑集39巻5号245頁）。以上のように，職権行使としての外形，相手方を誤信させる外観という要素があれば十分であることになる。これは，本罪を職務の公正に対する国民の信頼であるとすることから理由づけることができる。正当な権限があるとの

外観をもつ行為をしたことにより，国民の信頼は害されることになるからである。

2　賄賂罪の保護法益

> 第197条（収賄，受託収賄及び事前収賄）　①　公務員又は仲裁人が，その職務に関し，賄賂を収受し，又はその要求若しくは約束をしたときは，5年以下の懲役に処する。この場合において，請託を受けたときは，7年以下の懲役に処する。
> ②　公務員又は仲裁人になろうとする者が，その担当すべき職務に関し，請託を受けて，賄賂を収受し，又はその要求若しくは約束をしたときは，公務員又は仲裁人となった場合において，5年以下の懲役に処する。
> 第197条の2（第三者供賄）　公務員又は仲裁人が，その職務に関し，請託を受けて，第三者に賄賂を供与させ，又はその供与の要求若しくは約束をしたときは，5年以下の懲役に処する。
> 第197条の3（加重収賄及び事後収賄）　①　公務員又は仲裁人が前二条の罪を犯し，よって不正な行為をし，又は相当の行為をしなかったときは，1年以上の有期懲役に処する。
> ②　公務員又は仲裁人が，その職務上不正な行為をしたこと又は相当の行為をしなかったことに関し，賄賂を収受し，若しくはその要求若しくは約束をし，又は第三者にこれを供与させ，若しくはその供与の要求若しくは約束をしたときも，前項と同様とする。
> ③　公務員又は仲裁人であった者が，その在職中に請託を受けて職務上不正な行為をしたこと又は相当の行為をしなかったことに関し，賄賂を収受し，又はその要求若しくは約束をしたときは，5年以下の懲役に処する。
> 第197条の4（あっせん収賄）　公務員が請託を受け，他の公務員に職務上不正な行為をさせるように，又は相当の行為をさせないようにあっせんをすること又はしたことの報酬として，賄賂を収受し，又はその要求若しくは約束をしたときは，5年以下の懲役に処する。

(1) 信頼保護説

賄賂罪の保護法益に対しては争いがある。判例および通説は，職務の公正と

それに対する信頼であると考える。この限りで，職権濫用罪と共通のものと理解することになる。この見解は，かつての公務員の清廉性あるいは職務の不可買収性を保護法益と考えた見解の延長線上にあるといえる。職務上の不正行為を要件としない**収賄罪**（単純収賄罪，受託収賄罪，事前収賄罪，第三者供賄罪）の処罰根拠を説明できることにこの見解の利点がある。しかし，この見解に対しては，国民の信頼の概念が不明確であるとの批判がある。また，利益を受け取っても，公務員に職務を左右する意思がまったくない場合，職務にまったくの裁量の余地がない場合でも，利益の収受が国民の信頼を害するときは，処罰すべきことになる。

(2) 純 粋 性 説

現在学説上有力となっているのは，職務の純粋性を保護法益と理解する見解である。すなわち，利益の授受に決定ないし動機づけられて職務の公正が害されることまたはその危険が賄賂罪の実質であると考える立場である。この考えによると，加重収賄罪が賄賂罪の基本型であり，職務上の不正行為を要件としない賄賂罪はその前段階の危険犯であると解することになる。この見解に対しては，事後収賄罪の可罰性を説明できないとの批判がある。職務の公正を害しても，のちに賄賂を収受，要求，約束しないと処罰されないからである。

(3) 恐喝と収賄

収賄罪の保護法益の理解の相違は，解釈論上の諸問題に影響をおよぼす。他罪との関係においては，公務員が職務執行に名を借りて人を恐喝して財物を交付させた場合に，恐喝罪のみが成立するのか，それとも恐喝罪と収賄罪の両方が成立するのかが問題となる。さらに，収賄罪が成立するときに，恐喝の被害者に贈賄罪が成立するのかも問題となる。純粋性説からすると，公務員に職務執行の意思がなく，職務執行の対価として財物の交付を受ける意思がない以上，職務の公正を害する危険はなく，収賄罪の可罰性を認めることはできない。したがって，被害者の側にも贈賄罪の成立を認めることはできない。これに対して，信頼保護説からすると，職務の公正を疑わせる利益の授受がある以上，収賄罪の成立を妨げることはなく，被害者の贈賄罪の成立を妨げることはないこととなる（贈賄の点について，最決昭39・12・8刑集18巻10号952頁）。

3 賄賂罪の成立要件
(1) 主　体
　収賄罪の主体は公務員または仲裁人（事前収賄罪では公務員になろうとする者，事後収賄罪では公務員であった者）である。公務員には公務員とみなされる者もふくむ（日本電信電話会社法18条）。仲裁人は法令に基づき仲裁の職務権限を認められた者である。これらの者が「職務に関し」賄賂を収受した場合にのみ収賄罪が成立する。
(2) 職務権限
　職務とは，公務員がその地位に伴い公務として取り扱うべき一切の執務をいう（最判昭28・10・27刑集7巻10号1971頁）。職務行為の範囲は法令の規定による。ただし，必ずしも法令に直接の規定があることを要しない。
(3) 一般的職務権限の理論
　判例・通説は，上記のような職務だけでなく，法令上，公務員の抽象的・一般的職務権限に属するものも含むと解する（最判昭37・5・29刑集16巻5号528頁）。一般的職務権限に属する職務に関して利益を受け取ることは，公務の公正を侵害する危険を発生させることになるからである。それゆえ，抽象的職務権限に属する事務であれば，将来において初めて行いうる事務でも，過去に担当していたが現在は担当していない事務でもよいこととなる。そこで，内閣総理大臣が航空会社に対し特定機種を選定購入させるように行政指導せよと運輸大臣を指揮する行為は，内閣総理大臣の職務権限に属する行為であるとする（最大判平7・2・22刑集49巻2号1頁）。さらに，国会議員について，自己が所属しない委員会の議事案件についてもその職務権限を認めている（最決昭63・4・11刑集42巻4号419頁）。
(4) 職務密接行為
　さらに，判例・通説は，職務権限の範囲を拡張する。すなわち，厳密には職務といえないものでも，職務と密接な関係のある行為であれば，職務行為に含まれると解する（最決昭31・7・12刑集10巻7号1058頁）。このような行為であっても，不正な利益と結びつく場合には，職務の公正に対する信頼が害されることになるからである。したがって，**職務密接行為**といえるかどうかは，職務の公正を疑わせるような状況が存在するかどうかにより判断されることになる。

職務密接行為には、①本来の職務執行に付随するものとして常態的に行われている公務的行為（準職務行為）と②本来の職務行為を利用して事実上の影響力を利用して行われるものとがある。

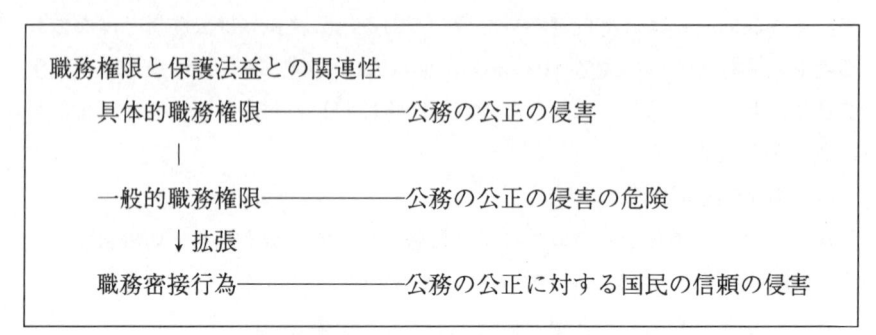

```
職務権限と保護法益との関連性
    具体的職務権限─────────公務の公正の侵害
        │
    一般的職務権限─────────公務の公正の侵害の危険
        ↓拡張
    職務密接行為─────────公務の公正に対する国民の信頼の侵害
```

(5) 賄　賂

　公務員、仲裁人の職務に関する不正な報酬、職務行為の対価としての不正な利益をいう。ただし、個別具体的な職務行為との**対価性**ではなく、一定の職務に対するものであればたりる（最決昭33・9・30刑集12巻13号3180頁）。また、社交儀礼の範囲内であれば賄賂とはならない。社交的儀礼の名目であっても、公務員の職務に関し授受されるときは賄賂となる。

(6) 単純収賄罪

　197条1項における規定される行為は、収受、要求または約束である。収受とは、賄賂を受け取ることをいう。要求は、一方的なものでたり、相手が応じる必要はない。約束とは、賄賂の授受についての意思の合致であり、のちに破棄ないし解除されても犯罪の成否に影響を受けない。

(7) 受託収賄罪

　請託を受けて単純収賄罪にあたる行為を行ったときは、受託収賄罪が成立する。請託を受けるとは、職務に関し一定の行為を行うことの依頼を承諾することである。職務が不法なものである必要はない。

(8) 事前収賄罪

　主体は公務員・仲裁人になろうとする者で、現に公務員・仲裁人である者は含まない。本罪は、公務員・仲裁人になった場合にのみ処罰される。このことは**客観的処罰条件**であるするのが通説である。したがって、公務員・仲裁人に

なることは故意の対象ではなく，また予見可能性も必要でないとされる。これに対して，近年，処罰条件であっても，犯罪の違法性に影響を及ぼす条件については責任主義の見地から少なくとも予見可能性を必要とすべきであるとする見解が有力に主張されている。

事前収賄罪と受託収賄罪との限界ついての判例では，市長が，任期満了前に，現に市長としての一般的職務権限に属する建設工事の入札に関して，再選された場合に担当すべき具体的職務の執行について請託を受けて利益を収受した場合には，受託収賄罪が成立するとされる（最決昭61・6・27刑集40巻4号369頁）。

(9) **第三者供賄罪**

当該公務員以外の者に利益を受け取らせる脱法的形態を処罰の対象とするのが本罪である。そのため，第三者に供与させた利益は職務行為との間に対価性がなければならない。

(10) **加重収賄罪**

加重収賄罪は枉法収賄罪ともいわれる。197条の3第1項は，単純収賄，受託収賄，事前収賄，第三者供賄を実行し，それにより職務上の不正行為をしまたは相当な行為をしなかったときに成立する。2項は，職務上の不正行為をしたことまたは相当な行為をしなかったことに関して，単純収賄，受託収賄，第三者供賄を実行した場合に，成立する。

(11) **事後収賄罪**

公務員・仲裁人が，退職後に在職中の職務違反行為に関して賄賂を収受，要求または約束した場合に本罪が成立する。単純収賄罪と事後収賄罪との限界に関する問題として，公務員が一般的職務権限が異なる他の職務に転じた後に前職に関して利益の供与を受けた場合にいずれの罪が成立するのかというものがある。判例は，単純収賄罪の成立を認める（最決昭58・3・25刑集37巻2号170頁）。したがって，請託や職務違反行為がなくても，処罰でき，請託があるときは受託収賄罪，職務違反行為があるときは加重収賄罪が成立することになる。学説にも，現在公務員である以上，「公務員であった者」ということはできないとしてこれに賛成する見解も多い。これに対しては，供与された利益はのちの職務に影響を及ぼさないのであるから，単純収賄罪の成立を認めるべきではないとの批判がある。

(12) あっせん収賄罪

職務行為とはいえないあっせん行為に対する収賄罪を処罰するため，職務の公正さを保護法益とする見解からは説明困難な規定である。公務員の立場としてあっせんすることが公務に付随してなされる場合，職務の公正性に対する国民の信頼を害するということが，本罪の違法の実質である。したがって，公務員であっても，たんなる私人としてのあっせん行為では本罪は成立しない。

ワーク 37　演習問題

【問】　次の記述のうち誤っているのはどれか。　　【法学検定試験4級程度】
(1)　公務員がその職務に関し賄賂を受け取れば，たとえ不正な行為をしなくても，収賄罪が成立する。
(2)　市長選挙に立候補している者が市長としての職務に関し，請託を受けて賄賂をもらっても，落選した場合には，収賄罪は成立しない。
(3)　警察官が知人から酩酊運転の事件のもみ消しを頼まれ，これを見逃してやった。退職後，そのときの謝礼として現金を要求したが，断られた場合には，収賄罪は成立しない。
(4)　公務員が請託を受けて報酬をもらえば，それが自分の職務に関係しなくとも，収賄罪が成立することがある。

(担当：石井徹哉)

Lesson 38　逃　走　罪

第97条（逃走）　裁判の執行により拘禁された既決又は未決の者が逃走したときは，1年以下の懲役に処する。
第98条（加重逃走）　前条に規定する者又は勾引状の執行を受けた者が拘禁場若しくは拘束のための器具を損壊し，暴行若しくは脅迫をし，又は2人以上通謀して，逃走したときは，3月以上5年以下の懲役に処する。
第99条（被拘禁者奪取）　法令により拘禁された者を奪取した者は，3月以上5年以下の懲役に処する。
第100条（逃走援助）　①　法令により拘禁された者を逃走させる目的で，器具を提供し，その他逃走を容易にすべき行為をした者は，3年以下の懲役に処する。
②　前項の目的で，暴行又は脅迫をした者は，3月以上5年以下の懲役に処する。
第101条（看守者等による逃走援助）　法令により拘禁された者を看守し又は護送する者がその拘禁された者を逃走させたときは，1年以上10年以下の懲役に処する。
第102条（未遂罪）　この章の罪の未遂は，罰する。

1　総　説

　逃走罪は国家により拘禁された者が自ら逃走した場合と拘禁された者を逃走させた場合に成立する国家の拘禁作用を保護法益とする犯罪である。拘禁者自らが逃走する罪（97条・98条）と他人たる被拘禁者を逃走させる罪（99条・100条・101条）に分類される。

2 単純逃走罪

　拘禁された者自らが逃走することは，諸外国では処罰していない例が多い。これは，拘禁者は当然逃走しようとするという考え方に基づいている。つまり，逃走しないことは期待できないのである。これに対してわが国の刑法ではこれを処罰している。しかし，期待可能性が低くなっていることから，刑が非常に軽くなっている。

(1) 主　体

　裁判の執行により拘禁された既決または未決の者が主体である。刑事司法に対する犯罪であるから，現実に裁判で無罪であろうがなかろうが本罪の成立とは関係ない。「**既決の者**」とは確定裁判によって監獄に拘禁されている者をいい，「**未決の者**」とは勾留状により拘置所または代用監獄に拘禁されている被告人ならびに被疑者をいう。また，逮捕された者はここには含まれない。

(2) 行　為

　行為は逃走することである。いつ，逃走したといえるか，つまり既遂の時期は，拘禁から離脱した時であり，換言すれば看守の実力支配を脱した時である。監獄内から逃走する場合，居房から脱出しても監獄の構内にいる場合は看守者の実力的支配内にあるので，既遂とはいえない（広島高判昭25・10・27裁特14号133頁）。これに対して警察署留置場に勾留せられていた被告人が街頭に逃出して姿をくらました後，緊急手配により30分後に逮捕された場合は既遂となる（東京高判昭29・7・26東高時報5巻7号295頁）。また，外壁を乗り越えたが，追跡を受けている場合は争いがある。1つは，外壁を乗り越えれば既遂であるという形式的な考え方であり，もう1つは，追跡を受けている限り，看守者の実力支配を脱したとはいえないので既遂ではないとする実質的な考え方である。判例は，巡査が逃走した被告人を追跡中，一時被告人の所在を見失つたにしても被告人は未だ右看守者の実力的支配を全く脱したものとはいえない（福岡高判昭29・1・12高刑集7巻1号1頁）としてこの実質的な考え方に立っている。

3 加重逃走罪

　拘禁された者が，悪質な方法で逃走した場合，97条の単純逃走罪に比して加重して処罰しているのが本条である。

(1) 主　体

97条の主体に加えて，「**勾引状の執行を受けた者**」も本罪の主体となる。勾引状の執行により引致されている者である。また，逮捕状により逮捕された被疑者，収監状や勾留状の執行を受け収監前の者もここに含まれる。

(2) 行　為

行為は，①拘禁場若しくは拘束のための器具の損壊し，②暴行もしくは脅迫し，または，③2人以上通謀して，逃走することである。

4　被拘禁者奪取罪

(1) 主　体

主体は限定されていない。

(2) 客　体

客体は，法令により拘禁された者である。これは97条・98条の主体より広いものとなる。裁判の執行により拘禁された既決・未決の者，勾引状またはこれに準じる令状の執行を受けた者のほか，現行犯逮捕や緊急逮捕により逮捕・留置された者，逃亡犯罪人引渡法により拘禁された者，法廷等の秩序維持に関する法律により監置された者，出入国管理及び難民認定法により入国者収容所に収容された者も本罪の客体に含まれる。

(3) 行　為

行為は奪取することである。奪取とは，被拘禁者を看守の実力的支配から離脱させ，自己または第三者の実力的支配下に移すことを意味し，ただ単に解放したに過ぎない場合は逃走援助罪が成立するとするのが通説である（福田平）。これに対しては，被拘禁者奪取罪と逃走援助罪は行為の類型を異にするので，単なる解放も本罪にあたるとする説もある（西田典之）。

5　逃走援助罪

本罪は逃走の幇助的行為を独立罪として規定したものである。したがって，拘禁された者が97条の単純逃走罪や98条の加重逃走罪の構成要件に該当せず，本人に逃走罪が成立しない場合でも，援助者に対して逃走援助罪が成立することがある。逆に，拘禁された者本人に逃走罪が成立した場合，共犯の一般的原

則に基づいて逃走罪の教唆・幇助が処罰されるのではなく，逃走援助罪だけが成立する。

(1) 主　体

主体は限定されていない。

(2) 客　体

客体は，法令により拘禁された者である。99条と同様に，97条・98条の主体と比べて広いものとなる。

(3) 行　為

行為は，①器具を提供し，その他逃走を容易にすべき行為（100条1項）と②暴行又は脅迫（100条2項）である。前者は逃走のための器具を提供したり，情報を提供することで，後者は逃走させる目的で暴行・脅迫をすることである。これらの場合，被拘禁者の逃走を容易にさせれば足りるのであって，被拘禁者自身が逃走行為に着手する必要はない（福田平）。なお，被拘禁者を奪取するために暴行・脅迫を加えたが，奪取できなかった場合，被拘禁者奪取罪の未遂が成立するのか逃走援助罪が成立するのかが問題となる。奪取の目的で行為をしたが，奪取ができなかったのであるから，被拘禁者奪取罪の未遂とするのが適切であろう。

(4) 主観的要素

本罪は故意のほかに，法令により拘禁された者を逃走させる目的が必要であり，よって本罪は目的犯である。

6　看守等逃走援助罪

(1) 主　体

主体は，法令により拘禁された者を看守しまたは護送する者で，本罪は身分犯である。通説によれば，法令の根拠に基づき看守・護送の任務を行うものであれば公務員でなくてもよい。

(2) 客　体

客体は，法令により拘禁された者である。99条・100条と同様に，97条・98条の主体と比べて広いものとなる。

(3) 行　　為

　行為は，逃走させることである。通説によればこれは逃走を惹起し，またはこれを容易にする一切の行為と解している。本条は「**逃走させたとき**」と規定しているので，被拘禁者が実際に逃走することが必要とされる。また，被拘禁者が逃走に着手すればよいのか，あるいは既遂に達する必要があるのかという点については，その逃走が既遂に達することが必要であると解される。なお，看守者が手助けしたが，被拘禁者が逃走するに至らなかった場合，看守等逃走援助罪の未遂が成立するのか逃走援助罪が成立するのかが問題となる。これは，看守等逃走援助罪と逃走援助罪の関係に係わる問題でもある。逃走援助罪が目的犯であること，看守等逃走援助罪が実際の逃走行為を要件としていることを考慮すると，看守等逃走援助罪は逃走援助罪に対する単なる加重類型ではなく，真正身分犯であると解される。したがって，看守等逃走援助罪の未遂が成立するということになる。

ワーク 38　演習問題

【問】　次のうち，既遂になる事例はどれか。　　【法学検定試験3級程度】
(1)　看守Aは勾留中のBに対し，留置所の見取り図を渡し，それを受け取ったBは留置所の中庭で壁をよじ登ろうとしたところで発見され，再び勾留された。
(2)　Cは友人Dが勾留されたので，面会時に秘密裏にヤスリを渡したが，Dがそれを使用する前に発見されてしまい，Dの逃走計画は失敗した。
(3)　Eは路上で逮捕されたが，警察署に連行される途中，手錠が完全にかかっていないのに気づき，隙を見て逃走した。
(4)　暴力団の組員Fは組長Gが護送される途中で奪還計画を練り，護送車を襲撃したが，警備が万全であったため，組長の奪取は実現できなかった。

(担当：小名木明宏)

Lesson 39　犯人蔵匿・証拠隠滅罪

> 第103条（犯人蔵匿等）　罰金以上の刑に当たる罪を犯した者又は拘禁中に逃走した者を蔵匿し，又は隠避させた者は，2年以下の懲役又は20万円以下の罰金に処する。
> 第104条（証拠隠滅等）　他人の刑事事件に関する証拠を隠滅し，偽造し，若しくは変造し，又は偽造若しくは変造の証拠を使用した者は，2年以下の懲役又は20万円以下の罰金に処する。
> 第105条（親族による犯罪に関する特例）　前二条の罪については，犯人又は逃走した者の親族がこれらの者の利益のために犯したときは，その刑を免除することができる。
> 第105条の2（証人等威迫）　自己若しくは他人の刑事事件の捜査若しくは審判に必要な知識を有すると認められる者又はその親族に対し，当該事件に関して，正当な理由がないのに面会を強請し，又は強談威迫の行為をした者は，1年以下の懲役又は20万円以下の罰金に処する。

1　総　説

犯人蔵匿，証拠隠滅は，国家の刑事司法を妨害する犯罪である。犯人や逃走者をかくまったり，証拠を隠滅することは，国家の刑事司法の適正な運用を妨害し，ひいてはこれを誤らせる危険を生ずる。よって刑法はこれらの行為を処罰している。

2　犯人蔵匿

(1) 主　体

主体は限定されていない。

(2) 客　体

　客体は罰金刑以上の刑にあたる罪を犯した者または拘禁中に逃走した者である。「罰金刑以上の刑にあたる罪を犯した者」については，果たして真犯人である必要があるかについて争いがある。判例は「刑法第103条は司法に関する国権の作用を防害する者を処罰しようとするのであるから，『罪ヲ犯シタル者』は犯罪の嫌疑によつて捜査中の者をも含むと解釈しなくては，立法の目的を達し得ない」(最判昭24・8・9刑集3巻1440頁) として，真犯人である必要はないとの立場に立っている。真犯人であろうがなかろうが，国家の刑事司法を妨害した点に差異はなく，さもなくば本罪の目的が失われるからである。これに対して学説の多数説は，真犯人でなければ，刑事司法作用はほとんど妨害されず，また，真犯人でない者をかくまうことまで処罰するのは，刑事司法を過度に保護しすぎているとして，真犯人でなければ本罪の客体ではないとする (福田平)。しかし，真犯人ではないと確信してかくまえば，本罪の故意は阻却され，よって常に犯罪が成立しなくなってしまうし，さらに立法趣旨を大きく損なうことになる (西田典之)。したがって，本罪の客体は真犯人である必要はないと解するべきであろう。「**拘禁中に逃走した者**」は法令により拘禁されたが，逃走した者である。

(3) 行　為

　行為は，蔵匿，隠避することである。蔵匿とは官憲の発見逮捕を免れるべき隠匿場所の供給をいい，隠避とは，蔵匿以外の方法により官憲の発見逮捕を免れしむべき一切の行為いう (大判昭5・9・18刑集9巻668頁)。また，犯人がすでに逮捕・勾留中に身代わり犯人を自首させる行為について判例は，犯人が逮捕勾留された後であっても，他の者を教唆して身代り犯人として警察署に出頭させ，自己が犯人である旨の虚偽の陳述をさせた場合に犯人隠避教唆罪を認めている (最判平元・5・1刑集43巻5号405頁)。

(4) 主観的要件

　故意は，罰金以上の刑に当たる罪を犯した者であること，あるいは拘禁中に逃走した者であることの認識である。しかし，罪名や犯人の名前を具体的に知っている必要はなく，漠然とした認識で足りる。

3 証拠隠滅（104条）

(1) 主 体
主体は限定されていない。

(2) 客 体
客体は他人の刑事事件に関する証拠である。自己の刑事事件に関する証拠は本罪の客体ではない。自己の刑事事件の証拠を隠滅することについて類型的に期待可能性は存在しないからである。これに対して共犯の場合は問題を含んでいる。判例は，専ら他の共犯者のためにする意思によってこれをなし，自己のためにする意思を欠如した場合には，**証憑湮滅罪**が成立するとしている（大判大8・3・31刑録25輯403頁）が，必ずしも一貫しているわけではない。自己がその被告事件の共犯である事実は，証憑湮滅罪の成立を阻却しないとするものもある（大判大7・5・7刑録24輯555頁，大判昭3・7・21刑集7巻591頁）。これに対して学説は，自己の利益と他人の利益を問わず，これは他人の事件ではないとして本罪の成立を否定する説（西田典之）と専ら他の共犯者のためにする意思で行為した場合は他人の刑事事件として本罪の成立を認め，専ら自己のためにした場合と他の共犯者および自己の利益のためにした場合は，本罪の成立を否定する見解（福田平）がある。自己の刑事事件に関する証拠が本条の客体に含まれない理由が期待可能性の欠如なのであるから，共犯事件に関してもこの原則に則って，後説に従うべきであろう。証拠は刑事事件に関するものだけであって，民事事件に関するものは含まれない。証拠とは犯罪の成否，態様，刑の軽重に関係を及ぼすような情状を決定するに足る一切の証拠をいう（大判昭7・12・10刑集11巻1817頁）。

(3) 行 為
行為は，隠滅，偽造・変造，偽造・変造証拠の使用である。隠滅とは，他人の刑事被告事件に関する証拠の顕出を妨げ，もしくはその効力を滅失減少させるような行為をすべて意味し，単に証拠そのものを滅失させる行為のみを罰するものではなく，証拠の蔵匿も隠滅であるとされる（大判明43・3・25刑録16輯470頁）。偽造は実在しない証拠の作出であり，変造とは既存の証拠を改ざんし，証拠としての効果に変更を加えることである。偽造・変造証拠の使用とは，偽造・変造された証拠を真正なものとして使用することをいう。

4 親族による犯罪の特例

(1) 条文の変遷

犯人蔵匿，証拠隠滅が自己の親族のためになされた場合，刑を免除することができるとする規定である。昭和22年の改正以前は「之ヲ罰セス」と規定されていたが，家制度を維持する家族的倫理観が強いとして改正された。親族の犯罪を現認し，それをかばうのは伝統的家族観からは当然だが，民主主義的思想からは好ましくないとされたのである。

(2) 法的性質

本条の法的性質については争いがある。通説では「**刑の免除**」という文言と条文の変遷から，人的処罰阻却事由と考えられている。つまり，親族という身分を持つ者にだけ処罰阻却事由として機能するからである。これに対して反対説は，犯人蔵匿，証拠隠滅を自己の親族のためにする場合，期待可能性の思想から説明するのが合理的であるとして，責任阻却事由ないし免責事由として捉えようとする。たしかに反対説の主張にあるように，本条を自己の親族のためにしかたなく行為するという期待可能性の観点から根拠づけることは根拠のないものではない。しかし，「刑の免除」という文言は，35条以下が規定する犯罪の不成立に関する事由とは明らかに異なるものであり，また，昭和22年の改正でもこの点に注意が払われ，現行規定に変わった経緯は見落とされてはならない。したがって，現行法の解釈としては，通説のとおり，人的処罰阻却事由と捉えるのが妥当であろう。

立法論的には反対説の主張は十分に傾聴に値するものと思われる。少なくとも昭和22年の改正で根拠となった家制度を維持する家族的倫理観は，旧規定の「**之ヲ罰セス**」と直接結びつくものとも思われないし，また，民主主義的な思想の下でも，親族のためにそのような行為に出る行為者を罰する必然性もないと考えられる。さらに，改正刑法草案159条3項は「**これを罰しない**」として，昭和22年の改正前の規定に倣っている。このように本条は期待可能性の思想を基盤にしたものであることは間違いない。ただ，現行法の解釈としては，期待可能性の減少に基づく刑の免除という人的処罰阻却事由を踏み出すことはできないと思われる。

(3) 主　体

主体は，犯人または逃走した者の親族である。

(4) 犯人自身による蔵匿・隠避，証拠隠滅の教唆

犯人自身が自分のために蔵匿・隠避，証拠隠滅をすることは条文上規定されておらず，構成要件該当性がない。これに対して，犯人自身が自分のために蔵匿・隠避，証拠隠滅を教唆することについては争いがある。ここでは二つの事例が考えられる。一つめは犯人が他人に対して犯人自身の蔵匿・隠避，証拠隠滅を教唆した場合（図1参照），二つめは犯人が親族に対して犯人自身を蔵匿・隠避，証拠隠滅を教唆した場合（図2参照）である。

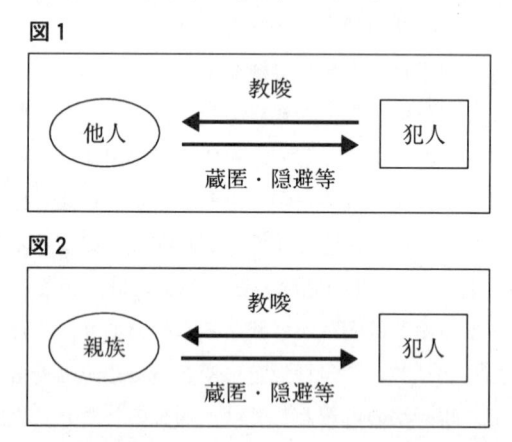

図1

```
            教唆
 ┌─────┐ ←───── ┌─────┐
 │ 他人 │        │ 犯人 │
 └─────┘ ─────→ └─────┘
          蔵匿・隠避等
```

図2

```
            教唆
 ┌─────┐ ←───── ┌─────┐
 │ 親族 │        │ 犯人 │
 └─────┘ ─────→ └─────┘
          蔵匿・隠避等
```

判例は，**制限共犯従属性説**に従って，これらの行為を可罰としている（最判昭40・9・16刑集19巻6号679頁，大判大8・4・17刑録25輯568頁など）。両事例とも正犯者たる被教唆者は，構成要件に該当する違法な行為をしているので，これに対する共犯の成立を認めるのであり，これに従う学説も多い。その場合，教唆行為は犯人自身が本罪を行う場合とは異なり，他人を犯罪に巻き込むもので，もはや期待可能性がないとは言えないと根拠づけるのが一般的である。ただ，親族に教唆して自己を蔵匿・隠避，証拠隠滅させた場合には，正犯者たる親族は刑が免除されるので，それに準じて行為者たる犯人自身の刑も免除しようとする説もある。これに対して，犯人自身が正犯となりえないのだから，それよりも法益侵害に遠いところに位置する教唆が処罰されるのはおかしいとする有力説もある。しかも，たとえば，犯人自身が情を知らない第三者を利用した場

合は間接正犯となり，したがって処罰されないことになるが，単に他人に教唆して本罪を実行させた場合，行為支配の欠ける教唆犯にもかかわらず処罰されるとするのでは，論理的に不都合が生じてしまうとの批判がある。よってこの考え方では，犯人自身が自分のために蔵匿・隠避，証拠隠滅を教唆することはそもそも不可罰ということになる。

5 証人等威迫

本条は，証言等で不利益を受け，あるいは受ける場合に不当な圧力をかけるお礼参りを抑止し，証人を保護するために昭和33年に新設された。保護法益は，刑事司法作用と証人その他の者の安全である。

(1) 主　体
主体は限定されていない。

(2) 客　体
客体は，自己もしくは他人の刑事事件の捜査・審判に必要な知識を有すると認められる者またはその親族である。刑事事件の捜査・審判に必要な知識を有すると認められる者とは，刑事事件の被害者，証人，参考人などをいう。

(3) 行　為
行為は，当該事件に関して，正当な理由がないのに，面会を強請しまたは強談・威迫することである。時間的には捜査・審判の前であると後であるとを問わない（大阪高判昭35・2・18下刑集2巻2号141頁）。

ワーク 39　演習問題

【問】　犯人蔵匿，証拠隠滅について親族による犯罪に関する特例が認められている。これについて正しくない記述はどれか。

【法学検定試験3級程度】

(1) 第三者が犯人の親族に蔵匿行為を教唆し，犯人をかくまった場合，親族は処罰されないが，教唆した第三者は処罰される。
(2) 自己の親族をかくまう行為は類型的に期待可能性がない，ないしは減少しているので，刑が免除されている。

(3) 犯人自身が自己をかくまうように親族に教唆した場合は，身分による加重で，重く処罰される。

(4) 105条にいう「刑の免除」とは，通説では処罰阻却事由であるが，責任阻却事由であるという反対説もある。

(担当：小名木明宏)

Lesson 40　偽　証　罪

> 第169条（偽証）　法律により宣誓した証人が虚偽の陳述をしたときは，3月以上10年以下の懲役に処する。

1　総　説

　裁判手続，あるいはこれに準じる審判作用や調査手続において，証人の供述は伝統的に証拠として重視されてきた。そのためか，古くは旧約聖書にも神がイスラエルの民に与えられた第九戒として，偽証の禁止が記されている（出エジプト記20章16節）。

　偽証に対する刑事制裁が法定されていることによって，証人の証言の真実性が担保され，裁判手続等における事実認定作用が歪められることのないように図られ，裁判手続等の適正な運営を期すことが立法趣旨である。

　なお，刑法典上の偽証の罪は法定刑が3月以上10年以下の懲役であり，逃走の罪，証人蔵匿および証拠隠滅の罪に比して処罰が重くなっている。

2　偽　証　罪
(1)　主　体

　法律により宣誓した証人が主体である。民事訴訟・刑事訴訟や非訟手続のほか，各種独立行政委員会等の準司法的行政手続において宣誓証言する場合の証人もこれに含まれる。宣誓の趣旨を理解することのできない者に関しては宣誓をさせないで尋問しなければならない（刑訴法155条1項，民訴法201条2項）。しかし，誤ってこれらの者に宣誓させた場合には，本罪にいう「法律により宣誓した証人」には該当しない。したがって，よしんばその供述内容が不真実であっ

たとしても偽証罪は成立しない。判例も同様に判示している（最大判昭27・11・5刑集6巻10号1159頁）。もっとも，軽微な手続的瑕疵がある場合に，それだけで常に証言手続が無効とされるわけではなく，偽証罪が不成立となるわけでもない。

偽証罪は，宣誓した証人のみが行為者として予定されており，**真正身分犯**である。なお，偽証罪は**自手犯**，すなわち間接正犯の形式では犯し得ない犯罪類型であると説く見解も見られる。確かに，かつて欧州諸国においては，宣誓に違反した罪すなわち「背誓罪」として偽証罪を捉える傾向も見られた。しかし，今日では虚偽の供述によって事実認定手続を混乱させる虞が可罰性の根拠であると捉えるのが通説である。このように考えれば，第三者が証人に対して虚偽の事実を覚え込ませる等の方法で偽証させることは可能であり，非身分者に対しても偽証罪の間接正犯として罪責を問い得る（藤木英雄）。

(2) **虚偽概念**

偽証罪における「虚偽」の陳述とは，①証人が自己の記憶に反した供述をなすことを指すとする主観的虚偽説（団藤重光，藤木，平川宗信，福田平など多数説）と，②供述された内容が客観的真実に反することを指すとする客観的虚偽説（平野龍一，前田雅英など）とが対立している。②の立場においては，証人が自己の記憶に忠実に供述したところ，それが実体に適合していなかった場合には「虚偽」の供述をなしたものの，錯誤により故意が阻却されるために偽証罪が成立しないという論理操作を実施することになる。

これに対して①の立場からは，証人が自己の記憶に従って誠実に供述したにもかかわらず虚偽の供述として扱うのは，法概念として不適切であるという指摘がなされている。また②の見解は，証人が自己の記憶に反する供述を行ったとしても，それが客観的真実に適合している限りは事実認定作用を誤らせる危険性に乏しいことを理由に，主観的虚偽説を採った場合には処罰される範囲が広すぎる旨の批判を展開する。しかし，証人の証言が信憑性を有するか否かは，裁判所等の事実認定機関が，自由心証に基づいて自ら決定すべき問題である。当該証人が自己の体験によって現実に認知した事実を法廷等で正確に再現させ，尋問等を通じて，証人の知覚・記憶・表現・叙述の過程における誤り（見間違い・記憶違い・言い違い等）の介在の有無を吟味した上で事実認定をする基礎

とすることに，証人の証言が有する証拠としての意義がある。

このように考えれば，多数説の説くように**主観的虚偽概念**として偽証罪の「虚偽」概念を理解するのが適切である（土本武司）。判例も，証人が自己の記憶に反する供述をしたところ，偶然にもその内容が客観的真実に合致するものであった場合であっても，虚偽の供述に該当するので偽証罪が成立する旨判示している（大判明44・10・31刑録17輯1824頁）。また，証言内容が真実に合致し，または少なくとも不実であるとは認められない場合であっても，証人がことさらに自己の記憶に反する供述をしたときには偽証罪が成立する旨を判示した判例もある（大判大3・4・29刑録20輯654頁）。このように，判例も主観的虚偽概念を採用している。

なお，偽証罪にいう虚偽とは，審判における事実認定作用を誤らせる蓋然性のある重要な事項に関するものであることが必要である。したがって，審判作用に格別の影響を及ぼさないような瑣末な事項について多少，虚偽の供述をなしたとしても偽証罪が成立することはない。

宣誓した証人が証言を拒否した場合には，行政罰（刑訴法160条1項，民訴法200条・192条）および刑罰（刑訴法161条，民訴法200条・193条）の制裁が用意されており，個々の質問に沈黙したこと自体は，直ちに偽証とは見なされない。しかし，個別の事項をことさらに供述しないことによって，結果的には供述内容を全体として異なった趣旨に変えてしまった場合には，偽証罪が成立する場合がある。また，自己の明確な記憶に反して故意に曖昧な表現に終始することも，それ以前の手続では明確に供述していた場合には，虚偽の供述であると評価することができる。

捜査段階での参考人としての供述が検察官面前調書・裁判官面前調書等に録取されていて証拠能力を有する場合（刑訴法321条1項1号後段・2号後段）であっても，公判廷における宣誓供述にはそれ自体で証拠能力は付与されるのであるから，公判廷での虚偽の供述に偽証罪が成立することに妨げはない。

(3) 偽証罪の成立時期

偽証罪は，審判作用等における事実認定作用を害する罪であるが，事実認定を誤らせる具体的危険性が生じることは要件とはならない。事実認定を誤らせる抽象的危険が発生していることを以て足りる。判例も，虚偽の供述をすれば

直ちに偽証罪が成立することを認めており，当該証人の供述が当該事件の裁判の結果に影響するか否かは問わない旨を判示している（大判明43・10・21刑録16輯1714頁）。また，刑事訴訟において公判手続に重大な瑕疵があったために本案判決に達することなしに終局した場合であっても，いったん，証人が宣誓した上，虚偽の証言をなした以上は，偽証罪の成立を妨げないものと判示している（大判明45・7・8刑録18輯1067頁，大判大2・9・5刑録19輯844頁，大判大14・12・21評論15巻刑法50頁，大判大15・11・2刑集5巻475頁）。

(4) 証言拒絶特権との関係

社会構成員は裁判手続等に際して，正確な事実認定に協力すべき義務を負っており，証人として喚問された場合，出頭・宣誓・証言の義務を負う。

しかし，裁判手続等の事実認定の正確さよりも優越する利益があり得ることを法は認めており，公務上の秘密（刑訴法144条・145条，民訴法191条），業務上の秘密（刑訴法149条，民訴法197条）を理由とする証言拒否特権の他，自己または親族の刑事責任に関わる事項に関しての証言拒否特権が定められている（刑訴法146条・147条，民訴法196条）。この「特権」とは，国民一般が負う義務を特定の者が免れる場合，その特別な地位を指す概念である。偽証罪との関わりでいえば，国民一般が負う証言義務を特定の証人が免れることを意味する。

証人が尋問事項に関して証言拒否特権を有する場合に，証言拒否の代わりに虚偽の供述をなしたときには，やはり偽証罪を免れない。証言拒否特権は，証言義務から証人を解放するだけであって，証人に虚偽の供述をなす権利を付与したものではないからである。判例も，証人が証言拒否特権を行使せずに虚偽の供述をなした事案において，偽証罪の成立を認める旨の判示をしている（大判明44・2・21刑録17輯157頁，最決昭28・10・19刑集7巻10号1945頁）。

(5) 刑事事件の被告人による偽証教唆罪の成否

現行刑事訴訟法では，被告人への証人尋問は認められていない。そこで，被告人自身は自己の刑事事件に関して偽証罪正犯とはなり得ない。それならば，被告人が他人を教唆して自己の刑事事件の証人尋問手続において虚偽の証言をさせた場合，偽証罪の教唆犯に問うことはできるのであろうか。この点に関しては，肯定説（平野，前田，中森喜彦など）が多数説であるが，否定説（川端博）も有力に唱えられている。

思うに，被告人が自己の被告事件の審理において証言義務を負わないのは，憲法38条1項を受けた弾劾主義訴訟構造を採った帰結なのであって，いかなる訴訟制度においても共通普遍なものではないのであるから，被告人自身が理論上，およそ偽証罪の正犯となり得ない訳ではない。また，被告人の証言拒絶特権（自己負罪拒否特権）は，積極的に虚言を弄して防禦することまでも権利として認めたものではない。他人を偽証罪の正犯者にしてまで自己の刑事責任の免脱を図る行為については，適法行為の期待可能性がないと評価することもできない筈である。このように考えれば，刑事事件の被告人が自己の被告事件に関して他人を偽証教唆した場合には，偽証教唆罪が成立するものと考えられる（藤木英雄など同旨）。

判例も，一貫して肯定説を採用している（大判明42・8・10刑録15輯1083頁，大判昭11・11・21刑集15巻1501頁，最決昭28・10・19刑集7巻10号1945頁等）。

3 虚偽鑑定・通訳・翻訳罪

> 第171条（虚偽鑑定等）　法律により宣誓した鑑定人，通訳人又は翻訳人が虚偽の鑑定，通訳又は翻訳をしたときは，前二条の例による。

(1) 主　体

法律により宣誓した鑑定人，通訳人または翻訳人であり，**真正身分犯**である。

鑑定人とは，審判機関の命令により自己の有する特別の学識経験に基づいて，ある法則の存在またはその応用に関して意見を述べる者を指す。通訳人とは，審判機関の命令によって日本国の国語に通じない者と国語に通じる者との間，または耳の聞こえない者・口の利けない者と健常者との間にあって，口頭で訳述する者を指す。翻訳人とは，文字または符号からなる一定の言語で表現された文章の内容を原文に即して，一般に通用している日本語に移し替える者を指す。

(2) 立法趣旨

鑑定人・通訳人・翻訳人の担当する職務においても，虚偽が混入すれば審判作用における事実認定の正確さが損なわれる危険性があり，審判作用そのもの

に支障が生じ得る。そこで，虚偽の介在を排除することが立法趣旨となっている。

(3) 虚偽概念

本罪においても，偽証罪と同様に，虚偽概念は主観的虚偽を指すのか客観的虚偽を指すのかを巡って学説が対立している。偽証罪の場合と同様に本罪においても主観的虚偽説が妥当である。

4　議院証言法上の偽証罪

「議院における証人の宣誓及び証言等に関する法律」(本書では，議院証言法と略する)は，国政調査権に基づいて証人喚問された証人の証言に関して，宣誓した証人が虚偽の陳述をした場合に偽証罪として処罰する旨の規定を設けている (同法6条1項)。

審判作用における事実認定と同様に，国政調査権にとって正確な事実的基礎が不可欠であるため設けられた規定であり，法定刑は刑法典上の偽証罪と全く同じ3月以上10年以下の懲役である。

5　自白による刑の減免規定

刑法典上の偽証罪については，偽証を自白した場合の刑の減免規定 (170条) があり，この規定は虚偽鑑定・通訳・翻訳罪にも準用されている (171条)。同様に，議院証言法上の偽証罪に関しても偽証を自白した場合には刑の減免が定められている (議院証言法6条2項)。

偽証等の自白による刑の減軽または免除は任意的，すなわち裁判所の裁量に委ねられている。

刑の減免は，偽証等の自白が裁判の確定する前，または懲戒処分が行われる前 (170条)，あるいは，議院・委員会・両院合同審査会の調査または審査の終わる前であって，かつ犯罪が発覚する前 (議院証言法6条2項) である場合に限られている。

本来，偽証罪等は，裁判手続等においていったん虚偽の供述をなした場合には直ちに成立し，現実に裁判手続に影響力を及ぼしたか否かを問わないものである。それ故，手続の確定前に自白して虚偽供述を撤回に関する規定は，刑の減免という，既に成立した犯罪に対する処罰阻却事由等の形式を採らざるを得

なかったのである。

　偽証等が早期に撤回され，事実認定の正確さが損なわれないようにという刑事政策的配慮に基づく規定であるものと思われるが，個々の証人等が本規定を熟知していなければ，効果はあまり期待できない。とはいえ，証人尋問等の冒頭において，わざわざ偽証罪等を自白した場合の刑の減免規定に言及することもいささか問題が残る。結局は，現行法のような規定形式にならざるを得ないのであろう。

ワーク 40　演習問題

【問】　以下の文章のうち，正しいものを一つ選びなさい。

【法学検定試験3・4級程度】

(1)　Aは，他人の刑事事件に公判出廷したが，事件発生以来，新聞・テレビ等で報道されている内容が自己の記憶と異なることから不安になり，敢えて自己の記憶とは異なり，報道内容に沿った証言をした。結果的には，Aが公判廷で証言した内容が他の証人の証言等から裏付けられた。この場合，Aは偽証罪の罪責を負わない。(3級)

(2)　証人Bは，公判廷で検察官から「この法廷に貴方が目撃した犯人がいたら教えて下さい」と言われ，自己の目撃した人物とは別人であることを認識しながら，被告人Cを指差した。この場合であっても偽証罪は成立する。(4級)

(3)　被告人Dは，自己の刑事事件で有罪判決を免れるために，証人出廷を予定されているEに知人を介して働きかけ，Dが犯人か否か定かではない旨を証言させた。しかしEは，捜査段階では犯人がDである旨を克明に供述しており，その検察官面前での供述は調書に録取されていた。この場合，EはDが犯人ではない旨断言したわけでもないし，捜査段階での供述は刑事訴訟法321条1項2号後段書面として証拠能力を与えられるので，事実認定手続に実害はないのだから，偽証罪は不成立である。(3級)

(担当：清水　真)

Lesson 41 　虚偽告訴罪

> 第172条（虚偽告訴等）　人に刑事又は懲戒の処分を受けさせる目的で、虚偽の告訴、告発その他の申告をした者は、3月以上10年以下の懲役に処する。

1　意義・保護法益

　人に刑事処分又は懲戒処分を受けさせる目的で虚偽の事実を申告する罪である（172条）。法定刑は3月以上10年以下の懲役であって、偽証の罪と同じである（平成7年の刑法改正までは、誣告罪（ぶこく）という名称であったため、同改正前に出された判例・文献では、虚偽告訴罪の代わりに誣告罪という語句が用いられている）。

　副次的に、名指された者の個人的法益も危機に瀕するものの、刑事司法手続・懲戒手続に関する国家作用を害する罪であって、保護法益は国家的法益である（通説）。虚偽告訴罪の保護法益を個人的法益であると解する少数説によれば、虚偽告訴された者の同意・承諾または嘱託を得てなされた内容虚偽の告訴は、被害者の同意の法理に基づいて法益侵害性がないものとされ、虚偽告訴罪は成立しないとされる（団藤重光など）。これに対して、虚偽告訴罪の保護法益が円滑な刑事司法・懲戒作用という国家的法益であると解すれば、仮に虚偽告訴された者の同意・承諾があった場合でも、虚偽告訴罪の成立を妨げないことになる（通説）。判例も同様に判示している（大判大元・12・20刑録18輯1566頁）。

2　刑事処分・懲戒処分

　刑事処分とは、国家刑罰権の発動である刑の執行のみならず、その前提となる捜査権・訴追権・審判権の発動を含む。また、非行少年に対する保護処分

（少年法24条）・売春女性に対する補導処分（売春防止法17条以下）のように，刑罰権の発動ではなく，パターナリスティックな見地からの保護・補導の処分であっても，強制力を行使できるものを含む。

懲戒処分の中には公務員に対する公法上の特別関係に基づく懲戒処分，裁判所による裁判官分限裁判，裁判官弾劾裁判所による弾劾裁判のほか，弁護士法・弁理士法・公認会計士法・税理士法等に基づく懲戒処分，およびそれらのための調査手続も含まれる。また，在監者の規律違反に対する懲罰（監獄法59条）も虚偽告訴罪の懲戒処分の対象となる。

3　客　体

他人に限られる（通説）。自分自身を虚偽告訴した場合には，本罪ではなく虚偽事実申告罪（軽犯罪法1条16号）が成立するにとどまる。

それでは，虚偽告訴罪の客体は実在人に限られるであろうか。保護法益が国家的法益であることを強調すれば，虚無人による犯罪・非行・規律違反等を捜査・調査することで人的・物的資源を徒に空費させた点で，虚偽告訴罪が成立するという見方もあり得ようが，通説は消極説を採っている（団藤，平川宗信，前田雅英，大谷實など）。後述するように，虚偽告訴罪は，刑事処分または懲戒処分を人に受けさせる目的を以て虚偽の告訴・告発その他の申告をすることで成立する犯罪である。虚無人を名指して告訴等した場合には，この「処分を受けさせる目的」が欠如しているので，虚偽告訴罪の構成要件該当性がないのである。虚無人を名指した告訴・告発・申告等で刑事司法作用や懲戒作用が害されないことを目指す場合には，立法論的措置をとることが必要になる。

4　目　的

3でも触れたように，虚偽告訴罪は人に刑事処分または懲戒処分を受けさせる目的のある場合に成立する**目的犯**である。この目的とは，構成要件の客観面の認識・認容である構成要件的故意とは異なり，当該行為によって一定の新たな結果が発生することに対する主観的要素である。背任罪における図利加害の目的，通貨偽造罪・文書偽造罪・有価証券偽造罪における行使の目的，略取及び誘拐の罪における猥褻目的・結婚目的・営利目的・身の代金目的等がこれに

該当する。これら目的犯における目的に加えて，窃盗罪等における不法領得の意思等は，構成要件該当行為という客観的要素に対応する構成要件的故意という主観的要素とは別個の主観的要素であるがために，講学上は超過的内心要素等の呼ばれ方をしている（図参照）。

虚偽告訴罪に関する図

主観的要素

```
                        派生的結果への主観的要素
          ┌──────────┬──────→ ┐
故意からの │  目  的   │         │
超過部分   │(超過的内心要素)│         │
          ├──────────┼─────────┤
          │  故  意   │  行  為  │
          └──────────┴─────────┘
                 ↘     ↙
                認識・認容
```

　犯罪事実・非行事実または規律違反事実に関して確信がないにもかかわらず，単なる捜査・調査協力のための情報提供の域を超えて，みだりに他人を犯罪者等として告訴・告発・申告するがごとき行為は看過すべきではないが，「処分を受けさせる目的」があったというためには，少なくとも，刑事処分または懲戒処分を受けさせることについて未必的認識があったことで足りるというのが通説である（川端博）。判例も同様に判示している（大判大6・2・8刑録23輯41頁）。換言すれば，虚偽告訴罪における目的とは，他人が刑事・懲戒処分を受けることがあろうという程度の認識があれば足りるのであって，ことさら積極的に特定人が処罰・処分されることを意欲・希望する意思があることは必要とはされていないのである。もっとも，刑事・懲戒の処分がなされることを意欲したことまでを必要とする見解も有力である（団藤）。

　未必的認識で足りるという見解に従って，駆け落ちした者が自分を追い駆けて来る者を警察に引致させようという意図の下に，その者について虚偽の犯罪事実を通報したという事案について，判例は虚偽告訴罪が成立すると判示している（大判昭8・2・14刑集12巻114頁）。

5　虚偽概念

　偽証の罪の場合とは異なり，虚偽告訴罪においては虚偽概念を巡っての主観的虚偽説と客観的虚偽説との争いはない。偽証の罪に関して主観的虚偽説に立った場合，何故，虚偽告訴罪に関しては客観的虚偽概念を採るのかが問題となり得る。この点，以下のように考えるべきである。偽証の罪の場合には，証人が自己の記憶に反する供述をすること自体が尋問手続を混乱させ，国家の審判作用を害する抽象的危険性を有しているので，当該供述内容が客観的真実に適合しているか否かは問題とはならない。これに対して虚偽告訴罪の場合には，申告された内容が客観的真実に適合していたならば，刑事手続または懲戒手続が無用に開始されたことによって，担当官署の捜査・調査が徒労に終わったわけではないので，刑事司法作用・懲戒作用という国家的法益が害されたとは評価されないことになるのである（福田平・大塚仁など）。

　大審院判例においても，申告内容が実際の犯罪事実を誇張したものであったという事案において，**客観的虚偽概念**を採ることを判示している（大判大13・7・29刑集3巻721頁）。また，最高裁判例においても，「刑法172条にいう虚偽の申告とは，申告の内容をなすところの刑事，懲戒の処分の原因となる事実が客観的真実に反することをいう」と判示されている（最決昭33・7・31刑集12巻12号2805頁）。

6　告訴・告発・申告内容の具体性

　抽象的一般的に特定人に関して，「収賄をしている」「職務上，不正をしている」等という告訴・告発・申告を行っても，通常，それだけでは捜査または調査手続が開始されるわけではないので，虚偽告訴罪は成立しない。とはいえ，必ずしも日時・場所・方法をもって犯罪・非行または規律違反事実を特定していなくても，権限を有する機関をして特定の犯罪・非行または規律違反事実が存在する可能性があるとの認識を抱かせ，捜査または調査を開始する必要があると認識させる程度に達していれば，虚偽告訴罪は成立する（大判大4・3・9刑録21輯273頁，大判大9・9・15刑録26輯676頁）。ある公務員に関して，賄賂を貪り，偏った処置をし，綱紀を乱し，不当に旅費を貪った等という申告がなされた場合に，虚偽告訴罪の成立を認めた判例がある（大判大5・9・20刑録22輯1393

頁)。かなり抽象的であるという印象を受けるが，少なくとも旅費の不正請求等に関しては捜査・調査の対象を具体的に絞り込めるであろう。

7 既遂時期

　刑事司法作用または懲戒作用を害することが虚偽告訴罪の本質なのであるから，虚偽の告訴・告発・申告が権限のある官署に到達した時点で既遂に達する。到達すれば担当官が認識可能な状況になるのだから，現実に閲覧等したことまでも要しないし，ましてや，捜査や懲戒処分のための調査手続が開始されたことは不要である（大判大5・11・30刑録22輯1837頁）。

8 罪　　数

　判例によれば，一通の告訴状・告発状によって一名を虚偽告訴した場合には，数個の犯罪事実等を申告している場合であっても，一罪のみが成立する（大判大2・3・6刑録19輯300頁）。他方で，一通の告訴状・告発状によって複数名を虚偽告訴した場合には，被告訴者・被告発者の数に応じて虚偽告訴罪が成立し，これらの数罪は観念的競合（54条1項前段）の関係になるというのが判例である（大判明44・2・28刑録17輯220頁）。捜査手続は被告訴者・被告発者ごとに展開される点に鑑みた処理である。

　なお，虚偽告訴した事件の公判審理において証人出廷し，宣誓の上，偽証をした場合には，虚偽告訴罪と偽証罪の二罪が成立し，両罪は併合罪（45条）の関係に立つ。

9 自白による刑の減免

　虚偽告訴罪を犯した者が，その裁判の確定する前，または懲戒処分が実施される前に自白した場合には，刑の任意的減免の余地がある（173条）。国家の審判作用・懲戒作用に誤謬が生じることを未然に防止するための政策的配慮に基づいた規定である。

> **ワーク 41** 演習問題

【問】 以下の文章の正しいものを選びなさい。【法学検定試験3・4級程度】

(1) 平素，学長を快く思っていなかった国立大学教官Aは，学長の立場を悪くする意図で，「学長は連日のように女子学生にセクシャルハラスメント行為をしている」と記した文書を大学の評議員全員に郵送した。この場合，犯罪事実または職務規律違反を特定しているわけではないので，虚偽告訴罪は成立しない。(4級)

(2) 受刑者Bは，自分を捜査段階で取調べた警察官Cを逆恨みし，何の根拠もなしに，「C警部補は覚醒剤中毒者で，取調中も私の面前で覚醒剤を自らの上腕部に注射していた」と記した書面を県警本部の監察官室宛に郵送した。監察官室が調べたところ，Cが取調室で覚醒剤を自己使用したことは事実無根であったが，確かにCは覚醒剤中毒者であり，勤務中も署内で密かに注射によって覚醒剤を使用していたことが露見した。この場合，Bは根拠なしに告発した上，事実関係も異なっているものの，虚偽告訴罪は不成立となる。(3級)

(3) D宅が放火された。Dは，暗がりの上，距離もあったので全く確信がなかったものの，犯人が知人Eに似ていたため，Eを犯人として告訴した。Eにはアリバイがあった場合，Dには虚偽告訴罪が成立する。(3級)

(担当：清水 真)

ワークスタディ

刑法各論

解答と解説

解答

＜ワーク1＞

正解 (4)

【解説】

(1) 誤　Bは自分が死ぬことを同意しているので、Aの行為は殺人罪とはならない。

(2) 誤　承諾殺人罪（202条）は、被害者(B)の承諾を得てこれを殺害する行為がなければならないが、Bは睡眠薬を飲んだだけで、AがBを殺したわけではない。

(3) 誤　嘱託殺人罪（202条）の成立には、被害者(B)の嘱託がなければならないが、この場合、嘱託はないためAの殺害行為は認められない。

(4) 正　Aは自殺の決意を有しないBに自殺を決意させ、その自殺を遂行させているから自殺教唆罪（202条）が成立する。

(5) 誤　Aは無罪とはならない。Bの自殺に関与しているからである。

＜ワーク2＞

正解 (3)

【解説】

(1) 誤　被害者を押さえ込んで額にペンキで書く行為は、いまだ傷害とはいえず、暴行の範囲にある。

(2) 誤　傷害罪が成立するためには、判例は、生理機能障害説を採っており、髪の毛の5～6本程度ならば暴行罪が成立するだけである。

(3) 正　鐘を連打するだけでは、まだ暴行罪の成立に止まるが（最判昭29・8・20刑集8巻8号1277頁）、聴覚障害までに至ると傷害罪に該当する（たとえば、大判昭8・9・6評論22巻刑法249頁）。

(4) 誤　これは暴行罪ではなくて、脅迫罪（222条）に該当することになる。

(5) 誤　異臭をかがせる行為は暴行罪の成立にとどまる。

＜ワーク3＞

正解 (2)

【解説】

(1) 誤　患者はすでに手遅れの状態にあるため、患者の死について医師には過失が認められない。医師の手術は正当業務行為（35条）である。

(2) 正　たとい学生であろうと、自動車の運転は「業務」に該当するとするのが

判例の立場である（東京地判昭37・1・12判時287号34頁，大判昭14・5・23刑集18巻283頁）。
(3) 誤　日常の社会生活上の行為（たとえば，家事，散歩など）は，「業務」に含まれないとするのが判例の立場である。
(4) 誤　自転車の運転はそれ自体危険性をもたないため業務とはいえない（関連判例として，東京高判昭35・3・22東高刑11巻3号73頁）。
(5) 誤　自ら自分でキズを負った場合には，犯罪そのものの成立がない。

＜ワーク４＞

正解　(3)

【解説】
(1) 誤　自己堕胎罪には未遂罪の規定がないため犯罪そのものの成立がない。
(2) 誤　堕胎の行為時において，すでに母体内で死亡している胎児は，自己堕胎罪の構成要件には該当せず，本罪からは除かれる（大判昭2・6・17刑集6巻208頁）。
(3) 正　通説は，堕胎を出生以前に母体内で殺害することも「堕胎」になるとしている（佐久間・各論32頁）。すなわち，堕胎罪は，胎児に対する危険犯と解されているからである。
(4) 誤　自己堕胎罪を含めて，堕胎の罪はすべて故意犯であるため過失による堕胎は，過失致死傷罪（209条〜211条）に当たるにすぎない。したがって，この場合には自己堕胎罪の成立はない。
(5) 誤　妊娠していなければ，自己堕胎罪の構成要件そのものに該当しないことになり，犯罪不成立となる。この場合は，不能犯となる。

＜ワーク５＞

正解　(3)

【解説】
(1) 誤　この場合，契約による保護義務が生じているため，218条の保護責任者遺棄罪が成立する（大判大8・8・30刑録25輯963頁）。
(2) 誤　民法877条以下の親族の扶養義務に基づく保護義務が存在しており，この場合は218条の保護責任者遺棄罪が成立する。
(3) 正　幼者（被遺棄者）の生命・身体の危険をつくり出しているうえ，置き去りのように扶助を要すべき物を危険な場所に残して去るだけでは足りず，積極的にその者を危険な場所に移転させること（移置）がなされており，単純遺棄罪が成立する。

(4) 誤　この場合は，事務管理に基づく保護義務が生じており，218条の成立となる。

(5) 誤　条理・慣習に基づく保護義務が存在し，この場合は，218条の保護責任者遺棄罪が成立する。

＜ワーク6＞

正解　(4)

【解説】

(1) 誤　判例は，人の着衣を摑んで引っ張る行為を暴行罪であるとしている（大判昭8・4・15刑集12巻427頁）。

(2) 誤　この場合，判例は，「相手方をして不快嫌悪の情を催させるに足るものであることは，社会通念上，疑問の余地がなく，不法な有形力の行使に該当する」（福岡高判昭46・10・21刑月3巻10号1311頁）としている。これは暴行罪である。

(3) 誤　この事案は傷害罪の成立を認めたものであるが，瓦の破片を投げ，追いかける姿勢を示す行為そのものは暴行であるとしている（最判昭25・11・9刑集4巻11号2239頁）。

(4) 正　「長時間にわたる電話攻勢で著しく精神的不安感を与える心身を極度に疲労させ加療に3週間を要する精神衰弱の傷害を負わせた」ものであり，これは暴行によらない傷害罪である（東京地判昭54・8・10判時943号122頁）。

(5) 誤　「日本刀の抜き身を数回振り回すことは暴行というべきである」（最決昭39・1・28刑集18巻1号31頁）としている。もっとも，本判例は傷害致死罪の成立を認めたものであった。

＜ワーク7＞

正解　(1)

【解説】

(1) 正　脅迫罪（222条）の法定刑は2年以下の懲役または30万円以下の罰金であり，強要罪（223条）の法定刑は3年以下の懲役であるため，脅迫罪の方が重い。

(2) 誤　逮捕罪（220条）の法定刑は3月以上5年以下の懲役であり，逮捕罪の方が重い。

(3) 誤　監禁罪（220条）の法定刑は3月以上5年以下の懲役であり，監禁罪の方が重い。

(4) 誤　監禁罪と逮捕罪は同一の条文に規定されているため，法定刑は同じ。

解答 271

<ワーク8>

正解 (2)

【解説】

(1) 誤　未成年者拐取罪の保護法益については，①被拐取者の自由のみであるとする説（香川，内田，前田等），②親権者等の保護・監護権とする説（井上，吉田），③被拐取者の自由および親権者等の保護・監護権とする説（団藤，大塚），④被拐取者の自由および身体の安全であるとする説（平野，西田，大谷）等が対立しているが，③説が通説・判例（大判大7・11・11刑録24輯1326頁，福岡高判昭31・4・14裁特3巻8号409頁）であるため，未成年者の同意があっても，常に違法性が阻却されるわけではない。

(2) 正　いわゆる富士銀行事件で，同罪の成立を認めている（東京地判平4・6・19判タ806号227頁）。

(3) 誤　身代金目的拐取罪の成立には，行為者Xに安否を憂慮する者の憂慮に乗じる目的があれば足り，現実に安否を憂慮する者が存在する必要はない。

(4) 誤　身代金要求罪は，身代金を要求する意思表示がなされれば既遂となり，その意思表示が相手方に到達することは必要でない。

<ワーク9>

正解 (2)

【解説】

(1) 誤　法律上は夫婦であっても，実質的に婚姻が破綻し名ばかりの夫婦にすぎない場合には，夫が暴行・脅迫を用いて妻を姦淫したときは，強姦罪が成立する。

(2) 正　判例によれば，行為者がもっぱら報復の意図で相手方の性的羞恥心を害する行為をした場合には強制わいせつ罪は成立しない（最判昭45・1・29刑集24巻1号1頁）。

(3) 誤　強制わいせつおよび強姦罪でいう暴行・脅迫は最狭義のそれを意味するが，相手方の反抗を著しく困難にする程度で足り，強盗罪における暴行・脅迫の程度よりも緩やかに解されている。

(4) 誤　判例によれば，強制わいせつ・強姦致死傷罪は行為者において死傷の認識・予見があった場合にも適用される。

<ワーク10>

正解 (2)

【解説】

(1) 誤　侵入とは住居権者・管理権者の意思に反する立入りであると解する「意

思侵害説」に立った場合，本問の行為は万引き目的であり，管理権者の真意に反する立入りであるので侵入に当たる，とする見解がある。しかし，同じく「意思侵害説」に立っても，デパートのように，不特定または多数の顧客の自由な立入りが予定されており，あらかじめ一般的・包括的な承諾がなされている場合，管理権者が行為者の内心の万引き目的を察知することができない以上，有効な包括的承諾の範囲内の行為であるとして本罪の成立を否定する見解もあり，有力である。他方，侵入とは住居等の事実上の平穏を害する態様での立入りであると解する「平穏侵害説」に立った場合，事実上，他の顧客と同じく平穏に立ち入っているのであるから本罪を構成しないとするのが一般的である。

(2) 正　　住居は，必ずしも適法に占拠されたものであることを要しない。適法な権利に基づかない占拠であっても，事実上平穏に維持されている限り保護に値するからである。その典型的な場合が，本問の事例である（名古屋高金沢支判昭26・5・9高刑特30号55頁参照）。

(3) 誤　　事実的住居平穏説を支持する立場にあっても，立入り行為は夫の意思に反することは明らかであるので本罪を構成するとする見解があるが，立入り行為は現在する妻の承諾を得て平穏な態様で行われているので本罪を構成しないとする見解が有力であり，これを認める下級審の判例もある（尼崎簡判昭43・2・29下刑集10巻2号211頁参照）。新住居権説にあっても，立入り行為は夫の住居権を侵害しているとして本罪を肯定する見解もあるが，現在する妻の承諾がある以上本罪を構成しないとする見解もあり，多数説である。

(4) 誤　　友人の明示の承諾はないが，友人に招待されていたこと，鍵が開いていたこと，行為者は中で待たせてもらう意思であったことなどから，友人の推定的な承諾が認められ，本罪は成立しない。

<ワーク11>

正解　(2), (4)

【解説】

(1) 誤　　テレビの生番組での発言なので公然性はある。しかし，「悪辣な男」という表現のみでは，Bに対して社会一般が評価を下げるだけの事実の具体性に欠ける。故に，侮辱罪にとどまる。

(2) 正　　放火犯であるという断言は具体的事実の摘示に該当する。問題はわずか数名への言明であるが，不特定多数人への伝播可能性がある限り公然性を認めることができる。

(3) 誤　　確かに，公人に関する表現行為については公共性・公益目的性を擬制す

る規定がある。しかし，いかに公人の行状であっても，職務に照らし資質・能力と無関係な純然たる私的行状については230条の2の適用は排除される。
(4) 正　ホーム・ページ上には具体的事実の摘示がなされている。また，名誉毀損罪の構成要件である公然性とは，不特定または多数人が認識可能な状況を指すのであるから，仮に誰も読まなかったとしても，ネット上でかかる表現行為がなされた以上，公然性は認められる。

＜ワーク12＞

正解　(2)

【解説】

(1) 正　民間類似公務については，公務であっても業務性が認められる。国立大学も私立大学もその講義の点で実質的相違はない。
(2) 誤　非権力的公務であっても，暴行により公務を妨害すれば，公務執行妨害罪が成立する（最決平成元・3・10刑集43巻3号188頁）。
(3) 正　権力的公務については，業務性は認められず，偽計業務妨害罪は成立しない。
(4) 正　コンピュータで使用するデータを消去した以上，電子計算機の使用を阻害したことになり，たとえ容易にデータの復旧が可能であっても，業務妨害罪を危険犯と解する以上，電子計算機損壊等業務妨害罪が成立する。

＜ワーク13＞

正解　(4)

【解説】

財産犯は，その客体により財物罪と利得罪とに分類され，行為態様の面から，領得罪と毀棄罪とに区別される。領得罪は，占有の移転を伴う奪取罪（占有移転罪）と占有侵害を内容としない横領罪とに区別される。さらに占有移転罪は，相手方の意思に反して占有を奪う盗取罪（窃盗罪および強盗罪）と，相手方の瑕疵ある意思に基づいて占有を移転させる犯罪（交付罪）（詐欺罪と恐喝罪）とに分類される。

＜ワーク14＞

正解　(2)と(4)

【解説】

(1) Xの行為はすりのあたり行為に該当するので，Xの行為は窃盗未遂罪を構成するが，占有が未だ移転していないので既遂には達していない。
(2) 正解。多数説では，この場合死者の占有を認めないので，Yの行為は占有離脱物横領罪を構成するにすぎないが，死亡と同時に奪ったと同視できる場合には死

者の占有を認め、Yの行為に窃盗罪を認めることができるとする見解（前田）もある。

(3) 音信不通の兄Yは同居の親族には該当しない。したがって、Yには244条1項は適用されないので、刑は免除されない。

(4) 正解

(5) 返還意思のある一時使用であっても、判例では不法領得の意思を肯定している。したがって、窃盗罪は成立する（東京地判昭55・2・14刑月12巻1＝2号47頁）。

＜ワーク15＞

正解　(3)

【解説】

(1) 誤　相手方の反抗を抑圧するに足りる程度について学説・判例は、暴行・脅迫自体の客観的性質を重視している。強盗罪となるか恐喝罪となるかは、暴行・脅迫が社会通念上、一般的に被害者の反抗を抑圧するに足りる程度のものかどうか、という客観的基準によって決まる。

(2) 誤　反抗の抑圧を強取の成立要件とする見解によれば、相手方の反抗が完全には抑圧されなかった場合、強盗罪の未遂のみが認められるが、反抗の抑圧を強盗罪の成立要件とはみなさない見解は、客観的に強盗手段が用いられ、相手方の交付に基づくにせよ、財物の移転が生じたことを根拠に、強盗罪の既遂を認める。

(3) 正　暴行・脅迫を加えることにより、被害者の反抗が抑圧された後、財物奪取の意思があらたに生じた場合をめぐっては、窃盗説と強盗説が対立している。前者は、あらたな暴行・脅迫がない限り窃盗罪になると主張し、後者は、全体として反抗抑圧状態を利用したことを根拠に、強盗罪の成立を認める。判例は強盗説に立つものが多いが、学説上も、行為者が前の暴行によって生じた抵抗不能の状態を利用し、その余勢をかって財物を奪ったものと認められるときには、強盗罪が成立するとの見解が主張されている。

(4) 誤　元来、強盗の一種である以上、利益強盗も被害者の意思に反して利益を得る行為であり、被害者の意思に基づく処分行為は不要なはずである。強盗罪が被害者の反抗を抑圧する程度の暴行・脅迫を要件とするものである以上、被害者による任意の処分行為を要求することにはそもそも無理があり、債務の支払いを免れるために債権者を殺害した事案についても、被害者を殺害して債務を免れるだけで、利益強盗罪は成立し得る。

(5) 誤　窃盗犯人の地位を真性（構成的）身分犯と解する立場では、窃盗犯人でない者が事後強盗行為に関与した場合、65条1項によって強盗致傷罪が成立し、

関与者には240条の刑が科せられることになる。

<ワーク16>

正解 (4)

【解説】
(1) 誤　機械は錯誤に陥らないため，Aは窃盗罪（235条）となる。
(2) 誤　つり銭詐欺と異なり欺く行為がないので，占有離脱物横領罪（254条）となる。
(3) 誤　Aは定期券を駅員に見せていないので欺罔行為がなく，駅員の錯誤に基づく処分行為もないので詐欺罪は成立しない。
(4) 正　支払う意思がないのにタクシーに乗る行為が欺罔行為であり，運転手は錯誤により目的地までAを運ぶという労役の提供（処分行為）を行っているので，Aの行為は2項詐欺罪となる。

<ワーク17>

正解 (1)

【解説】
恐喝罪は，相手方の瑕疵ある意思に基づいて財物を交付させる点で詐欺罪と共通する。したがって，(A)には「詐欺罪」が該当するため，正解は(1)または(3)のどちらかとなる。また，財物罪であるとともに利得罪でもある犯罪とは強盗罪であるから，(2)(4)は排除される。恐喝罪と強盗罪の相違は，手段としての暴行・脅迫の程度にあるから，(1)が正解となる。

<ワーク18>

正解 (3)

【解説】
(1) 不成立　「二重抵当」の事案であるが，「信任関係に違背する法律行為」があっても「財産権の損害」が「経済的に」認められなければ背任罪は成立しない（最判昭58・5・24刑集37巻4号437頁）。
(2) 不成立　甲が，「他人のためにその事務を処理する者」というためには，単に物の給付・反対給付をする義務があるだけでは足りず，相互に相手方の事務の内部に立ち入って包括的にこれを処理する義務がなければならない。甲の行為は，債務不履行にすぎない。
(3) 成立　甲は，乙から「不動産を担保とする銀行融資の斡旋依頼」を受けた時点で，「事務処理者」となったものといえる。そして，乙名義で町金融から高利の融資を受け，乙に高利の債務を負わせたところで，「任務違背による損害の発

生」が認められる。また，仲介料欲しさに融資を受けた点で「図利目的」も認められる。
(4) 不成立　「冒険的取引」の事案である。銀行からの包括的授権ないしは個々的委任を受けてなされた場合，任務違背もなければその認識・認容もないのが通常であることから，そもそも構成要件不該当である。

<ワーク19>

正解　(2)

【解説】
(1) 成立　委託信任関係の発生は，契約に基づくのが一般であるが，事務管理・後見などによっても生じうる。本問における甲は，兄のために事務管理として金銭を占有している。なお，刑の免除（255条）は，犯罪の成立に影響を及ぼさない。
(2) 不成立　Bが余分に払戻を受ける行為は，委託信任関係の範囲内になく権限を逸脱するものであり，有印私文書偽造（預金支払原票の作成）・同行使罪および詐欺罪（銀行窓口での現金引出し）が成立すると考えられる。ちなみに，詐欺の相手方は，事実上財物の交付行為を行える者であればよい。
(3) 成立　債権者から取立を委任された者が債務者から取り立てた金銭の所有権は，直ちに債権者に帰属する（大判昭8・9・11刑集12巻1599頁）。
(4) 成立　二重売買である。この場合，売買契約の締結された動産は買主の所有に属する。ただし，未だBから代金を受領していない場合は，可罰的違法性を欠くものといえよう。

<ワーク20>

正解　(1)

【解説】
(1) 正　B説の主張が正しければ，257条は244条の親族相盗例を準用すれば十分で，独立した条文を設ける必要はないはずである。
(2) 誤　刑の免除という法的性質はここでは重要ではない。
(3) 誤　これはB説の根拠である。
(4) 誤　これは盗品等に関する罪の客体の問題で，ここでは重要ではない。

<ワーク21>

正解　(4)

【解説】
(1) 正　課税台帳は公用文書であり，一枚抜き取っても公用文書毀棄罪に該当す

(2) 正　自己の土地でも抵当権が設定されている場合には建造物損壊罪の客体となる。
(3) 正　境界損壊罪の成立には，境界を認識できなくなるという結果の発生が必要である。
(4) 誤　養魚池の水門を開いて錦鯉を流出させる行為は動物を傷害する行為に該当する。

<ワーク22>

正解　(1)

【解説】

(1) 誤　一地方の平穏が現実に害される必要はない。騒乱罪は抽象的危険犯である。
(2) 正　騒乱罪は内乱罪の予備段階であり，騒乱罪は予備行為を処罰しない。
(3) 正　判例・通説では騒乱罪の主観的要件として共同意思が必要である。
(4) 正　多衆不解散罪と不退去罪は真正不作為犯の典型例である。

<ワーク23>

正解　(2)

【解説】

(1) 誤　現に住居に使用している建造物に対する放火は公共の危険が発生しなくとも，現住建造物放火罪が成立する。
(2) 正　現住建造物放火の手段として非現住建造物へ放火したときは，現住建造物放火罪一罪のみ成立する。未遂であっても同様である。
(3) 誤　非建造物への放火であるが，繁華街であることからその状況を認識して自動車に放火する場合，付近の建造物への延焼の危険を認識しているともいえ，現住もしくは非現住建造物放火罪の成立が認められることもありうる。
(4) 誤　マンションそれ自体への焼損がなく，内部の高温状態も独立燃焼とはいえないので，現住建造物放火罪は成立しない。

<ワーク24>

正解　(3)

【解説】

(1) 誤　120条の成立には公共の危険の発生が必要である（大判明44・6・22刑録17輯1242頁参照）。
(2) 誤　水害の際に水防を妨害した場合に限り成立する。

(3) 正
(4) 誤　出水罪には業務上過失規定はなく，単なる過失建造物等浸害罪が成立する。

＜ワーク25＞

正解　(2), (5)

【解説】
(1) あたらない。本罪は，汽車，電車，艦船の往来の危険を生じさせなければ成立しないから，自動車の往来の危険は含まれない。
(2) あたる。いわゆる人民電車事件で，同罪の成立を認めている（最判昭和36・12・1刑集15巻11号1807頁参照）。
(3) あたらない。本罪は，汽車，電車，艦船の往来の危険を生じさせなければ成立しないから，航空機の危険は含まれない。
(4) あたらない。本罪は，具体的危険犯であるから，投石して客席の窓ガラスを破損しただけでは，未だ，電車の往来に具体的危険を生じさせたとはいえない。
(5) あたる。電車の信号は，電車の安全な運行のために不可欠であるから，これを狂わせることは，電車の往来に危険な結果発生のおそれを生じさせたといえる。

＜ワーク26＞

正解　(4)

【解説】
(1) 誤　清涼飲料水は本罪の客体ではない。
(2) 誤　一般人が心理的に飲めない状態であれば足りる（最判昭36・9・8刑集15巻8号1309頁参照）。
(3) 誤　必ずしも物理的に握持している必要はなく，留守宅に保管している場合や他人に預託している場合も成立する。
(4) 正

＜ワーク27＞

正解　(4)

【解説】
(1) 誤　偽造通貨を流通に置かない限り，偽造通貨行使罪は成立しない。
(2)(3) 誤　通貨偽造罪は目的犯であり，真貨として流通に置くという「行使の目的」が欠けるので，通貨偽造罪は成立しない。
(4) 正　偽造通貨行使とは，偽造通貨を真貨として流通に置くことであり，自動販売機への使用（東京高判昭53・3・22刑月10巻3号217頁参照）や，賭金に使用す

る場合もこれにあたる。

<ワーク28>

正解 (3)

【解説】

(1) あたる。流通性は刑法上の有価証券の要件ではないので，宝くじも有価証券とされる。

(2) あたる。テレホンカードが有価証券かどうかについて，学説上は争いがあったが（本文参照），判例は有価証券性を認めた（最決平3・4・5刑集45巻4号171頁）。

(3) あたらない。単なる証明証書，証拠証券（借用証書，受領証，銀行または郵便貯金通帳等）は有価証券ではないとされる。

(4) あたる。流通性は刑法上の有価証券の要件ではないので，デパートの商品券，クーポン券等も有価証券とされる。

<ワーク29>

正解 (3)

【解説】

(1) 処罰される。支払用カードに関する罪の新設以前は，テレホンカードの度数情報の改ざんは，券面上の記載を伴えば有価証券偽造罪に，ホワイトカードの磁気記録部分のみの改ざんは電磁的記録不正作出罪にあたるとするのが判例（最決平成3・4・5刑集45巻4号171頁）・学説の多数説（いわゆる一体説）であったが，平成13年の刑法一部改正により支払用カード電磁的記録不正作出罪が新設されたので，今後は，改ざん行為については163条の2第1項が成立し，電話をかける行為については不正作出支払用カード電磁的記録供用罪（163条の2第2項）および電子計算機使用詐欺罪（246条の2）が成立し，それぞれ牽連犯の関係となろう。

(2) 処罰される。クレジットカードは支払用カードにあたり，それを構成する電磁的記録情報を取得する行為は，新設された163条の4第1項により，3年以下の懲役または50万円以下の罰金で処罰されている。

(3) 処罰されない。支払用カードとは，クレジットカードやプリペイドカード等の支払い決済を目的とするカードすべてをいう。いわゆるローンカードは，キャッシュカードと同様，CD機（キャッシュディスペンサー）に使用してローンを支払うことができるが，クレジットカードやプリペイドカード等の支払用カード以外の支払用カード電磁的記録不正作出罪の客体については，163条の2第1項後段でキャッシュカードに限定された趣旨から，ローンカードは本条の客体に含まないとされている。

(4) 処罰される。(3)で述べたように，支払用カード電磁的記録不正作出罪の客体については，クレジットカードやプリペイドカード等の支払用カード以外にも，163条の2第1項後段でキャッシュカードが含まれるとされるので，これを偽造して使用すれば支払用カード電磁的記録不正作出罪および同供用罪が成立する。

(5) 処罰される。イオカードは電磁的記録を構成部分とする支払用カードであり，偽造カードの交付を受けてこれを所持する行為は，第163条の3の不正電磁的記録カード所持罪にあたる。

<ワーク30>

正解 (3)

【解説】

(1) 158条は，条文上いかなる目的をも要求しない。
(2) 160条は，条文上いかなる目的をも要求しない。
(3) 161条の2第3項は，1項の目的すなわち「人の事務処理を誤らせる目的」を要求する目的犯である。文書に関する行使罪と異なり，本条において，とくに目的を要求する理由については，本文を参照すること。
(4) 161条は，条文上いかなる目的をも要求しない。
(5) 157条は，条文上いかなる目的をも要求しない。

<ワーク31>

正解 (2)

【解説】

(1) 印章にあたる（大判昭17・9・28新聞4803号14頁）。
(2) 公文書にあたる（最決昭29・8・20刑集8巻8号1363頁）。なお，物品税表示証の検印は公務所の記号にあたる（最決昭32・6・8刑集11巻6号1616頁）。
(3) 印章にあたる（最判昭30・1・11刑集9巻1号25頁）。
(4) 公務所の記号にあたる（大判大6・2・15刑録23輯65頁）。
(5) 印章にあたる（大判大14・10・10刑集4巻599頁）。

<ワーク32>

正解 (3)

【解説】

(1) 誤 「公然」とは不特定または多数人の認識しうる状態をいう。少数であっても不特定の人の面前でわいせつな行為を行ったときは174条の罪が成立する（大阪高判昭30・6・10高刑集8巻5号649頁）。
(2) 誤 この場合，演技者には公然わいせつ罪が成立するが，興行主には公然わ

いせつ罪の共犯（教唆犯または従犯）が成立する。
(3) 正　175条はわが国における健全な性風俗を維持することを目的とする犯罪であるから，日本国外で販売する目的でわいせつ図画を所持する行為には適用されない。
(4) 誤　故意が認められるためには上映した映画の内容を認識していれば足り，それがわいせつ性を具備することの認識までは必要ない。

＜ワーク33＞
正解　(3)
【解説】
(1) トランプ・ゲームの勝敗は偶然の事情だが，銀行員は負けても財産的不利益を受けないし，顧客も口座を開設しても財産を喪失するわけではないから，賭博ではない。
(2) 勝者が財産を獲得するわけでもないし，敗者も財産を喪失しないから，賭博ではない。
(3) 偶然の事情に関して勝敗を決し，その勝敗に基づいて勝者の望む財物を敗者に供出させることにより，財産的利益の得喪を決する行為として賭博に当たる。
(4) 偶然の事情に関して勝敗を決し，その勝敗に基づいて財産的利益の得喪を決する行為として賭博に当たるが，その対象となったワインが「一時の娯楽に供する物」であるため，賭博罪は成立しない。

＜ワーク34＞
正解　(2)
【解説】
(1) 妨害の方法は問わないから，詐欺的手段でもよい。「ミサ中止」の貼り紙により，ミサの参加者確保が困難になるから，妨害行為となる。
(2) 仏式の葬式であっても，参列者に焼香を強制するものではないから，焼香以外の方法で死者を送っても，葬式を妨害することにはならない。
(3) 仏教では，数珠は，仏を拝んだり念仏を唱える際に手に掛けるものであるから，僧侶の数珠を隠す行為は葬式の円滑な遂行を妨げる。
(4) 聖歌でなくとも，大声を出せば，平穏かつ円滑な礼拝の遂行は妨げられる。

＜ワーク35＞
正解　(1)
【解説】
(1) 正　内乱罪の成立には，その時々の内閣を転覆する目的では足りず，統治の

　　　　基本制度を破壊する目的が必要であるから，本事例では内乱罪は成立しない。
(2) 誤　　統治の基本秩序を壊乱する目的を欠き，一定の役割分担を伴う組織も形成されていないから，内乱罪は成立しない。
(3) 誤　　わが国の刑法は，相互主義ではなく，単独主義をとっているから，相手国がわが国に対して同様の保護を与えていなくても，国章等損壊罪の成立は妨げられない。
(4) 誤　　外患誘致罪における「外国」とは外国の国家機関を指すのであって，ゲリラ組織はこれに含まれない。

＜ワーク36＞

正解　(1)

【解説】
(1) 誤　　本罪の暴行・脅迫は，職務執行を妨害するに足りる程度のものでなければならず，積極的な行為であることを要する（最判昭26・7・18刑集5巻8号1491頁参照）。
(2) 正　　本罪における「暴行」は，直接に公務員の身体に対して向けられる必要はなく，間接暴行も含まれる（最判昭33・10・14刑集12巻14号3264頁参照）。
(3) 正　　本罪における暴行・脅迫の相手方は，公務員自身である必要はなく，公務員の指揮に従い職務執行に密接不可分に関与する補助者であってもよい（最判昭41・3・2刑集20巻3号129頁参照）。
(4) 正　　本罪の行為客体は公務員であるが，保護法益は公務の円滑かつ公正な執行であるから，本罪の罪数は妨害された公務の数を標準として決定される（通説）。

＜ワーク37＞

正解　(3)

【解説】
(1) 正　　単純収賄罪は職務に関して賄賂を収受すれば成立し，不正行為をする必要はない。
(2) 正　　事前収賄罪が成立するためには，公務員になることが処罰の条件となる。
(3) 誤　　加重収賄罪は，不正行為に関して賄賂を要求するだけで成立し，要求に相手方が応じる必要はない。
(4) 正　　あっせん収賄罪は，公務員の職務に関係しなくとも，公務員としての立場を利用してあっせん行為を行えば成立する。

＜ワーク38＞

正解　(2)

【解説】
(1)　Bは留置所の中庭の壁を登ろうとして発見されたので、逃走が既遂に達しておらず、よって、Aの看守等逃走援助罪は既遂ではない。
(2)　逃走援助罪では被拘禁者自身が逃走行為に着手する必要はないので既遂である。
(3)　単なる逮捕なので単純逃走罪は成立せず、また手錠を物理的に破壊していないので加重逃走罪も成立しない。
(4)　奪取が失敗しているので、被拘禁者奪取罪は未遂である。

<ワーク39>

正解　(3)

【解説】
(1)　正　　圧倒的通説である制限従属性説では、人的処罰阻却事由は共犯者の可罰性に影響を与えず、よって第三者たる教唆者は処罰される。
(2)　正　　通説は、本条を期待可能性の減少または欠如に基づく人的処罰阻却事由と説明している。
(3)　誤　　軽く処罰されることはあっても、重く処罰されることはない。
(4)　正　　少数説は、期待可能性の欠如による責任阻却事由と考えている。

<ワーク40>

正解　(2)

【解説】
(1)　誤　　学説は対立しているものの、判例は主観的虚偽概念説を採っており、いかに証言内容が客観的事実に合致しているとの証明があろうとも、証人が自己の記憶に反する証言をした場合には偽証罪が成立する。証人が自己の体験しない事実ないし記憶に反する事実を述べている場合に、尋問手続でこれを吟味することに困難が生じかねないことが根拠である。
(2)　正　　言語によらない陳述である。前後の流れからいって、BがCを犯人であると言語的に陳述したのと変わりがないのであるから、偽証罪の成立を認めて差し支えない。
(3)　誤　　確かに、刑事訴訟法321条1項2号後段によって、公判供述と実質的に異なる捜査段階の検察官面前での供述の調書には証拠能力を与えられるが、公判供述自体にも証拠能力がある以上、事実認定を誤らせる危険性がある。また、捜査段階では克明に供述できた者が公判段階では曖昧な供述になった場合には、虚偽の供述であると評価できよう。

<ワーク41>

正解 (2)(3)

【解説】
(1) 誤　当該文書には日時・場所・方法・被害者等が特定されておらず，告発事実は抽象的であるが，「連日のように」繰り返されている旨記載されていることで，懲戒権限を有する評議会が調査を開始する蓋然性はある。また，Aは漠然と学長を窮地に陥らせる意図で告発しており，積極的に懲戒処分を受けさせる意欲がなかった可能性もあるが，懲戒機関の構成員全員に告発状を郵送しており，未必的に処分を受けさせる目的があったものと評価できる。

(2) 正　虚偽告訴罪における虚偽とは客観的虚偽概念であるから，設例のように真実，犯罪事実があった場合には虚偽の告訴とはいえない。また，取調室内での使用はなくとも，勤務中に署内での使用があったのであるから，告発内容と同一性を欠く程の齟齬とはいえず，虚偽告訴罪は成立しない。

(3) 正　設例程度の認識しかない場合には，Eを名指して告訴すべきではなく，参考人取調で犯人がEに似ていた旨供述するにとどめるべきであった。虚偽告訴罪の虚偽性は未必的認識で足りるので，虚偽告訴罪が成立する。

事項索引

あ行

あっせん収賄罪 …………………… 240
あへん煙に対する罪 ……………… 159
遺　棄 ……………………………… 23
遺棄罪 …………………………… 22, 76
意思侵害説 ………………………… 52
委託信頼関係 …………………… 110
一時の娯楽に供する物 …………… 206
1項強盗罪 ……………………… 76, 96
1項詐欺罪 ………………………… 76
一身的刑罰阻却事由説 …………… 89
一体説 …………………………… 171
一般的・抽象的職務権限 …… 223, 237
違法状態維持説 ………………… 127
違法性阻却事由 ………………… 34
威　力 …………………………… 73
淫行勧誘罪 ……………………… 202
印　章 …………………………… 194
隠　匿 ……………………… 131, 135
営利目的等略取・誘拐罪 ………… 38
越権行為説 ……………………… 118
往来危険罪 ……………………… 155
往来妨害罪 ……………………… 154
横領罪 …………………………… 76, 115
汚　職 …………………………… 233

か行

外患援助 ………………………… 218
外患罪 …………………………… 218
外患誘致 ………………………… 218
外国国章損壊 …………………… 220
外国通貨偽造罪 ………………… 166
解散命令 ………………………… 141
外部的名誉 ……………………… 66

書かれざる構成要件要素 ……… 223
過失往来危険罪 ………………… 158
過失建造物等浸害罪 …………… 152
過失致死罪 ……………………… 15
過失致死傷罪 …………………… 14
加重逃走罪 ……………………… 242
仮装債務 ………………………… 230
仮装譲渡 ………………………… 230
看守等逃走援助罪 ……………… 244
間接脅迫 ………………………… 34
完全性傷害説 …………………… 11
関与者 …………………………… 217
管理可能性説 ………………… 78, 84
毀　棄 …………………………… 131
毀棄説 …………………………… 143
偽　計 …………………………… 72
既決の者 ………………………… 242
危険運転致死傷罪 …………… 14, 17
危険犯 …………………………… 70
記　号 …………………………… 195
偽証罪 …………………………… 253
偽証等の自白 …………………… 258
汽車転覆等致死罪 ……………… 157
キセル乗車 ……………………… 103
偽造公文書行使罪 ……………… 187
偽造公文書作成罪 ……………… 185
偽造私文書等行使罪 …………… 190
偽造通貨行使罪 ………………… 166
器物損壊罪 ……………………… 134
欺罔行為 ………………………… 102
客観的虚偽概念 ………………… 263
客観的処罰条件 ………………… 238
客観的平穏侵害説 ……………… 52
境界損壊罪 ……………………… 134
恐喝行為 ………………………… 107

恐喝罪	107
凶器準備集合・結集罪	28
強制わいせつ・強姦致死罪	48
強制わいせつ罪	44
共同意思	140
脅　迫	44, 91, 107
脅迫概念	33
脅迫罪	33
業　務	70
業務上横領罪	121
業務上過失致死傷罪	15
業務上堕胎罪	20
強要罪	35
虚偽告訴罪	260
虚偽診断書等作成罪	189
虚偽の風説	72
御璽等偽造・不正使用罪	196
偶然の事情	205
具体的危険説	23
具体的危険犯	148
具体的職務権限	223
クレジットカードの不正使用	104
傾向犯	45
継続犯	31
刑の減免	258, 264
刑の免除	249
競　売	231
競売入札妨害罪	231
結果的加重犯	146
結果的加重犯説	12
権限のある公務員	141
権限濫用説	110, 123
現住建造物等浸害罪	149
現住建造物放火罪	144
建造物	51, 133
建造物損壊罪	133
建造物損壊致死罪	133
権力的公務	71, 223
故意犯説	112
行為時標準説	225
公印等偽造・不正使用罪	196
強姦罪	45
公記号偽造・不正使用罪	197
公共危険犯	138, 142
公共の危険	142
抗拒不能	47
強　取	93
公衆の健康に対する罪	159
公正証書原本不実記載罪	186
公　然	210
公然性	60, 66
強盗罪	91
交付行為	102
公文書等偽造罪	184
公務員	185, 222
公務執行妨害罪	222
効用喪失説	143
公用文書毀棄罪	132
国外移送目的略取・誘拐罪	41
昏睡強盗	99

さ行

裁判時標準説	225
財　物	78
財物強盗	91
詐欺罪	101, 104
錯　誤	102
殺人罪	6
三兆候説	6
私印等偽造・不正使用罪	196
指揮者	139
事後強盗	97
自己堕胎罪	20
自殺関与	8
死者の占有	86
自手犯	254

私戦予備・陰謀 …………………… *220*
死　体 ……………………………… *211*
死体遺棄 …………………………… *211*
死体損壊罪 ………………………… *211*
死体領得 …………………………… *211*
支払用カード電磁的記録に関する罪 … *173*
私文書偽造罪 ……………………… *188*
住居侵入 …………………………… *50*
住居平穏説 ………………………… *50*
重婚罪 ……………………………… *202*
重大な過失 ………………………… *16*
主観的虚偽概念 …………………… *255*
主観的平穏侵害説 ………………… *52*
出水危険罪 ………………………… *152*
出水罪 ……………………………… *149*
首謀者 ……………………………… *139*
準強制わいせつ罪 ………………… *46*
準強姦罪 …………………………… *46*
準強盗罪 …………………………… *97*
準詐欺罪 …………………………… *105*
純粋性説 …………………………… *236*
傷害罪 ……………………………… *10*
　――の故意 ……………………… *11*
傷害致死罪 ………………………… *10*
証言拒絶特権 ……………………… *256*
証券の占有 ………………………… *169*
証拠隠滅 …………………………… *246*
常習賭博罪 ………………………… *206*
詔書等偽造罪 ……………………… *184*
浄水汚染・水道汚染罪 …………… *161*
浄水毒物混入・水道毒物混入罪 … *162*
焼　損 ……………………………… *142*
証人等威迫 ………………………… *251*
証憑湮滅罪 ………………………… *248*
私用文書毀棄罪 …………………… *132*
省略文書 …………………………… *195*
職務強要罪 ………………………… *227*
職務権限 …………………………… *237*
職務密接行為 ……………………… *237*
職権濫用罪 ………………………… *233*
署　名 ……………………………… *194*
侵害態様説 ………………………… *65*
侵害犯 ……………………………… *70*
親告罪 …………………… *42, 48, 131*
親告罪規定 ………………………… *67*
真実性の証明 ………………… *62, 64*
新住居権説 ………………………… *50*
信　書 ……………………………… *55*
信書隠匿罪 ………………………… *135*
心神喪失 …………………………… *47*
真正不作為犯 ……………………… *141*
真正身分犯 …………………… *254, 257*
親族相盗罪 ………………………… *88*
親族等の間の犯罪に関する特例 ……… *129*
侵　奪 ……………………………… *88*
信用毀棄罪 ………………………… *69*
信用毀損 …………………………… *69*
信頼保護説 ………………………… *235*
水害の際 …………………………… *151*
水道損壊罪 ………………………… *163*
水防妨害罪 ………………………… *151*
水利妨害罪 ………………………… *152*
制限共犯従属性説 ………………… *250*
生理機能障害説 …………………… *11*
説教等妨害罪 ……………………… *210*
折衷説 ………………………… *11, 12*
窃盗罪 ……………………………… *83*
占　有 ……………………………… *84*
　――の帰属 ……………………… *85*
占有離脱物横領罪 ……………… *86, 121*
相対的わいせつ文書の概念 ……… *200*
贓　物 ……………………………… *126*
騒乱罪 ……………………………… *138*
率先助勢者 ………………………… *139*
損　壊 ……………………………… *131*

た行

逮捕・監禁罪 ……………………30
逮捕・監禁致死罪 ………………32
多元説 ……………………………50
蛸配当 …………………………112
多衆不解散罪 ……………138, 141
堕胎罪 ……………………………19
談合 ……………………………231
談合罪 …………………………231
単純遺棄罪 ………………………23
単純逃走罪 ……………………242
単純賭博罪 ……………………205
抽象的危険説 ……………………23
抽象的危険犯 ……………140, 142
追求権説 ………………………126
通貨偽造罪 ……………………165
通貨偽造準備罪 ………………167
通貨高権 ………………………165
電気盗用事件 ……………………78
電子計算機使用詐欺罪 …105, 106
電子計算機損壊等業務妨害罪 …73
電磁的記録 ………………173, 187
電磁的記録不正作出罪 …174, 191
伝播可能性 ………………………60
同意殺人 …………………………8
逃走援助罪 ……………………243
逃走罪 …………………………241
盗品等 …………………………126
特別背任罪 ……………………109
独立燃焼説 ……………………143
賭博 ……………………………205
賭博開張 ………………………206
賭博行為 ………………………206
賭博場開帳図利罪 ……………206
賭博常習者 ……………………206
富くじ …………………………207
富くじ罪 ………………………207

な行

内乱罪 …………………………216
内乱幇助 ………………………218
内乱予備・陰謀 ………………218
2項横領罪 ……………………109
2項強盗罪 ………………………96
二重抵当 ………………………111
二重売買 ………………………117
入札 ……………………………231
脳死 ………………………………7

は行

背信説 …………………110, 123
背信的権限濫用説 ……110, 123
背任罪 …………………………109
博徒結合図利罪 ………………206
反抗の抑圧 ………………………92
犯人蔵匿 ………………………246
被拐取者収受罪 …………………41
非現業的公務 …………………223
非現住建造物等浸害罪 ………150
非現住建造物放火罪 …………146
非建造物放火罪 ………………147
被拘禁者奪取罪 ………………243
非親告罪 …………………………48
人の始期 …………………………6
人の終期 …………………………7
人の身体の自由 …………………30
秘密漏示罪 ………………………56
秘密を侵す罪 ……………………54
表現の自由 ……………………200
封印 ……………………………229
封印等破棄罪 …………………229
不敬行為 ………………………210
誣告罪 …………………………260
不作為による背任 ……………112
侮辱罪 ……………………………65

不真正身分犯	20	身代金目的略取・誘拐罪	39
不正アクセス禁止法	75	身分犯	97
不正作出	175	無形偽造	180
不正作出電磁的記録供用罪	192	無主物	122
不退去	52	名誉感情	60, 66
物理的管理可能性説	78	名誉毀損罪	59
不動産侵奪罪	83, 87	燃え上り説	143
不法原因給付物	104, 117		
不法領得	80	**や行**	
付和随行者	139	有価証券偽造罪	169
文書偽造罪	179	有形偽造	180
墳墓発掘罪	210	有形力の行使	27
墳墓発掘死体損壊等の罪	212	有体性説	78
変死者	212		
変死者密葬罪	212	**ら行**	
放火罪	142	利益強盗	83, 95
包括的承諾	54	略取・誘拐罪	37
暴行	26, 44, 91, 107	領得行為説	118
暴行罪	26	領得罪	76
暴動	217	礼拝所	209
法律上の支配力	116	礼拝所不敬罪	209
保護義務	24		
保護責任者遺棄罪	24	**わ行**	
		わいせつ罪	199
ま行		わいせつ物頒布罪	200
未決の者	242	賄賂	238
未成年者略取・誘拐罪	38	賄賂罪	235

ワークスタディ 刑法各論

2002年4月25日 第1版第1刷発行

編者 島 岡 ま な

発行 不 磨 書 房
〒113-0033 東京都文京区本郷6-2-9-302
TEL 03-3813-7199／FAX 03-3813-7104

発売 ㈱信 山 社
〒113-0033 東京都文京区本郷6-2-9-102
TEL 03-3818-1019／FAX 03-3818-0344

制作：編集工房 INABA　　印刷・製本／松澤印刷
©著者, 2002, Printed in Japan

ISBN4-7972-9281-4 C3332

初学者にやさしく、わかりやすい、法律の基礎知識

――― 石川明先生のみぢかな法律シリーズ ―――

みぢかな法学入門【第2版】　慶應義塾大学名誉教授　石川　明 編

有澤知子 (大阪学院大学) ／神尾真知子 (尚美学園大学) ／越山和広 (香川大学)
島岡まな (亜細亜大学) ／鈴木貴博 (東北文化学園大学) ／田村泰俊 (東京国際大学)
中村壽宏 (九州国際大学) ／西山由美 (東海大学) ／長谷川貞之 (駿河台大学)
松尾知子 (京都産業大学) ／松山忠造 (山陽学園大学) ／山田美枝子 (大妻女子大学)
渡邊眞男 (常磐大学短期大学) ／渡辺森児 (平成国際大学)　　009203-2　■ 2,500 円 (税別)

みぢかな民事訴訟法【第2版】　慶應義塾大学名誉教授　石川　明 編

小田敬美 (松山大学) ／小野寺忍 (山梨学院大学) ／河村好彦 (明海大学) ／木川裕一郎 (東海大学)
草鹿晋一 (平成国際大学) ／越山和広 (香川大学) ／近藤隆司 (白鷗大学) ／坂本恵三 (朝日大学)
椎橋邦雄 (山梨学院大学) ／中村壽宏 (九州国際大学) ／二羽和彦 (高岡法科大学) ／福山達夫 (関東学院大学)
山本浩美 (東亜大学) ／渡辺森児 (平成国際大学)　　009223-7　■ 2,800 円 (税別)

みぢかな倒産法　慶應義塾大学名誉教授　石川　明 編

岡伸浩 (弁護士) ／田村陽子 (山形大学) ／山本研 (国士舘大学) ／草鹿晋一 (平成国際大学)
近藤隆司 (白鷗大学) ／栗田陸雄 (杏林大学) ／宮里節子 (琉球大学) ／本田耕一 (関東学院大学)
波多野雅子 (札幌学園大学) ／芳賀雅顯 (明治大学)　　649295-4　■ 2,800 円 (税別)

みぢかな商法入門　酒巻俊雄 (元早稲田大学) ＝ 石山卓磨 (日本大学) 編

秋坂朝則 (日本大学) ／受川環大 (国士舘大学) ／王子田誠 (東亜大学) ／金子勲 (東海大学)
後藤幸康 (京都学園大学) ／酒巻俊之 (奈良産業大学) ／長島弘 (産能短期大学)
福田弥夫 (武蔵野女子大学) ／藤村知己 (徳島大学) ／藤原祥二 (明海大学) ／増尾均 (松商学園短期大学)
松崎良 (東日本国際大学) ／山城将美 (沖縄国際大学)　　009224-5　■ 2,800 円 (税別)

みぢかな刑事訴訟法　河上和雄 (駿河台大学) ＝ 山本輝之 (帝京大学) 編

近藤和哉 (富山大学) ／上田信太郎 (香川大学) ／臼木　豊 (小樽商科大学) ／津田重憲 (明治大学)
新屋達之 (立正大学) ／辻脇葉子 (明治大学) ／吉田宣之 (桐蔭横浜大学) ／内田　浩 (成蹊大学)
吉弘光男 (九州国際大学) ／新保佳宏 (京都学園大学)　　649225-3　(近刊)

みぢかな刑法 (総論)　内田文昭 (神奈川大学) ＝ 山本輝之 (帝京大学) 編

清水一成 (琉球大学) ／只木　誠 (獨協大学) ／本間一也 (新潟大学) ／松原久利 (桐蔭横浜大学)
内田　浩 (成蹊大学) ／島岡まな (亜細亜大学) ／小田直樹 (広島大学) ／小名木明宏 (熊本大学)
北川佳世子 (海上保安大学校) ／丹羽正夫 (新潟大学) ／臼木　豊 (小樽商科大学) ／
近藤和哉 (富山大学) ／吉田宣之 (桐蔭横浜大学)　　649275-X　(近刊)

不磨書房

ファンダメンタル　法学講座

民　　法　〈民法 全5巻 刊行予定〉

1　**総則**　　9242-3　　　　　　　　　定価：本体 2,800 円（税別）
　　草野元己（三重大学）／岸上晴志（中京大学）／中山知己（桐蔭横浜大学）
　　清原泰司（桃山学院大学）／鹿野菜穂子（立命館大学）

2　**物権**　　清原泰司／岸上晴志／中山知己／鹿野菜穂子／草野元己／鶴井俊吉（駒沢大学）

商　　法　〈商法 全3巻 刊行予定〉

1　**総則・商行為法**　9234-2　　　　　　定価：本体 2,800 円（税別）
　　今泉邦子（南山大学）／受川環大（国士舘大学）／酒巻俊之（奈良産業大学）／永田均（青森中央学院大学）
　　中村信男（早稲田大学）／増尾均（松商学園短期大学）／松岡啓祐（専修大学）

2　**手形・小切手法**　9239-3　　　3　**会　社　法**　9240-7

民事訴訟法　9249-0　　　近刊　予価：本体 2,800 円（税別）
　　中山幸二（神奈川大学）／小松良正（国士舘大学）／近藤隆司（白鷗大学）／山本研（国士舘大学）

国　際　法　9257-1　　　　　　　　　定価：本体 2,800 円（税別）
　　水上千之（広島大学）／臼杵知史（明治学院大学）／吉井淳（明治学院大学）編
　　山本良（埼玉大学）／吉田脩（筑波大学）／高村ゆかり（静岡大学）／高田映（東海大学）
　　加藤信行（北海学園大学）／池島大策（同志社女子大学）／熊谷卓（新潟情報大学）

◆市民カレッジ◆

1　知っておきたい　**市民社会の法**　9230-X　■ 2,400 円（税別）
　　金子晃（会計検査院長）編／山口由紀子（相模女子大学）／石岡克俊（慶應義塾大学産業研究所）

2　知っておきたい　市民社会における　**紛争解決と法**
　　宗田親彦（弁護士）編　　9270-9　　■ 2,500 円（税別）

3　知っておきたい　市民社会における　**行　政　と　法**
　　園部逸夫（弁護士）編　　9271-7　　■ 2,400 円（税別）
　　渡井理佳子（防衛大学校）／早坂禧子（桐蔭横浜大学）／塩入みほも（駒澤大学）

不磨書房

―― 導入対話シリーズ ――

1. 導入対話による民法講義（総則）〔補遺版〕 9202-4 ■ 2,900 円 (税別)
   大西泰博 (早稲田大学)／橋本恭宏 (明治大学)／松井宏興 (関西学院大学)／三林 宏 (立正大学)

2. 導入対話による民法講義（物権法） 9212-1 ■ 2,900 円 (税別)
   鳥谷部茂 (広島大学)／橋本恭宏 (明治大学)／松井宏興 (関西学院大学)

3. 導入対話による民法講義（債権総論） 9213-X ■ 2,600 円 (税別)
   今西康人 (関西大学)／清水千尋 (立正大学)／橋本恭宏 (明治大学)
   油納健一 (山口大学)／木村義和 (大阪学院大学)／松井宏興 (関西学院大学)

4. 導入対話による刑法講義（総論） 9214-8 ■ 2,800 円 (税別)
   新倉 修 (國學院大学)／酒井安行 (青山学院大学)／高橋則夫 (早稲田大学)／中空壽雅 (関東学園大学)
   武藤眞朗 (東洋大学)／林美月子 (神奈川大学)／只木 誠 (獨協大学)

5. 導入対話による刑法講義（各論） 9262-8 (近刊) 予価 2,800 円 (税別)
   新倉 修 (國學院大学)／酒井安行 (青山学院大学)／大塚裕史 (岡山大学)／中空壽雅 (関東学園大学)
   関哲夫 (国士舘大学)／信太秀一 (流通経済大学)／武藤眞朗 (東洋大学)／宮崎英生／
   勝亦藤彦 (海上保安大学校)／北川佳世子 (海上保安大学校)／石井徹哉 (奈良産業大学)

6. 導入対話による商法講義（総則・商行為法） 9215-6 ■ 2,800 円 (税別)
   中島史雄 (金沢大学)／末永敏和 (大阪大学)／西尾幸夫 (龍谷大学)
   伊勢田道仁 (金沢大学)／黒田清彦 (南山大学)／武知政芳 (専修大学)

7. 導入対話による国際法講義 9216-4 ■ 3,200 円 (税別)
   廣部和也 (成蹊大学)／荒木教夫 (白鷗大学) 共著

8. 導入対話による医事法講義 9269-5 ■ 2,700 円 (税別)
   佐藤 司 (亜細亜大学)／田中圭二 (香川大学)／池田良彦 (東海大学)／佐瀬一男 (創価大学)
   転法輪慎治 (順天堂医療短大)／佐々木みさ (前大蔵省印刷局東京病院)

以下、続々刊行予定

9. 導入対話による刑事政策講義 9218-0
   土井政和 (九州大学)／赤池一将 (高岡法科大学)／石塚伸一 (龍谷大学)／葛野壽一 (立命館大学)

10. 導入対話による民事訴訟法講義 9266-0 椎橋邦雄 (山梨学院大学)／豊田博昭 (広島修道大学)
    福永清貴 (名古屋経済大学)／高木敬一 (愛知学院大学)／猪股孝史 (桐蔭横浜大学)

11. 導入対話によるジェンダー法学講義 9268-7 (近刊)
    浅倉むつ子 (都立大学)／相澤美智子 (東京大学)／山崎久民 (税理士)／林瑞枝 (駿河台大学)
    戒能民江 (お茶の水女子大学)／阿部浩己 (神奈川大学)／武田万里子 (金城女学院大学)
    宮園久栄 (中央大学)／堀口悦子 (明治大学)／橋本恭宏 (明治大学)

不磨書房

大学院完全攻略　本体：2,400円
中央ゼミナール編　■巻末資料：全国大学院入試データ
多様化する目的とニーズにあわせた、変貌する大学院の徹底活用法

ブルースに囚われて　A5　本体：2,400円
飯野友幸 編著　アメリカのルーツ音楽を探る

企 業 環 境 法　A5上製　本体：3,200円
吉川栄一著　環境保護を商法的視点から追究し、企業環境法を構築

管理会計のパースペクティブ　本体：3,600円
伊藤嘉博著　グローバルな経営環境に応える設計と運用

隠されたペリーの「白旗」　四六変上製　本体：2,800円
三輪公忠著　日米関係史から抜け落ちた第四の書翰の謎に迫る

十九世紀オクスフォード　A5上製　本体：3,800円
舟川一彦著　The Fate of Humanism: Oxford in the 19th Century

ラシーヌ劇の神話力　A5上製　本体：3,600円
小田桐光隆編　フランス悲劇詩人の情念と劇的空間に肉薄する
［クリスチアン・ビエ／渡邊守章／塩川 徹／西田 稔／渡邉義愛ほか］

詳解スペイン語　改訂・増補版　A5変型　本体：3,200円
小林一宏／清水憲男／松下直弘／María Yoldi／岡村 一／吉川恵美子
文法に重点をおいたわかりやすい内容（ことわざ・対話・例文）初級〜上級

言葉の豊かさを実感する辞典：フランス語表現を再発見
フランス語和仏表現辞典　A5変型　本体：5,800円
P. リーチ／澤 護／瀧川好庸／西田俊明／福嶋瑞江／C. ロベルジュ
2,000 の見出し語と 12,000 の例文　和仏総索引・仏和索引付

TIME CHARTERS FOURTH EDITION
定期傭船契約 第四版　◆基本書式とその実務指針◆
摂南大学教授　郷原資亮 監訳　本体：26,000円

制作：編集工房 INABA

不磨書房

◇◇ **法学検定試験**を視野に入れた **ワークスタディ シリーズ** ◇◇　最新刊

1　**ワークスタディ　刑法総論（第2版）**　定価：本体 1,800円（税別）
　　島岡まな（亜細亜大学）編　／北川佳世子（海上保安大学校）／末道康之（清和大学）
　　松原芳博（早稲田大学）／萩原滋（愛知大学）／津田重憲（明治大学）／大野正博（朝日大学）
　　勝亦藤彦（海上保安大学校）／小名木明宏（熊本大学）／平澤修（中央学院大学）／
　　石井徹哉（奈良産業大学）／對馬直紀（宮崎産業経営大学）／内山良雄（九州国際大学）　9280-6

2　**ワークスタディ　刑法各論**　定価：本体 2,200円（税別）
　　島岡まな（亜細亜大学）編　／北川佳世子（海上保安大学校）／末道康之（清和大学）
　　松原芳博（早稲田大学）／萩原滋（愛知大学）／津田重憲（明治大学）／大野正博（朝日大学）
　　勝亦藤彦（海上保安大学校）／小名木明宏（熊本大学）／平澤修（中央学院大学）
　　石井徹哉（奈良産業大学）／對馬直紀（宮崎産業経営大学）／内山良雄（九州国際大学）
　　関哲夫（国士舘大学）／清水真（東亜大学）／近藤佐保子（明治大学）　9281-4

3　**ワークスタディ　商法（会社法）**　定価：本体 2,200円（税別）
　　石山卓磨（日本大学）編　／河内隆史（神奈川大学）／中村信男（早稲田大学）
　　土井勝久（札幌大学）／土田亮（東亜大学）／松岡啓祐（専修大学）／松崎良（東日本国際大学）
　　王子田誠（東亜大学）／前田修志（東亜大学）／松本博（宮崎産業経営大学）／
　　大久保拓也（日本大学）／松嶋隆弘（日本大学）／川島いづみ（早稲田大学）　9289-X

ケイスメソッド　民法Ⅰ　総則　9282-2　【法学検定試験対応テキスト】
　　上條醇（山梨学院大学）／工藤農（東北福祉大学）／舘幸嗣（中央学院大学）
　　湯川益英（山梨学院大学）／大窪久代（近畿大学短期大学部）　定価：本体 2,000円（税別）

ケイスメソッド　民法Ⅱ　担保物権　9284-9　（近刊）
　　上條醇（山梨学院大学）／工藤農（東北福祉大学）／舘幸嗣（中央学院大学）／湯川益英
　　（山梨学院大学）／大窪久代／伊野琢彦（山梨学院大学）／小林秀年（東洋大学）

ドメスティック・バイオレンス　お茶の水女子大学教授　戒能民江 著
■沈黙を破った女たち■ジェンダーと女性への暴力■DV防止法の成立　9297-0
DV法の制定は、DV対応の一歩にすぎない。総合的な検証と取組みへの指針■2,400円（税別）

これからの　家族の法　帝京大学助教授　奥山恭子 著
　1 親族法編 9233-4　　2 相続法編 9296-2　（2分冊）　■各巻 1,600円（税別）